本书为重庆市教育科学"十三五"规划 2017 年度有经费重点课题"美术教师专业发展的区域化策略研究"（课题编号 2017-18-76）研究成果。

中小学美术课堂的教与思

古爱华　杨彦旭　谢显东　编著

天津出版传媒集团

天津人民美术出版社

图书在版编目（CIP）数据

中小学美术课堂的教与思 / 古爱华，杨彦旭，谢显
东编著 . -- 天津 : 天津人民美术出版社，2022.10
　　ISBN 978-7-5729-0245-1

　　Ⅰ . ①中… Ⅱ . ①古… ②杨… ③谢… Ⅲ . ①美术课
—课堂教学—教学研究—中小学 Ⅳ . ① G633.955.2

　　中国版本图书馆 CIP 数据核字 (2021) 第 211875 号

中小学美术课堂的教与思

ZHONGXIAOXUE MEISHU KETANG DE JIAO YU SI

出　版　人：杨惠东

责 任 编 辑：李金鹏

技 术 编 辑：何国起

出 版 发 行：天津 人民美术出版社

社　　　址：天津市和平区马场道 150 号

邮　　　编：300050

电　　　话：(022)58352900

网　　　址：http ://www.tjrm.cn

经　　　销：全国 新华书店

印　　　刷：天津和萱印刷有限公司

开　　　本：700 毫米 ×1000 毫米 1/16

版　　　次：2023 年 5 月第 1 版

印　　　次：2023 年 5 月第 1 次印刷

印　　　张：20.25

字　　　数：284 千字

定　　　价：88.00 元

编委成员

古爱华　杨彦旭　谢显东　赵江桥　翁昌南　刘　莉（通小）　黄容飞
周维嫦

编写作者（以姓氏笔画为序）

丁矜矜　　王　丹　　王仲素　　王孝英　　王莹莹　　王　倩　　文梦莹　　古爱华
古毓兰　　田　甜　　代　会　　朱彦桥　　向　望　　刘千露　　刘　莉（中小）
刘　莉（通小）　　苏沈兰　　李友谊　　李婉菁　　李琳　　杨　红　　杨彦旭
杨　勇　　肖　沁　　肖　俊　　吴　娅　　何文娟　　宋永萍　　张雨薇　　陈　明
范玉林　　欧　跃　　罗　君　　罗青青　　周红利　　周维嫦　　周　琴　　赵江桥
袁月阳　　翁昌南　　高玉海　　黄　妍　　黄　佳　　黄容飞　　曹　洋　　彭友兵
喻洪亚　　傅先丹　　傅先春　　曾　棣　　谢显东　　蔡长丽　　缪瑞丽　　黎　清
霍加家

前　言

　　课堂，是教育教学的主阵地。在"加强和改进新时代学校美育工作"的战略背景下，立足提高中小学美术教师专业素养，聚焦美术课堂，其意义何其深远。

　　2017年11月，重庆市綦江区教育科学研究所申报的《美术教师专业发展的区域化策略研究》课题，被重庆市教育科学规划领导小组办公室批准设立为重庆市教育科学"十三五"规划2017年度有经费重点课题。由此，重庆綦江美术教育全面贯彻落实党和国家加强中小学美育政策，立足农村地域中小学美育实际，充分发挥广大美术教师的主观能动性，大胆开展区域中小学美术教学及教研的改革与发展，以课程化、实践性、综合性教研为手段，充分满足中小学美术教师专业发展的需要，为区域内广大中小学生全面发展进一步夯实了美育基础，取得了一定的实践成效。

　　回顾过去，在区域美术教学领域，美术教师专业发展"自生自灭"，美术教学观念方法落后，美术教研形式单一、效率低下等现状，无不让每一个有着梦想与责任的美术教师如坐针毡。

　　要做好一件事，就必须从零开始，从每一个小小的细节做起。与每一名教师的交谈，每一次全身心投入的课堂观察，每一轮教研方法的改革尝试，每一堂名师专家的点拨指导，每一段深思熟虑的总结提炼，每一场热烈的讨论与争辩，让大家在不知不觉之间，从量变渐渐引起了质变，教材越来越读得懂了，课堂越来越有感觉了，设计越来越用心了，教学越来越有信心了，学生学得越来越快乐了。

　　中小学美术教师的成长，就如拔节向上般发生着。一名教师的变化似乎过于渺小，但一支教师团队的变化，总会让人倍感欣喜。由此，就有了面向广大一线美术教师的课题研究成果。

　　本书以《美术教师专业发展的区域化策略研究》课题研究成果为主要内容，由古爱华、杨彦旭、谢显东等同志提出编写思路和框架初稿，编委成员共同讨论形成目录定稿，采用成果优选、修改提升、分工合作的方式完成了组稿。本书共分三大部分：第一部分内容为课题研究报告，主要由古爱华、杨彦旭撰写；第二部分内容为教育成长故事、教研叙事和教育教学论文，均为重庆市农村中小学第三期领雁工程"版源优师"教研工作坊在市级赛事中的获奖作品；第三部分内容为教学设计，均是在綦江区第一届、第二届中小学美术教学设计大赛优选作品的基础上，进一步修改完善而成。在本书编写过程中，编委成员分别承担了组稿动员、教学设计及具体内容的审核、修改及撰写工作。

本书编委会

2021 年 5 月

目　录

第三章　中小学美术教学设计选辑

第一章

美术教师专业发展的区域化策略研究

　　重庆市綦江区教育科学研究所承担的"美术教师专业发展的区域化策略研究"课题，属于重庆市教育科学"十三五"规划 2017 年度有经费重点课题（立项文件：渝教规办〔2017〕24 号，课题编号：2017-18-76）。经过课题小组三年多的努力，全面完成了研究目标和研究任务，取得了一系列研究成果。

第一节　研究背景及意义

一、研究背景

（一）开展研究是落实党和国家教育政策的需要

《国家中长期教育改革和发展规划纲要（2010—2020年）》确立了"坚持全面发展"的战略主题，提出了"全面加强和改进德育、智育、体育、美育""加强美育，培养学生良好的审美情趣和人文素养"。美术是对学生进行美育的重要学科之一，美术教学是对学生进行美育的重要形式。美术学科课程标准在日常教学中的深入贯穿，需要课堂主导者——美术教师具有较高的专业素养。在国务院办公厅2015年9月颁布的《关于全面加强和改进学校美育工作的意见》中，指出了"应付、挤占、停上美育课的现象仍然存在；资源配置不达标，师资队伍仍然缺额较大，缺乏统筹整合的协同推进机制"等阻碍美育的客观现实，要求"努力建设一支师德高尚、业务精湛、结构合理、充满活力的高素质美育教师队伍"，"通过多种途径提高美育师资整体素质"。要让党和国家在关于美育方面的政策得到全面的贯彻，关键点在于美术教师的素质，所以开展该项目的研究，是关键点得到突破的有效途径。

（二）开展研究是区域教育改革与发展的需要

国家目前的办学体制为"以县为主"，区、县域范围内的教育改革与发展具有较强的独立性，在这一办学的基本单元内，教育改革与发展的最终目标是实现区域教育质量的全面提高。区域教育改革与发展，是整个单元内教育生态的整体改善，其中自然不能缺少美育队伍的发展和支撑，从事美术教学工作的美术教师自然应承担自身角色的责任和使命。而且在区域文艺文化圈的建设中，美术教师队伍也应彰显应有的优化社会文化环境的特殊地位和作用。既然要实现儿童发展的全面性、协调性，那么就必须要有一批专业过硬的教师队伍，美术教师作为教师队伍中不可缺少的部分，对他们的专业成长研究自然成为区域教育改革与发展的需要。

（三）开展研究是区域美术教学人才发展的需要

发展是社会永恒的主题，同时也是人才生存的主题，教师不例外，美术教师当然更不例外。纵观当下区域内美术教学人才的现状，成长环境并不乐观，其中最突出的有三方面：一是美术教师在每所学校所占的比例极小，多数学校仅有一个美术教师，学科教学研究难以进行，专业发展氛围无从谈起，所以形成一种近似于"自生自灭"的现状；二是区域内美术教学人才布点分散，离多聚少，没有一种有效的机制来适应这样的教师专业成长环境，所以美术教师专业成长缓慢；三是区域内现有的促进美术教师专业发展的工作形式单一，专业性不强，难以形成常态化的促进策略，对美术教师专业发展缺乏强有力的引导效应。

（四）开展研究是区域少年儿童全面发展的需要

根据有关研究成果显示，每一个人的全面发展，需要科学与艺术二者的有机融合才能实现。少年儿童处在人生发展的关键期，美术教育正是为其打下艺术基础和进行美育的重要手段，美术教育对少年儿童协调发展所起到的基础作用是其他任何学科不能替代的。要解决好这一问题，首先是要保障美术教师拥有良好的专业素养。只要区域内美术教师的专业素养得到保障，那么美术教学课堂主阵地和美术学科活动的质量就能得到保障，校园内、课堂中的每一名受教育者就能得到全面发展的有效支持。所以，开展本研究，是区域少年儿童全面发展需求得到满足的有效解决途径。

（五）开展研究是改善区域美术教师专业发展区域化策略的需要

当前，借助区域化策略来促进教师专业发展是"以县为主"办学体制背景下的主要手段。相关部门培训、教研工作是当前的一种常态，但具体的区域化策略本身并没有得到更深入的研究和改良，工作效率得不到保证，特别美术这类艺术类学科的教师专业发展，更是处于一种较为低端的状况，理性层面的思考、分析、实验等还没能得到应有的重视。这形成了区域美术教师专业发展低效、无效、无助、浪费的现象，要提高美术学科教师的专业发展，就必须开展相应的研究，如果能够对现有策略开展分析、整合、优化，一定能改善区域美术教师专业发展的实效，为以后工作的高效开展提供参考模式，从而实现良好的经济效益和社会效益。

二、研究意义

中小学美术教师专业发展的区域化策略作为提高美术教师专业发展的一个重要途径，策略运行效果的好坏，直接对教师的教学产生影响。为了提高美术教师的教学水平，有关部门纷纷开展诸如提高教师教学理论水平、研究教学方法、分析教材教法、新课程理论灌输等多种类型的策略实践，力求从多角度提高美术教师的综合素质。通过以上种种实践，美术教师在教育理论、专业技能、课程开发等方面得到了一定的提升，但是收获并不大。因此，需要从教师反馈的角度，对中小学美术教师专业发展的区域化实践情况进行调查，直观地了解现有策略（模式）的特点，并对此进行研究，找出现有策略（模式）中存在的问题，提出优化的方法，使优化策略能发挥应有的作用。这对促进中小学美术教师专业发展具有重要意义。

首先，开展研究，可以弄清楚区域美术教师专业发展的实际情况，了解中小学美术教师专业发展的需求，探寻影响美术教师专业发展的关键因素和区域化策略中存在的问题，进一步掌握区域美术教师专业发展推进工作的现状，对其中的实效性进行评估，找到解决现有模式所存在问题的策略，开展模式优化的构想、设计和实验，将区域化策略模式进行规范化和优质化构建，从而根本解决区域美术教师专业发展滞后的问题。

其次，开展研究，改进美术教师专业发展的路径和方式，提高区域美术教师专业发展区域化实效，总结美术教师专业发展区域化实践的经验，推陈出新，从发展的角度审视美术教师区域化策略模式，从中把握区域化实践模式的方向，然后根据新时代美术教育的要求，建立适合区域实际的特色化的创新型的区域化策略模型。

最后，开展研究，促进区域美术教师专业素质得到整体提高，从而为提高区域教育质量和营造区域美术学科良好氛围提供更好的人力保障。

中小学美术教师成长是一项长期的、系统的、复杂的工程，只有每个环节最优化，才能促进美术教师职业素养的全面提升，促进美术教育的发展。

第二节　理论基础及依据

一、成人学习理论

（一）成人学习理论的概述

1968年马尔科姆·诺尔斯（Malcolm. S. Knowles）将成人教育从其他教育中独立出来，将成人教育学定义为"帮助成人学习的科学和艺术"，他认为成人教育至少包括三方面的含义：成人教育是成人学习的过程，区别于儿童的学习；成人教育是一些机构为了实现一些特定的教育目标而组织的一套活动；成人教育主要是为了促进社会实践的发展。成人教育的特征主要包括以下几点：（1）成人知道自己需要什么，知道自己为什么学习。成人大多带着职业的实际需要和工作中要解决的问题进入学习，他们的学习目标明确，针对性强。（2）成人学习具有独立性和自主性。他们在学习中遇到问题时，更希望教师的引导和帮助，自主选择教学内容，而不是被动地接受学习。（3）经验学习是重要的学习方式。成人具有丰富的工作经验和学习经验，这些经验既是他们学习的基础，也是他们学习的重要资源。（4）成人学习以生活为中心，问题为导向。成人学习多为在职学习，学习时间非常紧张，十分关注学习的效率，只有学习与他们的实际生活和工作相关时，才能激起他们的兴趣。（5）成人的学习动机来源于个体内部。成人学习的动机为内在的激励，如自尊需求、成就动机、成就需求、个人兴趣、个人利益等，这种内部动机能极大地提高学习效率。

（二）成人教育与美术教师专业发展

教育专业发展的对象是一线的美术教师，区域化策略要发挥最大的效果，首先要明确并尊重美术教师的成人属性，遵循成人学习的规律及特点。成人的学习具有一定的目的性和实践导向性，他们了解自己的学习需求和学习期望，经常是为了解决在实践中出现的问题。在自身原有经验的基础上更新自己的知识，提高自己的能力，促进自身的专业发展。因此美术教师专业发展区域化策略的开展，必须要尊重教师的学习特点，从目标教师的需求出发，根据美术教师原有的知识经验创建自由、民主的学习氛围，将先进的理论知识和教师的实际教学结合起来，真正帮助教师解决在教学中存在的问题，促进教师的专业发展。成人学习理论为美术教师专业发展区域化策略模式的优化奠定了扎实的理论基础。

二、终身教育理论

（一）终身教育理论的内涵

终身教育是指一个人在一生的成长过程中，各个时期所接受的各种教育的总和，既包括正规的学校教育，又包括家庭教育、社会教育。终身教育主张个体在发展的各个阶段需要补充必要的知识和技能时，能提供及时的教育，这是促进人全面发展的一个重要原则。终身教育是一个不断发展的过程，但具体来说有以下几个特点：（1）终身教育特指发展人的教育。终身教育指的是所有的人，无论男女老幼，各种族、性别都有权接受教育，当今社会人才竞争激烈，要想在竞争中取得胜利必须要不断地学习。（2）终身教育是持续一生的过程教育，这是终身教育最重要的特征，它跳出了学校教育的框架，认为人一生经历的所有事件都是教育的形式。（3）终身教育是一种多样化的教育，人们可以根据自己的需求选择各种各样的教育进行学习，学习的内容、方式、时间、地点都不受限制。

（二）终身教育与美术教师专业发展

从终身教育的内涵来看，教育是连续的、一致的过程，它不受空间与时间的限制，具有广泛的意义。学校教师作为一种特殊的人员，肩负着为国家、社会培养人才的重任，只有不断地学习才能做到对知识的融会贯通，才能完成教书育人的重任，研究表明中小学教师的教育能力基本上都是在入职以后逐渐形成的，因此必须认识到终身学习的重要性。而美术教师入职后的专业发展也属于终身教育中的一部分，是美术教师在工作期间为解决教育教学中存在的问题所受到的专门教育，是教师专业成长中不可缺少的学习过程，是终身教育中的一部分。因此终身教育是美术教师专业发展区域化策略模式优化的重要理论基础。

三、教师专业发展理论

（一）教师专业发展的内涵

教师专业发展是教师在职业生涯中通过接受专门的师范教育和自身不断地学

习，逐渐提高自己的教育教学水平和综合素质，成为教育领域中专门人才的过程。一般来说，教师的专业发展包括教师专业理想的建立、专业知识的拓展和专业能力的发展，是一个动态的活动过程。其发展要遵循以下几条原则：（1）教师专业发展要求教师具有丰富的学科知识，具有丰富的学科知识是教师专业发展的基本要求。（2）教师要了解具体学科的教学方法，教师在教授学生学科知识时，必须要通过这些教学方法将这些知识传授给学生。（3）教师专业发展要求教师具有研究意识，教育研究是提高教师专业能力的重要方式，一个专业的教师必须具有较强的研究意识。（4）教师专业发展要求教师必须关注学习。教师面对的是一个个有思想的学生，教师必须知道如何管理课堂，在了解学生个体发展的基础上进行授课。

（二）教师专业发展与美术教师专业发展

美术教育专业发展是教师专业发展的一个重要组成部分，专业化发展是美术教师区域化策略实践的最终目的，是美术教师专业发展区域化策略实践的重要依据，美术教师专业发展区域化策略模式只有遵循教师专业发展的规律，才能具有科学性与合理性。在组织美术教师专业发展的过程中，我们必须着眼于美术教师的特点，充分了解教师的具体需求和个体差异，根据教师职业发展的不同阶段制订实践方案，实施科学的实践计划，为教师的专业发展创设良好的外部环境。因此开展美术教育专业发展区域化策略模式的优化研究必须以教师专业发展理论为基础。

四、美术核心素养理论

2014年3月30日《教育部关于全面深化课程改革落实立德树人根本任务的意见》指出，"研究制订学生发展核心素养体系和学业质量标准"。核心素养的发展，最终是要培养完整的人，通过一定的课程来培养未来国民所具备的核心素质。提高人的核心素养是全社会的责任，更是教育的责任。中国学者又独创出"学科核心素养"的概念。美术教育者的图像识读、审美判断、创意实践、美术表现和文化理解这五大美术学科素养，形成了新的美术学科核心素养的培养目标。

英国教育家斯宾塞提出"什么知识最有价值"的问题，奠定了知识在教育中的地位。随着课程的不断发展，我们发现教育的目的是在促进学生获得知识和技能的基础上，不断提高自身的修养，陶冶高尚情操，形成正确的人生观和价值观，帮助学生成为一个高素质的人。中国的基础教育可以分为三个时期：第一个时期是"双基"时期，第二个时期是"三维"时期，第三个时期是"核心素养"时期。"双基"时期中的基础知识与基础技能一直是教师教学中最重要和最实在的目标，甚至一度被认为是中国基础教育的标签。到了"三维"时期，从课堂实践中发现一线教师做得最到位的还是"基础知识与基础技能"，在"过程与方法"和"情感态度价值观"这两个目标中却难以表达到位，尤其是"情感态度价值观"。而我们美术教学，最需要的就是"情感态度价值观"的升华。在"核心素养"时期的美术教育，应该是从知识的本位转向核心素养的本位。教师如何从对"知识技能"的重视转化到"核心素养"时期的美术教育？如何围绕美术学科的五大核心素养帮助学生感受美、创造美，使学生的人格得到健全发展，获得一定的审美升华，提高学生的人文素养？这些问题都需要我们作进一步的研究和思考。但是，我们要坚信一点。学生的健康成长，核心素养的培养，最关键在于拥有一支具备核心素养理念的教师队伍。教师的专业化成长，已经成为这一改革的重要前提，更新教师的观念是最基本的也是最重要的一个环节。

第三节　研究目标及内容

一、总体目标

通过研究，本课题系统化构建符合区域特点的美术教师专业化发展策略（模式），探索、总结、构建、优化美术教师专业发展的区域化策略，提高区域美术教师专业发展实效，促进区域美术教师专业水平的发展，营造区域美术教师良好的专业成长氛围和区域美术文艺环境，从而提高区域美术教育质量，促进少年儿童全面发展。

二、具体目标

掌握区域美术教师专业发展现状，找到阻碍区域美术教师专业发展的原因。

调查了解区域美术教师专业发展实施策略的现状，优化并重构符合区域特点的美术教师专业发展的策略（模式）。

构建美术教师专业发展的区域化策略。

收集整理区域美术教师专业发展策略的实践素材，为以后的区域美术教师专业发展提供参考。

整体性提高区域美术教师的专业水平，使少年儿童美术素养的培养得到更好的保障。

三、研究内容

（一）区域美术教师专业发展现状调查研究

以全区中小学美术教师为研究对象，参考有关教师专业发展状况调查问卷的设计，拟定区域美术教师专业发展现状调查问卷，开展问卷调查，同时按年龄、性别、工作区域、专业背景等对研究对象进行分类，抽取小样本，开展个案观察与访谈调查，进一步补充问卷调查的不足，从而全面掌握区域美术教师专业发展现状。

（二）区域美术教师专业发展实践策略现状调查研究

参照区域美术教师专业发展现状调查研究的实施路径，对全区中小学美术教师专业发展实践策略应用情况开展问卷调查和小样本访谈调查，对区域美术教师专业发展策略实践现状进行资料收集、整理、分析，查找存在的问题和可能整合的元素，实现对现状的全面研究。

（三）美术教师专业发展的区域化策略研究

主要分为三个方面的研究：一是对教师专业发展现状中的一些实践方法进行整合，同时融入符合区域实际的研修方法，建立一种新的策略模式，这是一种策略优化和创建的行动研究；二是对构建的策略（模式）开展实验研究，对比实验前与实验后、实验样本与对比样本之间的差异，从而得出优化后的策略（模式）的实验数据，这是一种运用策略优化的实验研究；三是对研究模式优化过程的总结，从而获得可资借鉴的优化策略，这是一种对研究本身的再研究。

四、研究对象及范围

本课题的研究对象及范围为重庆市綦江区区域范围内义务教育学校的专兼职美术教师。

第四节　研究方法及运用

一、研究方法

以行动研究法为主，综合运用文献研究法、问卷调查法、访谈记录法、案例分析法、行动研究法以及经验总结法等。

（一）文献研究法

文献研究法指根据研究的需要，通过网络、文献、专著等多种渠道了解国内外美术教师研究的发展历程，研究现状，并对其进行整理和分析。本研究通过对文献的加工、比较、概括，在已有理论和实践的基础上总结经验，开展研究，力图建构出"美术教师专业发展的区域化策略"的内容、有效途径和方法。在本研究中文献研究法将贯穿整个研究过程。

（二）问卷调查法

问卷调查法指在文献查阅的基础上，根据研究的目的，设计制定调查问卷，并通过网络和纸本的形式，对中小学在职美术教师发放问卷，力图通过问卷调查法了解当前中小学美术教师专业发展的现状和教师的真实需要。本研究问卷主要包括三个部分，第一部分是对中小学美术教师基本情况的调查，第二部分是对当前美术教师专业发展需求的调查，第三部分是对目前美术教师专业发展的区域化策略开展状况进行调查。

（三）访谈记录法

运用访谈记录法，可以深入了解美术教师专业发展的现状和存在的问题，在问卷调查的基础上，对中小学美术教师进行分类。力图对不同区域不同层次的中小学美术教师进行访谈，了解他们对美术教师专业发展的看法，获得不同层次教师对专业发展及实施策略的反馈，深度挖掘中小学美术教师专业发展中存在的问题和期望，为科学地开展策略实践奠定基础。

（四）案例分析法

案例分析法是指研究者选定部分美术教师、学生群体，以他们变化发展的过程为研究内容，通过对典型案例素材的搜集、分析与整理，总结、提炼出其发展变化的基本规律，以形成一系列可供借鉴使用的应对策略和心得体会，并编印交流。

（五）行动研究法

行动研究法是由与问题有关的所有人员共同参与研究和实践，对问题情境进行全程干预，并在此实践活动中找到有关理论依据及解决问题的研究方法。本课题由研究者、美术教师参与相关研究，发现"美术教师专业发展的区域化策略"中存在的问题、缺陷，并在行动中反思，在反思后继续寻找，直到最终解决问题。

（六）经验总结法

研究者依据课题研究所提供的经验事实，分析概括各种教育现象，揭示其内在联系和规律。

二、研究方法的运用

（一）"美术教师专业发展区域化策略的优化研究"的方法

1. 利用文献研究法学习与本课题相关的理论知识，组织全体调研人员进行理论学习。

2. 运用问卷调查法，对"美术教师专业发展区域化策略"的现状进行调查。主要通过问卷制作、问卷发放、问卷分析，再结合现场调研、谈话、讨论，摸清区域中小学美术教师专业发展及策略实施现状。

3. 结合现状调查的情况，分析、总结并撰写出调查报告，为课题研究提供第一手资料。

（二）对"美术教师专业发展区域化策略的实践途径及方法"的研究

1. 利用文献研究法学习与课题有关的实施策略和方法。

2. 组织研究人员拟定实施的计划，讨论实施的步骤和方法。

3. 利用行动研究法，对课题组初步形成的途径和方法进行实践。

4. 结合相关理论，在实践中反复验证并不断修改完善。

5.运用经验总结法，形成区域美术教师专业发展区域化策略的优化研究。

（三）对"美术教师专业发展区域化策略的内容体系"研究

1.用文献研究法，对相关文献进行分析，加深对区域美术教师专业发展实践策略等方面实施经验的学习。

2.用问卷调查法、访谈记录法、案例分析法，对区域美术教师专业发展实践策略的先进经验进行深入了解，为研究提供可参考的一些模式。

3.用行动研究法，结合区域美术教师专业发展实践策略的实际情况，广泛讨论，提炼形成"美术教师专业发展区域化策略"内容体系雏形。

4.用行动研究法，在实践中探索内容体系的合理性，并作调整和完善。

5.在已形成的"美术教师专业发展区域化策略"的基础上，理论联系实际，形成优化后的"美术教师专业发展区域化策略"。

第五节　研究取得的成果

一、准确掌握了区域美术教师专业发展的现状

研究课题，分析判断区域美术教师专业发展存在的问题及成因，为怎样促进美术教师专业发展提供有力的参考，为区域美术教师专业发展工作奠定较为科学的基础。

（一）势单力薄，缺少美术教研的氛围

各学校习惯把音、体、美、信息技术、科学等专职教师编在一起，统称为综合教研组。每学期进行的为数不多的教研组活动，也只是为了应付上级检查，补充一些材料。"美术学科如何教学""美术社团活动如何开展""美术教师如何提升自己的专业水平"等话题则无从谈起，教研活动变成了工作布置会。

（二）美术学科"边缘化"，难获职业的认同感

美术被视为传统的"小三门"，美术教师的教学工作也显得无足轻重。美术教师即使一周要上 16-20 节课，还要负责学校社团活动和学生的美术竞赛辅导工作，但因为他们的工作量计算分值低，仍然无法与任教一门文化课（一周只有 12 节课左右）的教师平等；在每学年的绩效考核和表彰中，美术教师即使在学生比赛、个人竞赛等方面取得不错的成绩，绩效至多拿个平均数，被表彰基本无望；在关系教师切身利益的职称晋升方面，也是不能尽如人意。以上种种因素，导致美术教师普遍缺少职业认同感。

（三）自我更新发展的意识不强

通过研究我们发现，很多美术教师自我更新、自我发展的意识并不强烈，大多数没有长远规划，有的即使制定了规划，也没有得到很好的落实。它主要表现在：教师现有的知识主要来源于自己受教育期间的知识储备，存在"吃老本"的现象；教学中的专业知识主要依靠外部力量被动获取。新课程思想观念、现代

教育理念和管理知识较为欠缺，现代教育教学手段掌握不足，从事教育教学科研的能力有待提高。缺少全面的知识储备和专业技能，专业基本功不够扎实，专业素质还有待提升。

二、摸清了区域美术教师专业发展实践策略的现状

研究课题，分析其中存在的问题及成因，让当前美术教师专业素养低下的现象得到根本性的解释，找准工作的关键点，为区域美术教师专业发展夯实基础并提供新的起点。

由表1可以看出，在"您认为当前教师在教研中存在哪些问题？"这一问题调查中，83.7%的教师选择工学矛盾突出，67.4%的教师选择理论性太强缺少针对性，63.59%的教师选择评价奖励机制不完善，选择这三项的教师较多，这几项问题需要在以后的教研中重点解决。除此之外还有48.37%的教师选择教研具有强制性，40.2%的教师选择教研组织者或授课者素质不高，38.04%的教师选择形式单一，34.23%的教师选择缺少科研部分。这些问题都是中小学美术教师专业发展教研策略今后需要解决的。

表1 中小学美术教师专业发展教研机制存在的问题

问题	项目	人数	百分比
您认为当前教师在教研中存在哪些问题？	具有强制性	89	48.37%
	形式单一	70	38.04%
	理论性太强缺少针对性	124	67.4%
	缺少科研部分	63	34.23%
	工学矛盾突出	154	83.7%
	组织者或授课者素质不高	74	40.2%
	评价奖励机制不完善	117	63.59%

（一）内容方面存在的问题

教研内容的选择直接关系学习效果的好坏，合理恰当的内容，可以改善教师的实际教学，提高教师参加活动的积极性。短期中小学美术教师专业发展教研活动，由于受时间的限制，只能在较短时间完成对教师的培训和引导，因此就需要活动组织者制定明确的目标，将教师急需的内容传达给他们，只有这样才能抓住重点，并根据教师的实际需求选择合适的内容开展活动。从调查中发现，当前中小学美术教师专业发展教研活动对教师的需求调研不全面，设置的目标大而空，没

有具体的课程目标，内容缺乏针对性，理论性知识过多，不能与教师的实际教学结合起来，难以满足教师的教学需求，在一定程度上影响了教研活动的效果和质量。

1. 教研目标不明确，需求调研不全面

从近几年的专业发展教研活动来看，目标多设定为"培养教师高尚的品德，忠实教育事业、热爱学生的良好职业道德和修养，全面推进素质教育""提高教师进行美术教育教学所需的美术专业知识、技能和教育研究能力"等，这些目标抽象、不具体，偏重外在规定。很难评定目标的达成度，而且多是在强大的政策下，统一规定，统一安排，教师只能被动接受，忽视了教师的主体地位。教师在面对活动时，大都不了解其目的，不能选择其内容。在整理调查问卷"您认为教研目的是否明确？"这一问题中也发现，有将近一半的教师认为专业发展目标不明确。在访谈中也有教师表示："当今的一些教研目标大而空，并没有关注到教师和学生的问题。"调查中还发现很多机构并不重视目标的设立，大都在以往活动的基础上适当增减，目标的制定流于形式。甚至有些学校在组织活动中，并没有设立具体目标，而是依照形式将活动作为一种任务来完成。

美术教师是活动的主要对象，活动主要就是为了解决教师在教学中存在的问题，提高教师的教学水平，更好地将美术知识传递给学生。因此在制定教研目标时必须要充分了解中小学美术教师在教学中所需的知识或技能，只有这样制定的教研目标才能真正促进教师的发展。但是通过调查发现，教研机构前期的需求调研往往比较简单，形式化，根据小范围的调研得到的结论设立目标，不能全面了解一线教师的真实需求。从问卷调查"参加前，教研机构是否征求过您的意见？"一题中也可以发现，教研机构在组织活动、确立目标时，并没有把教师放在主体地位，很少考虑教师的意见，对他们的实际需求了解得也不全面。因此在制定目标时往往定位不准确，影响了效果。

2. 理论知识较多，但缺乏针对性

据调查发现，现行的教研内容多为教育专家和教研组织者所设计，根据国家特定的教师专业发展目标，站在理论的视角将自以为美术教师需要的新知识和新技能罗列出来对教师进行培训，或者根据小范围调研得到的结论进行培训内容的制定，很少考虑中小学美术教师所处的学校环境、教师个人经验和教龄的差异。他们认为只要教师具备了足够的教学理论知识，就能采取切实有效的教学行为，因此教研培训不断地把学习新教学理论作为重要内容。教育理论的培训对教师来说固然重要，但是在培训过程中，却很少将这些理论与实际教学结合起来，大都

要求教师机械接受、照搬和实施这些新的理论，忽视了教师教学的实践性，以至于教师参加培训后空有一些理论，但不知道怎么用。在访谈中就有教师表示，"我不想听高大上的理论，这些理论对我的帮助不大，我想听一些实实在在的，来自一线教师的经验，比如说如何与学生交流，如何组织课堂。"

在问卷调查中也发现，当前的教研和培训内容涉及较多的是教育教学理论、教学技能、师德素养、教育政策，而对教师的管理技能、教育技能、科研方法、心理健康虽然也有涉及，但所占的比例却很少。可见当前的教研培训内容主要还是以提高教师的理论认识为主，对美术教师的专业技法，解决实际教学中出现问题的能力，以及促进教师个人发展等方面内容关注较少。而且有教师反映有些内容重复、陈旧，没有与时俱进。

对中小学美术教师来说，不同阶段的教师需求是不一样的，对有丰富经验的老教师来说，他们需要全新的教学理念来更新自己原有的知识，改变先前的教学方式，但对于新教师或年轻的教师来说，他们欠缺的是一种对教学内容和课堂节奏的控制力，他们需要的不是教育理论，而是如何在实际教学中运用相关技能。然而当前的教研培训在选择内容时往往忽略了教师的实际需求，主管部门并没有根据教师的需求制定课程，培训缺乏针对性。在问卷调查"您认为学习内容是否符合您的需求？"一题中发现，仅有 16.85% 的教师认为内容完全符合自己的教学需求，47.28% 的教师选择基本符合自己的教学需求，35.87% 的教师选择了不符合自己的教学需求，这就可以看出美术教师专业发展教研培训的内容缺少针对性，与美术教师的真正需求还有一段距离。在访谈中就有一位教师表示："内容不符合教师的需求，比如说我是一个美术老师，我在钻研我的业务，这时候区里组织了一次信息专业化培训，培训师却是一个分管技术装备的官员，他教的东西与中小学美术教育并不相融，这个培训又是硬性的，我认为没有太大的意义。"内容的选择，课程的设置，都是需要根据教师的实际需求来制定的。但是在调查中发现，多数教师在参加培训前并不了解内容是什么，内容是否符合自己的需求，只是按照规定去参加，这在一定程度上影响了教师的积极性。

（二）管理方面存在的问题

1.评价和奖励机制缺乏科学标准

评价和奖励是专业发展活动的重要组成部分，两者相辅相成，科学的评价方式和奖励机制会提高参训教师的积极性。经调查当前的评价和奖励机制并未受到重视，评价仍沿用传统的评价方式，以出勤情况或撰写反思报告来判断教师的学习情况。但这种方式并不能起到真正的效果，评价过后以一张结业证书结束本次活动。就算在活动中获得了较好的成绩，奖励也很少，在一定程度上降低了教师参加的热情。

2. 时间安排不合理，工学矛盾突出

随着新课程改革的推进，中小学美术教师专业发展的推动力度越来越大，教师参加活动的机会也会越来越多。但在访谈中发现，教师没有时间参加活动，工学矛盾突出，这是制约教师专业发展的主要问题。现在很多中小学都在实行定编定员，可谓"一个萝卜一个坑"，而且中小学每所学校一般只有一两个美术教师为整个学校的学生上课，除此之外还要组织学校的各种活动，工作任务很重。要想参加教师进修就不得不向学校请假，这样难免会影响学校的日常教学。

（三）教师方面存在的问题

在调研中还发现有一些教师对专业发展的意义认识不足，还未能真正意识到专业发展的作用，特别是有一定教学经验的老教师，终身学习意识不强，他们认为以自己现有知识和经验，就可以教好学生，不学习也没事，把专业发展看作是一件可有可无的事情。从问卷中也可以发现，还有 19.5% 的教师不愿意参加教师进修。而且个别教师参加教师专业发展是出于功利性目的，为了获得教育学分和证书而学，为了评定职称而学。他们选择教师这一职业多是为了满足自己的生存需要，成就感不强，他们认为只要教学不出现重大的失误，就不会有太大的问题。再加上平时工作繁忙，对专业发展的意义认识不足，进修愿望不高，大都是在相关规定下被动地参加专业发展进修，敷衍了事。这些对专业发展的错误认识和态度，对中小学美术教师在职进修工作的开展具有非常消极的影响。

三、建立了区域美术教师专业发展"SEAC 模式"的教研课程体系

研究课题，建立了区域美术教师专业发展"SEAC 模式"的教研课程体系（见表 2），让广大参与教研实验的教师在美术教育教学专业上得到长足的发展，树立良好的教师专业发展教研形象，增强美术教师专业成长的信心，满足区域教育改革和发展的需要。

（一）关于"SEAC 模式"

"SEAC"，是展示（show）、教学（education）、请教（ask for advice）、交流（communicate）四个关键词英文首字母的组合。"SEAC 模式"，即展示、教学、

请教、交流这四个关键组织要素来构建的区域中小学美术教研活动课程化的实施模式。

表2 基于"SEAC模式"的区域美术教研课程体系

一级目录	二级目录	三级目录	素养指向
展示（S）	美术技能	中国画技能、色彩画技能、速写与写生、工艺制作、雕塑基础等	美术教师艺术技能素养
	美术创作	创作流派、美术思潮、创作基础、生活与创作等	
	美术欣赏	欣赏知识储备、欣赏方法、欣赏与表达等	
教学（E）	学科基础	学科体系、学科原理、学科关系、课程标准、课程开发、学习方法等	美术教师教育教学知识与技能素养
	教学基础	教学原理、教学观念、教学方法、现代技术、教材解读、资源整合等	
	教学实践	教学规划、教学设计、教学氛围、教学语言、学生激活、教学沟通、教学合作、教学启发、突出重点、突破难点、课堂结构、课堂线索、板书示范、多元评价等	
	教学研究	观课与议课、反思与改进、理论与探索、行动与总结、思考与讨论、问题与课题等	
请教（A）	职业认同	政策法规、职业情感、教育原理与历史等	美术教师职业理念、道德等综合性素养
	对象认同	学生人格、学生权益、身心差异、多元智能、群体心理与行为等	
	学科认同	美术与全面发展、美术与创新、美术与心理、美术与自我、美术与自然、美术与生活、美术与社会等	
	文化认同	地方文化、民间艺术、民族艺术、艺术资源、文化传播等	
交流（C）	发展学生	教育故事、个性培养、课外辅导等	美术教师终身学习素养
	发展自我	认识自我、规划人生、我的奋斗等	
	发展学校	我与同事、我与校长、我与学校等	
	奉献社会	我与社区、社区美育、社会活动等	

展示，在这里主要指的是美术教师在教研活动中对涉及自身专业水平的表演和成果展示。我们在改进区域中小学美术教研活动的实践探索中，首先确立了

具有表演性质的美术教师专业技能现场展示机制，其次开展了与美术教师学科专业直接相关的美术作品展览活动，让每一名美术教师都能在教研活动中"秀"一把。

教学，这主要是指以课堂为主阵地，以培养美术教师课堂教学能力为目的的课程活动环节，在保留观课与评课的传统环节基础上，将主题式观课议课、要素式观课议课融入其中，辅以"怎样观课""有理有据地评课""读懂课标与教材""激活美术课中孩子们的活力"等专项指导，有重点、有梯度地推进教师在课堂教学能力方面的发展。

请教，在这里主要指的是美术教师"问道"专家的过程，从而让专家的美术教育理念能够适度地对一线美术教师予以引领或者启发。我们常常针对一线美术教师的专业发展需求，将"当下美术教育的新思潮""地区文化史略"等具有思想与理论含量的主题课程引入教研活动中，让美术教师能够在美术教育专家、文化研究专家的思想交流中寻找到教育与创作的灵感。这既是一种"问道"，也是一种"问计"，还能形成一种"顿悟"。

交流，这是以美术教师现身说法的形式，由工作业绩与专业发展较为突出的美术教师，将好的经验和做法分享给其他美术教师，从而达到交流学习的目的。在具体的实践中，我们将各学段的优秀美术教师代表进行合理分组，从师德修养、业务学习、教学能力、作品创作等方面进行综合或单方面的考察，然后予以任务落实和交流指导，确保起到榜样带动作用，同时也让上台交流的教师产生成就感。

（二）"SEAC 模式"源于教师专业标准

《中小学教师专业标准》（下称《标准》）包括师德为先、学生为本、能力为重、终身学习四大基本理念，基本内容涵盖专业理念与师德、专业知识、专业能力三大方面。作为具有整体促进作用的教研活动，面对的是一个个具有主观能动性的教师，必须抓住《标准》中能够产生实效性和可操作性强的要素，方能对中小学教研活动实效性的提升产生导向作用。鉴于此，笔者与美术骨干教师一起，综合教研活动在人、财、物、时、空、信等方面的资源情况，确定了以技能与作品展示作为促进美术教师在知识与技能方面自我精研的课程，以"问道"专家来构建对美术教师在理念、师德及美术知识技能方面具有启发与导向作用的课程，以课堂阵地来夯实促进美术教师在教育教学主业方面得到不断发展的课程，以同伴交流的形式来带动所有美术教师形成"向前看齐"终身学习的态度。虽然教研活动不可能让《标准》中的所有条款面面俱到，但是"SEAC 模式"的课程化教研活动，却能让区域中小学美术教师朝着《标准》所指的方向，形成整体性前进的潮流。

(三) "SEAC模式"与区域美术教研课程化实践

无论是中国历史著名的"孔子以六艺教人"，还是西方柏拉图在《理想国》中给出的"七艺"理论依据，都显示着艺术课程在教育活动中存在的必然性。从教研活动促进教师专业发展的核心价值来看，教研活动的本质就是针对教师的教育活动，由此，开展教研活动课程化实践应为理所当然。

课程，可理解为"学程""跑道""教程"等。立足教研活动主体——美术教师的立场，我们更加认同"课程即活动"的观点。将展示、教学、请教、交流作为四大教研活动一级课程目录，针对教师发展存在的问题和现实需求，生成对应的内涵明确的二级课程目录、三级课程目录，从课程目标、课程内容、课程实施、课程评价等方面予以充实，从而系统建构区域美术教研课程体系，让教师在生动的课程活动体验中快速"奔跑"。

在具体的操作实践中，我们探索形成了以下行之有效的课程实施策略。

展示。技能展示在城市广场面向社会进行，每一名教师划定一个展示位，让教师各显其能，让美术教研活动成为城市中的一次文化盛会，产生了良好的社会效应，挑"亮"了美术教师的形象。作品展览在当地的美术馆隆重举行，每年一届，优秀作品发放获奖证书，一件件精美的美术作品脱颖而出，教师的创作热情空前高涨，创作潜能得到了充分的发挥。借着展示的推力，我们将各种技能研训课程植入教师的日常教研活动中，为展示提供有力支撑。

教学。分中学、小学两个学段分别展开，让教师带着任务和工具参与课堂观摩和研讨评议活动，一般先观摩两节美术常规课，然后针对课例研讨主题，开展评议，评议分为自评、互评、小组评、结论交流、名师点拨等流程，让教师在系统的教学指导中认识不足，找到关键，熟悉规律，从而提高课堂教学理论与实践水平。

请教。在专家讲座中，我们聘请地方文化名人、大学美育教授、艺术职业名家、教育管理领导、教育知名学者等，针对教师存在的问题，细化课程的实施，将自学、引领、反思结合起来；在参观学习中，结合参加活动的内容，凝练主题，由业内专家开展现场的专业讲解，让"问道"学习更加生动形象。

交流。在一次教研活动中，一般选择三至五名美术教师登台交流，提前审查交流发言稿，要求做到实事求是、图文并茂，让教师在规定的时间内，针对特定的专业发展主题，生动形象、声情并茂地展开交流。活动结束，还会发放公开交流证明以示鼓励。

四、系统建构起了基于"SEAC 模式"的区域美术教研的实践模型

通过观察、访谈与问卷调查得知，中小学美术教师职业发展主要存在十大现实问题：一是作品创作能力弱，创作热情与创作水平不高；二是自主学习习惯不好；三是专业发展引领缺失；四是专业发展目标模糊；五是课堂教学组织能力不强；六是课标教材把握不准；七是对美术课程认识肤浅；八是对学生成长的影响力不足；九是职业自信度低；十是职业幸福感差。

"SEAC 模式"对这些问题的解决具有较强的针对性：

展示，不断树立美术教师的职业自信，引导教师开展自主发展规划的制定，增大美术技能练习量，培养创作热情，提高创作水平，逐渐形成良好的终身学习习惯。

教学，突出课堂教学实践主线，让教师充分认识到站好讲台的重要性，让教师课堂教学业务能力，课堂教学组织能力得到不断提高，课标教材的解读能力和对学生成长的影响能力持续提升，增强教师课堂教学自信。

请教，让专家对教师综合素质的提升产生引领与导向作用，提高教师对从事美术教育教学工作的理性认知，增强职业成就感。

交流，产生同伴引领与榜样示范的影响力，唤醒教师自我发展的欲望，激发教师努力挖掘自身潜能，让教师深刻感受到自我实现的可能，让教师找到努力的路径和方向，看到自己的精彩未来，一步一步引导教师在交流分享中体验教师的职业幸福感。

通过围绕以上四个方面的思考，系统建构起了基于"SEAC 模式"的区域美术教研的实践模型，如图 1。

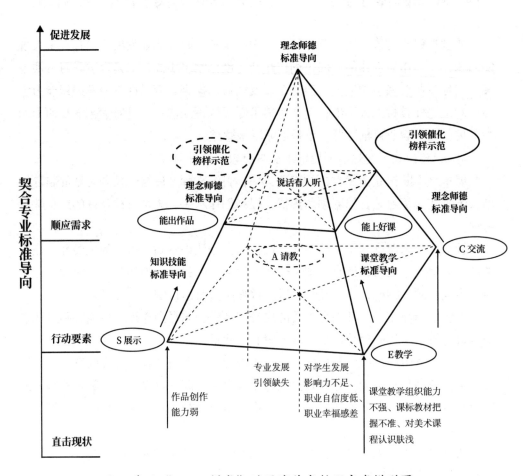

图 1 基于 "SEAC 模式" 的区域美术教研实践模型图

五、满足了中小学美术教师的专业发展需求

"SEAC 模式"的教研活动培养了大批快速成长的适合区域美术教育教学的优秀教师，为区域教育改革与发展提供人力支持，加快区域美育发展，提高区域教育质量。

用美术教师自己的话说，他们在专业发展上最大的需求有三个：一是"能出作品"；二是"能上好课"；三是"能让学校的师生听我说话"。第一个需求是美术教师这个特殊的岗位所决定的，这是做一个美术教师的基础，不然怎能与"美术"相称呢，这个很现实；第二个需求是作为教师这个职业所必需的，上不好课自然得不到学生的喜爱、家长的欢迎和同行的认同，这会让一名美术教师在学校生活得很被动，心理上受到严重的伤害；第三个需求其实是第一、第二个需求所产生的结果，前两个需求实现了，第三个需求就会迎刃而解，教师在学校中的地位自然就会得到提升，只要教师更加注重自身的综合修养，就一定会成为学校"举足轻重"的人物。

"SEAC 模式"直击中小学美术教师自我发展的迫切需求，把区域教研活动上升到满足教师专业发展需要的战略性高度，让区域教研活动成为中小学美术教师实现自我价值的新平台。

我们主要通过"展示"来满足教师们"能出作品"的需求。我们将美术教师的技能展示放在面向社会的广场中举行，每一名教师一个展示位，让教师各显其能，有画国画的，有画油画的，有画钢笔画的，有剪纸的，有搞泥塑的，有折纸的，等等，从而让美术教研活动成为城市中的一次文化盛会，在产生良好社会效应的同时，确实挑"亮"了美术教师的形象；在作品创作展览中，我们联合当地美术家协会、美术馆，开展社会化的作品展览活动，有许多美术教师的作品终于有机会拿到正规的展览馆中展出，确实让他们兴奋无比，从而促成一件件精美的美术作品脱颖而出，每年一届，每届均予以评奖，并发放获奖证书，让美术教师的创作热情空前高涨，美术教师的创作潜能得到了充分的发挥。当然，我们在教研活动之外，还会定期组织各种美术技能及创作研训活动，邀请市、区级美术家予以授课，建立满足教师专业发展需求的课程支持系统。

我们主要通过"教学"来满足教师"能上好课"的需求。我们分中学、小学两个学段，分组开展至少两节的课堂观摩和研讨评议主题活动；针对确立的主题

开展观课与评课研训，然后进行教学实践与评议碰撞；先分小组评议，然后汇报交流，最后由名师点拨。通过这样较为系统的教学指导，让参加活动的教师找到"上好课"的关键，明白自己的不足，认识课堂教学的规律，从而提高理论与实践水平。一年一度的课程化教研活动是一项整体性的推进策略，我们还会通过学区、学校的常规性教研活动，来对教师进行个性化的指导，从而实现一线教师的更快成长。

六、满足了少年儿童的成长需求

课题研究为区域下一代人才的健康成长和全面发展提供美育支撑，促进少年儿童在科学与艺术两个方面协调发展，建立良好的育人观和成才观，营造学校立德树人的科学生态。

近年来，我区有几千幅作品参加区以上展览，千余幅作品获国际、全国各级比赛大奖，几十幅作品入选美术教材或刊于《中国少年报》《美术报》《全国音体美报》等有关报刊杂志。

七、促进了区域美术的发展，营造良好的文艺氛围

在每一次教研培训活动中，每个课程项目相互融合、相互支撑，让美术教师的专业意识、专业知识、专业能力的学习得到不断延伸和发展，充分展现了美术学科的独特性，营造了良好的文艺氛围。

专家引领的课程学习当中，大家凝神静气，认真聆听专题讲座。从懵懂的艺术创作思绪中清醒过来，清晰地认识到自己的发展方向，进一步勾起了大家追求高质量创作和前沿创作的欲望。

教学研讨项目学习中，全体美术教师在执教老师的良好示范和引领下，充分感受到了美术课独特的魅力，特别在研讨争论与听取名师点评过后，加深了对"怎样才能上好美术课"的认识，对美术课的基本特点、美术课堂功能定位、义务教育阶段学生学习美术的心理基础等方面取得了新的收获，真正让教研课成了教师教学能力提升的重要工具，突出了中小学美术教师工作的重点。

教学经验交流课程项目既让现场交流者体会到了"赠人玫瑰手有余香"的快

乐和分享专业历练的愉悦，又让听课者对自身的专业成长进行了反省与思考，榜样得到了树立，后进者看到了方向和希望。

参加教研培训课程学习活动的老师纷纷表示，活动紧张有序，课程内容丰富生动，让大家在互动实践中受到了较为专业的启发。

第六节　研究影响与效果

一、研究效果

基于"SEAC模式"的区域中小学美术教研活动，每年一次，每次两天，我们已经连续开展了三年，取得了明显的成效。

在教师教研体验中，感觉现在教研活动"有内容""有学头""有进步"的教师均占九成以上，一线美术教师参加教研活动的积极性明显提高，专职美术教师参加活动的比例逐年攀升，由三年前的78%上升到现在的100%（如图2）。

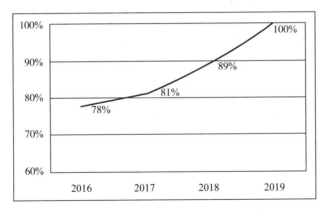

图 2　全区专职美术教师参加教研活动的比例变化图

在教师职业体验中，感觉当美术教师"有掌控感""很幸福"的比例分别由三年前的12%、8%提高到现在的63%、70%；感觉到"校长重视美术学科"的教师由三年前的22%提高到现在的82%。

在教师专业能力方面，班主任感觉美术教师"完全能胜任"的比例由三年前的47%上升到现在的79%；学生"特别喜欢美术学科"的比例由三年前的38%上升到现在的82%。

近两年，在全市组织的中小学校美育质量抽测调查中，本区域美术学科的同项质量对比数据居于全市中上水平，明显高于本区域其他学科的质量对比位次；

选拔的美术教师参加省级及以上赛课活动，获得一、二等奖的绝对人数与相对人数均远超历史水平，大量美术作品得以参加省（市）级展览，还有三件作品参加了全国性展览并被国家级博物馆收藏，有两人被吸收为全国美术家协会会员，有一项研究成果被评为全国教育教学成果奖。

二、研究影响

（一）主流媒体多次正面报道美术教师专业发展区域化策略活动

重庆电视台、綦江电视台、綦江日报、人民网、华龙网等主流媒体先后对綦江区艺术教育工作进行了报道，充分肯定了构建美术教师专业发展的区域化策略活动所取得的成绩。

（二）领导充分肯定美术教师专业发展的区域化策略模式

綦江区宣传部副部长孙萍在视察美术教师专业展示活动中赞叹道："綦江的美术教师越来越靓了。"綦江区教委副主任胡光发在参观中小学美术教师作品展中充分肯定："綦江的美术教师专业水平在这几年有大幅度的提高。"湖南美术出版社现代美术教育研究所副所长唐杰在参观綦江区第三届教师美术作品展中表示："一个区县的美术教师发展能够有这样一个良好的发展势头，真是少见，值得学习。"渝中区教师进修学院美术教研室主任杨麒麟说："綦江这几年的美术教师专业水平发展得真快。"从中可以看出，美术教师专业发展的区域化策略研究，全面促进了区域艺术教育的发展，取得了广泛的专业认同。

（三）美术教师专业发展的区域化策略研究得到社会一致好评

该项研究的社会影响进一步扩大。在与綦江区文学艺术界联合会连续三年联合开展的美术教师作品展中，文联主席及相关同志公开表示："綦江区美术教师在全区艺术工作中发挥了重要的作用。"綦江区美术家协会有关领导一致表示："綦江区美术教师专业发展的策略研究取得了较大的成果。"由此可以看出，美术教师专业发展的区域化策略探索，取得了良好的社会反响。

（四）区域美术教师的满意度大幅提升

我区全面开展美术教师专业发展区域化策略研究的创新实践以来，对区域教育生态发展起到了较好的促进作用。大家一致表示，一定要在今后的工作中认真落实课程标准，向专业展示、作品展览、经验交流中的优秀教师学习，进一步理清传统与现代的关系，熟读并深刻理解课标与教材，加强修养，精钻业务，活学活用，传承优秀美育精神，坚守时代艺术梦想，努力尽到一名基层美术教育工作者的时代责任，为綦江教育的改革发展贡献自己应尽的力量。

第七节　结论与建议

本课题通过三年的研究，围绕美术教师专业发展的区域化策略研究在组织管理、实施策略及评价体系等方面展开，以建立区域良性循环教育生态圈为根本目标，经受了实践的检验，系统化构建了适合区域特点的美术教师专业化发展教研策略，探索总结了构建区域美术教师专业发展策略的优化路径，提高了区域美术教师专业发展实效，促进了区域美术教师专业水平的发展，营造了区域美术教师良好的专业成长氛围和区域美术文艺环境，从而提高了区域美术教育质量，促进了少年儿童全面发展。课题研究完成了既定的目标，达到了预期的目的。为了更好地发展课题研究成果，进一步优化区域美术教师专业发展，在此提出以下研究结论与建议。

一、研究结论

区（县）教研的根本目的是以研促训、以研促教，从实现一线美术教师在专业方面得到发展的角度来思考，教研活动所提供的内容与形式就应该从课程的高度来思考和设置，从而让美术教师在课程化教研活动中得到更好的发展。

从这个意义上讲，"SEAC 模式"是区域中小学美术课程化教研活动的一种行之有效的实施模式，我们只要进一步将教研活动的内容进行精选，组织起更加丰富的具有普遍意义上的区域中小学美术教师专业成长课程，那么，基于"SEAC 模式"的区域中小学美术课程化教研活动将发挥更大的作用。

在这种思考影响下，我们将进一步从美术教育理念、美术教师道德、美术教师知识、美术教师技能等方面来综合构建中小学美术教师的核心素养体系，提炼出美术教师"为师基本""专业功底""发展创新"三个层面的关键要素，并不断完善和丰富内涵，最终建立更加理性与高效的区域中小学美术教研活动课程支撑体系，从而为区域中小学美术教师的专业成长提供更加有效的指导和服务。

二、研究建议

通过本研究，我们认识到中小学美术教师专业发展教研实践体系非常复杂，其中涉及的范围非常广，包括政府机构、教育政策、教育经费、教研机构等多方面内容。本研究只能从教师的反馈中，就当前中小学美术教师专业发展中存在的某些显著问题进行探究，提出一些相应的对策。再加上我国东西部教育环境与经济发展差异大，本研究所建构的中小学美术教师专业发展教研模式不一定适用所有地区，但是在一定程度上会促进美术教师教研培训工作的发展。

当然，在探索美术教师专业成长规律、细化美术学科教师专业标准、优化区域美术教师发展评价等方面还存在较大的实践研究空间，我们将立足教师主体发展、自觉发展，继续尝试从不同的角度对中小学美术教师专业发展进行研究，力图为中小学美术教师专业发展尽更大的力量。相信随着社会的发展和美术教育研究者的不断努力，我国中小学美术教师专业发展教研培训体系会不断完善。

第二章

中小学美术教学教研专题论文选辑

　　重庆农村中小学第三期领雁工程"'版源优师'教研工作坊"项目作为"美术教师专业发展的区域化策略研究"课题研究中的重要组成部分,在此以主题教研叙事、教育成长故事、教育教学研究论文组成的教学教研专题论文展示该项目面貌,可见课题研究实践之一斑。本章选辑的所有文章均为重庆市农村中小学第三期领雁工程项目获奖作品。

第一节 主题教研叙事

叙事1：

快乐教育·艺术人生

——一次别开生面的美术主题研究活动

杨彦旭 重庆市綦江区教育科学研究所

2018年9月27—28日，一次为期两天的别开生面的美术主题研究活动——"綦江区'版源优师'中小学美术研讨活动"在綦江版画院、营盘山小学、綦江中学如期举行，全区二百余名美术教师参加，其目的是要达到"研有所思，修有所获"。

一、研修有序展开

本次活动主题为"快乐教育·艺术人生"。活动分为"风采展示""艺教论坛""课堂研修""专家引领"四大环节逐次展开。

1."风采展示"：现场笔会、作品展览、创作研讨

27日上午8：30—9：50，美术教师们早早地来到版画院，签到后，随即在版画广场进行美术笔会，按编号在指定位置开展美术技能现场展示，他们将自己所准备的工具材料铺展开来，拿起手中的画笔，就地开展风景写生、水墨写意、临场速写、版画刻印等，有形象逼真的油画创作，有特色彰显的钢笔速写，

有酣畅淋漓的水墨花鸟，有动态十足的人物写生，有木刻风格凸显的制版拓印等等。异彩纷呈的专业展示，让美术教师的专业热情、专业自觉被逐渐唤醒，促进了美术教师学科自信、专业自信的进一步树立。活动还安排专人，对专业展示课程实施中每位美术教师的准备情况、展示主题、展示门类、展示质量等情况作了详细的记载，个别展示场景还做了影像保存，为后续的课程项目实施提供了鲜活的素材。

10—12 点，参加活动的领导与美术教师一起观看了展出的 189 件美术作品，并充分肯定了此次展览对推动全区美术教师专业发展的重要作用，在随后的观展中指出，美术教师要扎根綦江，要有专业自信和专业情怀，要进一步加强专业修养，争取早日实现"綦江的美术作品要走向重庆、走向北京"的目标。在作品观摩过程中，每一名美术教师既是观摩学习者，也是作品品鉴者，大家根据自身的审美倾向，在认真理解领悟每一张作品的同时，用微信点赞的方式来表达自己的独到见解。老师们深切地感受到了艺术创作的强烈氛围，从艺与从教的"初心"再一次得到了唤醒，大家相互学习，在仔细品鉴优秀作品的同时，艺术创作灵感得到了启发，创作欲望受到了激发。

2. "艺教论坛"：专业发展、教研教改、创作指导

27 日下午 1:30，全体美术教师齐集营盘山小学多功能厅，展开了"艺教论坛"课程项目。大家屏气凝神，认真聆听了綦江中学高玉海老师《美术高中考辅导的实践探索》，三江中学周德尤老师《书画摄影，收获快乐》，营盘山小学翁昌南老师《美术校本教研交流学习——如何开展少儿版画教学》，陵园小学向小君老师《关于陵园小学少儿版画升华简案分享》。四位老师经验交流课程的实施，既让现场交流者体会到了"赠人玫瑰手有余香"的快乐和分享专业历练的愉悦，又让倾听者对自身的专业成长进行了反省与思考，榜样得到了树立，使老师们看到了方向和希望。

3."课堂研修"：课堂展示、教材研读、名师点评

9月28日上午，进行的是教师专业发展主题"课堂研修"课程项目。首先是模拟课展示，包括陵园小学康德分校的蒋娜老师模拟课《白杨》，实验幼儿园的伍婷婷老师模拟课《手指画》。两位老师把先进的教学理念渗透于活动中的每个环节，通过模拟课呈现了精彩的教学活动。接着，根据教师任教学段的不同分为中学和小学两个组开展观课、议课研讨活动。中学组老师集中观摩綦江中学高玉海老师执教的《梅竹言志》、通惠中学李燃老师执教的《工艺招贴设计》两堂研讨课。小学组老师观摩了营盘山小学丁矜矜老师执教的《剪刀添画》、隆盛小学罗青青老师执教的《草丛中》两堂研讨课。四堂高水平的研讨课

对全区美术教师而言是一次良好的示范。中小学两组在课堂观摩后，分别按照直属校、责任区相对集中的办法分成评议研讨小组，各组在美术骨干教师的带领下，开展充分的讨论。然后再集中汇总，由各小组组长在大组内作意见交流，最后由

学科名师作综合点评。中学组由区级名师綦江中学赵江桥老师从美术教师责任、课标教材解读、学科核心素养贯穿等方面作了全面的点评。小学组由区级名师周维嫦老师从面向全体学生有效的教学方法、如何激发学生创新精神、充分感悟美术作品、引导学生关注自然环境和社会生活等八个方面作了较为系统的点评。全体美术教师在四位执教老师的良好示范和引领下，充分感受到了美术课独特的魅力，特别在研讨争论与听取名师点评过后，又进一步加深了对"怎样才能上好美术课"的认识，对美术课的基本特点、美术课堂

的功能定位、义务教育阶段学生学习美术的心理基础等方面取得了新的收获，真正让教研课成了教师教学能力提升的重要工具，突出了中小学美术教师工作的重点。

4. "专家引领"：艺术前沿、教育发展、热点聚焦

28日下午实施的是"专家引领"课程项目。首先，由区级名师、兼职教研员赵江桥老师作了《重庆市美术教研会精神》的传达，强调了美术教师的责任担当、美术核心素养、美术新课标的重要观点。其次是区教科所副所长兼美术教研员古爱华的讲座《浅谈美术教师的专业发展》，古所长对全区美术教师专业成长与发展规划作了较为系统的引领，使老师们明确了今后努力的方向和目标。然后由区教科所美术教研员杨彦旭以《有理有据的美术课堂教学评价》为题，从概念、课前准备、教师专业素养的评价、师生课堂教学的评价、教师教学技术与艺术的评价五个方面进行了深入浅出的讲解，使老师们茅塞顿开、豁然开朗，明确了怎样进行美术

课堂教学评价。最后，是区政协原主席张健进行了《图说古色綦江——从文物读地方史》的讲座，从习总书记讲的文化自信的高度入手，用大量的图片讲了綦江从恐龙时代至现代的文物，清晰再现了綦江悠久的文化。该课程项目的实施，让美术教师进一步认清了形势，明白了方向，理清了思路，明确了责任，掌握了方法，提高了水平！

二、研修效果显著

　　此次研训活动，从参加前的专业准备开始，通过九个课程项目的相互融合、相互支撑，让美术教师的专业意识、专业知识、专业能力的学习得到不断延伸和发展。课程充分展现了美术学科的独特性，兼顾了理论与实践、专家与草根、示范与指导、主体与服务、今天与明天、具象与抽象、专业美术与基础美术、创作基本功与课堂基本功等诸多方面，将传统美术教研活动升级为具有区域教育文化元素的系统化课程化研训。整个研训活动，为全区美术教师提供了具有深刻体验和丰硕收获的研训课程体系。

叙事 2:

秋的礼物

—— 显性知识和隐性知识的相互转化

翁昌南　重庆市綦江区营盘山小学

　　以"秋的礼物——显性知识和隐性知识的相互转化"为主题进行集体研讨，寻找秋天的美，利用落叶完成创作。联想、组拼是比较抽象主观性的东西，需要美术教师自己首先进行"深度学习"，对所学的知识进行二次加工和融汇贯通，深入浅出地将知识传递给学生。

　　关键词：

　　落叶贴画，联想，显性知识，隐性知识

一、教研背景

　　金秋时节，瓜果飘香，层林尽染。秋风给我们送来了秋的礼物，捡拾落叶，拼贴、拓印就可以制作成一幅漂亮的作品。在这美丽的秋日，重庆市 2019 年第三期农村中小学领雁工程优质课竞赛拉开了序幕，张雨薇老师将代表我区"版源优师"教研工作坊团队参加此次赛课活动，参赛的内容是湘版美术教材三年级上册第 11 课《留住秋天》。这次教研活动由区教科所古所长、美术教研员杨老师带队，观课评课，指导团队成员解读美术新课标，剖析教材，研讨教学环节，继而以"显性知识和隐性知识的相互转化"为主题进行研讨。

二、教研历程，参与磨砺成长

1. 教学尝试，明确目标

《留住秋天》这一美术单元安排了三个相关联的学习活动内容：1. 利用不同外形的树叶拼贴形象；2. 在树叶组合拼贴形象的基础上进行拓印；3. 凭记忆画出秋天的景物或秋游的情境。张老师接到比赛任务后，积极准备，选择了第二课时《落叶拓印》，教学思路：情境导入——拼贴落叶——落叶拓印——作业展评——审美升华。第一轮教学，张老师认真准备了范画，搬来了一大箱工具：剪刀、双面胶、排笔、水粉颜料、小棉球等等。第一次、第二次教学实践后，大家发现学习要点太多，一堂课要解决巧妙组合、拼贴、拓印。这些内容合在一起对于三年级学生来说太复杂了！我们再次研读教学参考书，落叶拓印的学习活动是设置在学习落叶贴画的基础上，将树叶组合，再拓印有趣的形象。看着忙碌的孩子们，看着太过充实的教学课堂，我们意识到教学应是一个循序渐进的过程，应该一个环节一个环节地进行，想跨过第一个教学内容直接进入第二个教学目标，对于学生来说，相当于拔苗助长。于是我们将教学内容确定为第一课时《留住秋天——落叶贴画》。大家一起修改教案，挖掘课堂亮点。

2. 问题导向，切磋探讨

一次、两次、三次、四次、五次……"版源优师"教研工作坊成员齐聚一堂，对张老师的试教进行认真细致的点评，遇到难题，群策群力，共同解决。第二轮的教学思路：情境创设、感受秋天——观察回忆、了解秋天——方法探究、表现秋天——交流评价、升华秋天。

学校操场边的花坛里，躺着一片片红色的枫叶；营盘山广场银杏树的叶子像一只只黄蝴蝶翩翩飞舞；沿着小路拾阶而上，落叶铺满山间……老师和学生跑着、笑着捡拾落叶，洗净后夹在厚厚的书里，压得平平的，我们要用落叶拼贴成一幅漂亮的画呢！张老师用手机记录下了这一欢快的时光，在"小树叶变魔术"这一环节用到了这段视频。

做一幅落叶拼贴画，要先观察树叶，依形组合，展开联想，巧妙利用多片树叶拼贴出新的形象，概括归纳方法为联想、组拼。这是本节课的教学重难点。张老师的教学方式是让学生直观地看落叶拼贴画，引导学生："同学们看这片树叶像什么？"同学们说"像大象的耳朵""像金鱼的尾巴"……老师提问："如何展开联想，如何进行组拼呢？"同学们答不上来。联想、组拼是比较抽象主观性的东西，这需要学生将知识点内化为自己的理解。

显性知识和隐性知识如何相互转化，这需要美术教师首先进行"深度学习"，对所学的知识进行二次加工和融汇贯通，才能深入浅出地将知识传递给学生。

备课组围绕这个问题进行研究。联想的方法有哪些呢？老师们网上查阅资料，与联想方式相关的内容多数和语文有关，对比联想、接近联想、相似联想、因果联想等等。我们展开了集体研讨，分析相似联想，经过思索，引导学生从树叶的形状、颜色展开联想。提问改为："同学们看这片树叶的形状和色彩，你能联想到动物的哪些部位呢？"引导学生在自主探究的过程中，逐步认识和理解"联想"。

"组拼的方法有哪些呢？"如何让学生了解这个知识点，老师提议直观示范。后来这个教学环节采用了微课进行展示，同学们很快发现了组拼方式：平铺和重叠。这样的方式直观快捷，更好更快地解决了本课的教学重点。师生一起再实践，发现问题及时解决。学会了方法，同学们接着就拿出准备好的落叶玩起来。他们左看看右比比，依据动物本身的形象特征，巧妙地利用树叶的形状和颜色进行联想，利用平铺重叠的方法进行组拼，创作出了一幅幅新颖生动的作品，完成了教学目标。

3. 集体智慧，课堂展示

11 月 27—29 日，我区"版源优师"美术教研工作坊团队赴永川区兴龙湖小学参加美术优质课竞赛。

教学伊始，老师亲切地说："亲爱的同学们，秋天是个美丽的季节，让我们一起走进秋天，领略秋天的美！"伴着优美的音乐，大屏幕播放秋天的图片，师生一起吟诵宋代诗人苏轼的诗歌"一年好景君须记，最是橙黄橘绿时"。老师轻盈地将树叶撒落，一片片落叶飘飞在我们的教室里。这一环节通过情境创设，将学生带入秋天的世界，感受秋天的意味。接着请学生闭上眼睛，想一想记忆中的秋天是什么样的。第三个环节"方法探究，表现秋天"采用小视频展示：小女孩儿在树林里捡树叶，背对大家变魔术，转身变出一幅落叶拼贴画。同学们一下子就知道了我们学习的任务就是用树叶拼贴一幅漂亮的画。接下来师生共同探寻方法，通过组内讨论，学生自己解决问题，形成探究意识。李力加老师说："教学的本质不是上课，而是让学生爱上学习。"我们希望通过情境创设，"小树叶变魔术"，让学生一步步爱上艺术，爱上这堂课的学习。

　　落叶最后回到了大地母亲的怀抱。作品展示区将大自然的一角请到了课堂，我们用银杏叶卷成一朵朵花儿粘贴在大大的枯树枝上，像腊梅花绽放枝头，大自然的气息流进了我们的教室，"零落成泥碾作尘""化作春泥更护花"。最后张老师和大家道别，"秋天，我们来年再见，同学们，再见！"精彩表现赢得了全场老师的掌声，获得了此次赛课第一名。

　　下课了，同学们久久不愿离去，大家在自然角留影，记录下这美好的时光！生活是丰富多彩的，我们应把课堂作为展示美好生活的舞台，让课堂教育走向生活。

4. 交流研讨，课后反思

　　这堂课课堂氛围活泼生动，大家在这次研讨活动中收获了很多。张老师说："通过这次教研，学生自主性探究学习使抽象的联想、组拼内容具体化了；完成了显性知识和隐形知识的相互转化。"但课后反思，我们感到还有很多不足之处，"教学中应更关注学生的学习过程和情感体验，珍视学生的内在体验，让学生保持自由探索。""合作交流式学习如何与自主性学习有机统一？""以大观念统整的课程，如何更好地进行第二课时、第三课时的教学？""如何做到课程的统整性和组织性，值得我们进一步探索。"

三、主题教研，提升了我的教学理念

　　不经意间翻开教学参考书，一片金鱼尾巴形状的叶子出现在眼前，它已经被压得平平的了，锯齿形的外轮廓也更加清晰，色彩深深浅浅，层次丰富，真美！

通过主题教研，我更深刻地体会到小学美术学习的深度。在小学美术教学中，学生的思维参与度很重要，只有学生自主探究，积极思考，才能提高美术学习的效率。

参考文献：

[1] 迈克尔·波兰尼《个人知识》，许泽民译，2000 年，贵州人民出版社.

[2] 李力加《小学艺术课程与教学》，2005 年，高等教育出版社.

[3] 李力加《走向多元的美术教学》，2009 年，湖南美术出版社.

叙事3：

认识与升华 辐射与引领

——由我的主题教研课引发的思考

赵江桥 重庆市綦江中学

记得苏格拉底有一句名言：认识你自己！这几个字看似简单，但试问，在我们的一生中，真正能做到认识自己的有几人？既然认识自己很难，我们在日常生活中就应该养成不断反思自己行为的习惯，"吾日三省吾身"。作为教师，我们的工作当然主要是课堂教学啦，在我们的教学工作中如何反思自己，如何正确认识自己呢？新冠肺炎疫情期间，在整理自己以前录制的录像课和教学笔记时，这引发了我对自己课堂教学的深入反思，并有了撰写此文的冲动。我想，把我的思考与认识做一些梳理和表达，既是对自己前段时间教学的总结，又会对我们团队中的老师们有一些小小的启发吧。

近年来，我区中小学美术教育利用"'版源优师'教研工作坊"平台，组织了一些实效性很强的主题教研活动，通过主题教研，以期达到提升老师们课堂教学能力和水平的目的。每次主题教研活动，都要安排一位老师上一节展示课，课后进行有针对性的评课。上课教师从教学设计到课堂教学演练再到修改设计方案，最后在教研活动中呈现，这个过程对老师的成长帮助很大。2019年4月和9月，我分别展示了两堂公开课：高中美术鉴赏外国美术部分《传统与革新——巴洛克美术》和中国美术部分《华夏意匠——建筑艺术（故宫）》。这两堂课都全程进行了录制。

当时的课后分析中，老师们针对我的展示课中的优点和不足展开了热烈的讨论，并给了我一些中肯的建议。2019年10月，结合老师们的建议和我的一些认识，我对两节课的问题做了一些总结。新冠肺炎疫情期间，在认真观看了录像后，对以前的总结做了一些修改，具体内容如下。

一、整体构架存在瑕疵

虽然我的美术鉴赏课比较重视整体设计，但在各个环节的安排上，从这两节课还是可以看出一些问题。

在《传统与革新——巴洛克美术》的教学中，我对教科书内容安排做了一些小调整，我把书中归在荷兰市民绘画的伦勃朗提出来，放在了巴洛克美术中加以介绍，但什么放在前面进行教学，什么放在后面进行教学，我显然思考得不够。看了录像课后，我发现应该把教科书中的内容打乱再重新组合进行教学，把绘画作为一个类别，然后是雕塑和建筑，如应该把鲁本斯和委拉斯凯兹以及伦勃朗放在一个环节进行教学，按我对巴洛克的肤浅认识以及对艺术家的喜好程度，教学中把鲁本斯《劫夺吕西普斯的女儿》和伦勃朗《夜巡》作为重点，这样学生既能理解巴洛克绘画色彩鲜明、动感强烈、造型夸张的特点，同时也能明白巴洛克绘画还很重视对光线和明暗的处理，场面也很宏大。而委拉斯凯兹可以接在伦勃朗后面作简要介绍。这样的设计，学生在理解和领会巴洛克风格特征之外，自然而然也明白了巴洛克风格绘画中不同艺术家的不同处理方式。

《华夏意匠——建筑艺术（故宫）》从各个环节的整体安排上看，比《传统与革新——巴洛克美术》好，但拓展延伸部分安排内容和时间都多了，抢占了作为主要教学内容的主体部分的时间，可以把中西方建筑材料的区别放到前面赏析故宫隔扇门和和玺彩画时进行对比，让学生明白我们古代建筑使用木材而不使用石材的重要原因之一就是木材更容易雕刻和上色，而石材除了不容易雕刻之外，上色也很容易脱落。拓展延伸部分主要让学生了解故宫的保护和修缮即可。

二、设计问题有失考虑

在这两堂课中，我在设计比较重要的问题时，做了认真思考，但在设计一些看似不重要的问题时就有失考虑，暴露了自己在新课程理念认识和教学上的不足。

这里以《传统与革新——巴洛克美术》教学为例，当PPT呈现鲁本斯作品的人物头部细节时，老师想让学生知道艺术家的刻画能力很强，故直接问学生："画家的什么能力很强？"虽是一个小问题，但这个问题的设计太随意，教师想得到的答案是"刻画能力"，然而这个问题的答案不一定是"刻画能力"，这就有悖于新课程教学理念，教师的想法和答案不能代替学生的想法和答案。因为这个知识点并不是全课的重要知识，所以教师提问应该更加开放一些，如"这些画的局部给你什么印象和感受？"直击学生眼睛的感受能力，更能培养学生识读图像的能力。在讲到伦勃朗《自画像》时，教师提问："自画像什么地方不对？"这个问题显然会问懵学生，学生无从回答。从课堂实录来看，事实就是如此，不管老师如何引导，学生就是回答不出来。在这个问题上，教师应当采用循序渐进的方式，先让学生仔细观察伦勃朗自画像，特别是他晚年的自画像，询问学生：画面是倾向"暗"还是倾向"亮"？学生只要用眼观察，很明显会得出倾向"暗"这一答案，接下来再让学生观察画面，"什么地方比较亮？"学生也会很容易看出人物的头和脸比较亮，前面的这些对话对后面教师的提问很有帮助，接下来应该这样提问，"画面整体比较暗，只有画家的头和脸比较亮，而画家当时是在室内面对镜子画自己，这样的画面哪些地方不符合事实？"如学生一时回答不了，教师可以摆出画自己自画像的动作，也可以关掉教室的灯，让学生联想当时画家画自己的环境，比较容易得出答案，"画面用光不符合事实"。上面的这一系列设计对接下来的教学会起到很好的铺垫作用。在这堂课的教学过程中，有些设问是可以省略的，如毕加索和当代中国画家庞茂琨对《宫女》的再创作，可不必设问，让学生感受到该作品在几百年之后的强大魅力即可。

教师的每堂课都要解决一些重要问题，但这些问题的解决，需要设计一个个的小问题来对它加以分解，小问题应该前后连贯，循序渐进，学生在解答问题的过程中会逐渐豁然开朗。教师在设计课堂提问时，不能站在自己的角度去设计，而应该站在学生的角度来思考与设计。

三、时间分配有失合理

在《传统与革新——巴洛克美术》的时间分配上，介绍鲁本斯大约花了8分钟，介绍贝尔尼尼大约5分钟，介绍委拉斯凯兹大约7分钟，介绍伦勃朗大约15分钟，这样的时间分配似乎符合我的教学设计定的重点——鲁本斯和伦勃朗，但仔细分析视频，你会发现委拉斯凯兹部分花在与本堂课教学无关的内容上时间多了一些，主要花在了毕加索和庞茂琨对《宫女》再创作的作品分析上。看了视频冷静思考，在该课的教学中有必要拓展这样的知识，但正如前面所述，可以"一笔带过"，不必仔细分析，这样时间节约了，课堂紧凑了，同时课堂容量也比较大。

《华夏意匠——建筑艺术（故宫）》的时间分配主要问题在知识拓展部分，花了大约4分钟，也如前面所述，把中西方建筑材料的区别融入前面的教学中，知识拓展只涉及故宫的保护和修缮，时间减少了，拓展的知识也感觉紧凑了，同时前面的重点内容教学时间也更为充分了。

时间分配有失合理的原因，还和教师的教学语言不精炼有关，整堂课教师教学语言过多，以教师的说代替了学生的思和学。如《传统与革新——巴洛克美术》中，对艺术家非教科书中的作品及艺术家当时的创作环境的介绍，可帮助学生了解艺术家和理解艺术作品，但教师应该用非常简练的语言和明晰的问题帮助学生了解即可，不能花过多时间阐述和生发。教学中，花在鲁本斯、伦勃朗、贝尔尼尼以及委拉斯凯兹非重要环节的教学语言多了一些。我想，教学中应该让学生自己说的，教师绝不代劳；教师必须说的，应该好好思考，重要的语言字斟句酌；教师可以不说的，课堂上就坚决不说。在教师与学生的互动中，教师还应及时抓住学生答语的闪光点，让课堂教学效果事半功倍。

写好后，我把这段总结文字发在了我们的教研群里，并把两堂课的讨论笔记和教材内容也一并发在了群里。老师们看了我的总结文字后，对我对自己课堂教学的深入反思纷纷点赞，并表示在以后的教学工作中，也要重视自己的教学反思，真正提高自己课堂教学的有效性和实效性。

课堂教学是一门技术，更是一门艺术。因为它是一门艺术，所以不会有一个固定的模式在前方等着我们。美术教师只有不断对自己的课堂教学进行反思和总结，才能把自己的课堂升华为真正充满艺术氛围和正能量的课堂！

第二节　教育成长故事

故事1：

力之美——我的成长故事

彭友兵　重庆市綦江区南州小学

"认认真真做事，踏踏实实做人"是我一直秉承的理念。我曾多次对自己说"做事要有工匠精神"，今天在这里与大家共勉。

2013年9月，刚通过考岗的我被分配在福林学校任教。那是一个偏僻的乡村学校，条件简陋，周末乡村街道没有餐厅，没有地方吃饭，经常吃泡面。晚上校园里常常有蛇、青蛙光顾。现实与理想的巨大落差，使我的心情一下子跌到了谷底，加上一个学校就一个美术老师，一个老师上九个班的美术课，我开始怀疑自己成为教师的选择。可当我面对那几十双渴求知识的目光，面对勤劳朴实的家长的殷切希望，我那彷徨、迟疑的念头顿时烟消云散了，于是我全身心地投入教学之中。大学学过两年的版画，已经记不清制作过程了，时间久了也就放弃了。一天深夜，整理自己的笔记时，看到记录在笔记本上那句不成熟的话——做版画只要坚持就能做好。于是下定决心重拾版画，几经周折才在綦江建材市场买到几块杉木指接板，大费周章地切割运输，在几个日夜的心潮澎湃下画了张黑白稿子，激动地刻出工作之后第一张黑白木刻，面对笨拙的线条独自陶醉边看边笑……

澎湃过后，还得记住自己的决心。傍晚时分，想总结下这半年来的工作，突然觉得窗外如此的安静。顿悟，我一直都处在安静无扰的环境中，只是今天才有知。自那以后，常常趴在木板上一刻就是几个小时，一刀一刀、一点一点，不知几时木屑铺满地，长时间的坐姿让我腰酸背痛，夜深人静才独自回寝室休息。常常也在问自己：委屈自己成就谁的梦想。答案是显而易见的。

一年后在参加一次綦江区基本功比赛时，有幸认识教研员杨彦旭老师，在他的指导下，我明确了方向，工作更加积极。

2016年，经杨彦旭老师的推荐，我有幸参加綦江区"家教家风主题版画创作"活动。为期七天的学习是我大学毕业以后首次接触较专业的学习，本次学习让我明白了画稿构图是怎么回事，颠覆了我对黑白版画的认识，弥补了我黑白木刻技法上的不足，这是我学版画的一个转折点。2017年，我有幸成为綦江"'版源优师'教研工作坊"的一员，在"工作坊"的带动下我有幸参加"重庆第十九届全国美展版画第二次看稿会"，接触到国际版画家张敏杰教授，听到西南大学戴政生、重庆师范大学戚序、彭伟等专家的讲座。五天时间虽然忐忑、难熬，但是收获是前所未有的。回到学校我整理视频和录音文件时，就暗自告诉自己，一定要做出样子。三个月后我参加了第三次看稿会，本次看稿会我做足准备，用一个月画了两张稿子，刻制其中一张作品。本次收获了版画画面经营、构图、节奏、刀法等技法的提升。要完善作品中房子的破旧感，拔高房子内涵高度、提升作品的艺术美感，多看书是必经之路。经过两次培训，获益匪浅，我看到了国际版画的高度，学院派主力军的专业水准，以及老一辈艺术家德艺双馨的版画精神。

几年来，我坚持向学校优秀教师、区级名师、业内专家不断学习，进步同时也获得了一些荣誉。2015年以来，我的作品先后赴马来西亚、日本等国展出；版画《微风》《都市困惑系列》等作品在美术核心期刊《美术大观》上发表；《高原之春》获第三届重庆市版画展三等奖；《001—四钢》获第三届全国教师版画展银奖同时被磐溪版画院收藏，次年参加綦江区第一届"多彩南州"获一等奖并被綦江区文化馆收藏；《002—四钢》获"綦江区庆祝改革开放40周年"南州书画联展一等奖；《古镇遗韵》获第二届"多彩南州"一等奖。2015年参加重庆市第七届美术教师基本功比赛获一等奖，2016年参加綦江区初中美术老师赛课获一等奖。

在专业发展的同时，教学上我也在不断努力。几年来，我坚持免费培训美术特长生，要求学生星期一、三晚上进行绘画练习，教他们如何找物体结构、描绘黑白灰关系。学生受到我的感染，绘画水平不断提高。2016年，龚国平等三名学生通过美术特长进入綦江中学和三江中学。后来听说他们很努力，高考美术考出綦江区第一名、全国第七名的好成绩。

昨天已经过去，今天需要把握，明天需要指引。目前最应该做的就是提高自己，多看书，向经典学习，向区内市内专家学习。有高度的指引是人生难得的财富，未来希望在"'版源优师'教研工作坊"的引领下做出更好的成绩。

故事2：

成长之路就在脚下

罗青青　重庆市綦江区隆盛小学

不知不觉中，我已经在教育工作岗位上工作了七年。这七年让一颗懵懂无知的心灵悄然成长，也让我明白了成长需要历练。

一、初识美术，启蒙之路

说起美术，这要从我读小学五年级说起。那时由于种种原因，母亲带着我从重庆回到农村老家读书。印象最深的是来到学校上的第一堂美术课，老师当时要我们画未来的世界，当时很多同学都不知道怎么动笔画，在大城市里眼界开阔的我，眼珠一转随即拿起黑色勾线笔，几分钟工夫我就把线描稿画好了。老师拿起我的图画本问："是你的作品？"然后微笑着对我说："你就是我们班的美术科代表吧！"听了老师的话，我心里按捺不住的喜悦，从此，我认识了人生道路上的启蒙老师——陈老师。在陈老师的辅导下，我的绘画水平提高了很多。小学毕业之际，我们学校开展首届学生绘画作品展，我看见自己的一幅幅作品被装裱上墙，心中是无比的喜悦和自豪。一个念头在我脑海中油然而生——我长大了也要当美术老师。

二、站上讲台，懵懵懂懂的自己

大学毕业后我报考了教师岗位，如愿以偿地当上了一名小学美术老师，我的理想实现了。

"理想很丰满，现实很骨感"是我刚工作时最真实的写照。刚踏上工作岗位，经验值基本为零的我，只能凭借感觉，摸着石头过河。当时教材钻研不够透彻，教学的重点难以把握，上课简直一团糟，整个课堂没有活力，一堂课下来自己都懵了，更不要说辅导学生作品，那真是无从下手，脑中一片空白。此时的我一筹莫展，觉得自己太差劲，都开始怀疑自己的选择。但是，不能做"逃兵"的信念一直支撑着我，幸运的我遇到了我人生中第二位导师——杨老师。他不断鼓励我，鞭策我不要气馁，还时不时给我分享他的经验，那真是"听君一席话，胜读十年书"。杨老师的话语让我领悟到自己必须多学习，多思考，多反思，从反思中吸取教训，让自己不断进步，不断成长。

三、进入"'版源优师'教研工作坊"磨炼打造

既然选择了远方，就要风雨兼程。一旦遇到困难无法解决，我就向杨老师请教。不久，綦江区开办"'版源优师'教研工作坊"，杨老师是领衔人。于是，共同追寻美术教育梦想的一群人组成了这个工作室，我也有幸加入了。

杨老师制定了工作室的计划，每学期一节公开课，每期一堂讲座，每次一场研讨，每次一节观摩，每年一趟采风，中心组成员每人负责一个年级的教案收集，共做一项课题，每次一辑《简报》。这种高强度、高密度的活动模式一开始让我很难适应，也让我应接不暇。最难熬的是"每学期一节公开课"，这对于我来说是一个巨大的挑战。至今我还清晰地记得当时的各种担心：活动都邀请全区美术老师来参与，他们都是行家，个个都是有经验的老教师，这可马虎不得呀！从选课到备课再到教具的制作都得自己一个人完成，上什么内容呢？怎样能上好呢？课件怎么呈现呢？图片、文字、声音一点一滴的细节，让我无奈，难熬、压抑充斥着我的心脏，就像乌云布满了天空。就这样，在愁云惨淡的日子里，我熬出一节公开课，也胆战心惊地上了下来！所幸，效果比自己预想的要好，我感觉心中的大石头终于落地了，可杨老师趁热打铁要求写教学反思，字数不少于2000字。这长篇大论的教学反思不就相当于一篇小论文？这是我最不擅长的，怎么办？我的心里又像打翻了五味瓶，不是滋味。硬着头皮，七拼八凑，终于写完一篇自己感觉还行的反思发给了杨老师，杨老师看完也没多说，只让我继续努力。同事安慰我："熬一熬就过，等你以后听别人上课就轻松了。"他们哪知道，工作室早就规定，听课还得评课，必须围绕两点来写，分别是"这一节课给我的启发是什么？""如果我来上这节课，将有哪些地方需要改进？"这种个性化的"营养套餐"整整进行了两年，我感觉这两年就是在备课、上课、听课、反思，不停地轮回。慢慢地，我从焦虑走向了从容，从容面对每一次站在讲台上与学生的心灵对话，从容面对每一次对自己的反思，从容面对每一次的犀利点评，直到有一次上完公开课后杨老师对我说："要对你另眼相看了。"这时，我听到了自己花开的声音。

四、成果与前行之路

在这学与教的漫长道路上，我开始从研究课堂走向辅导学生作品。在最开始的时候，每次我拿到参赛题目，就会在网上找几张图片，然后打印出来，让学生稍加改动地半抄袭绘画。但有一次我们教师集体培训中，要求美术教师带上自己辅导的学生作品，这次真是让我大开眼界，全区所有美术教师辅导的学生作品全部公开亮相摆放在地上的时候，哪些是在网上抄袭的，哪些是稍微加以改动的，哪些是老师认真辅导后创作的，一目了然。当时我的脸一下子就红了，只要是雷同的几乎都是抄袭的作品。虽然当时领导没有直接批评，只说了句："部分老师的学生作品拿回去改改。"但此刻的我已经面红耳赤，无地自容了。这次的培训给我好好上了一课。从那次培训回来，我开始认真钻研如何辅导学生绘画作品。无论是选资料、备资料，还是录微课、拍视频……甚至天马行空的绘画，我都一一认真面对。"功夫不负有心人"，我成功了，每次看到学生别出心裁的作品，看到那一张张奖状，我心中充满了无限的欣慰。

不记得自己究竟经历了多少个无眠之夜，不记得自己究竟经历了多少次课堂教学演练评课，不记得自己究竟经历了多少次课题、课程的从头再来，但我记得在这个过程中，我经历失败，品尝痛苦，我陷入瓶颈，走入迷惘，失望过，徘徊过，但"只要付出，就会成长""只要坚持，就会遇见庆典"。这几年，我迅速成长起来，从一名普通的青年教师，到学区骨干教师，到区级首席教师，这些荣誉的背后有汗水，有泪水，最终收获了成功和喜悦。此时此刻，我听到了自己生命拔节的声音！

我成长了，成长中虽然饱含辛酸与泪水，但我更明白这点成功只是眼前的。在以后的人生路途上，我更应该坚信成功需要坚持、努力、不停地学习反思，让自己真正领悟美术教学的真谛，坚信成长之路就在脚下，坚信路是自己走出来的！只有这样，才能做一名真真正正的美术教师！

故事3:

突破自我 蝶样蜕变

——浅谈教学成长经历

曹洋　重庆市綦江区高庙学校

我们都知道教师在生活中的重要性，我们每个人一生中一定都遇到过一些令人钦佩和感动的老师，我们会在心底永远记住他们。但当我自己走上工作岗位之后，我发现，要成为这样的老师可不容易。我自2012年参加工作，从事乡村美术教育教学工作已经八个年头了。八年来，我将我的青春全部奉献给了这份教育事业。怎样才能成为一名优秀的美术教师，走上自己的专业成长之路？这是我经常扪心自问的问题。从刚开始走上职业道路的迷茫和不安，到渐渐找到了自己的方向，再到如今的沉着智慧，我实现了自己的专业化蜕变。

一、懵懂与适应：一片空白

刚进学校的时候我对自己即将要教的学生不太了解，也不知道自己将要从事一个什么样的工作。那个时候，对于农村中小学来说，人们的认知就是美术课没什么用，我们也耳濡目染，受到影响。所以刚工作的时候，对于教学上的方向都搞不清，当时只觉得应该有自己的特长，但不知道教什么，怎么教，特别茫然。

刚开始上课的时候，我就按其他老师的路子走了一年，别人上什么，我就上什么，每一个领域的活动都是模仿学校里的老教师，模仿老教师教学的步骤，借用老教师的教具。就想着跟着经验丰富的老教师学，一定可以把美术课上好，把教学活动组织好，模仿老教师一年后，我才发现自己根本不喜欢这种教学方式，学生也不喜欢，我就想着一定要改变自己的美术教学方式。

当时最大的问题是那个时候自己不会画，教具什么的也不太会做。我们学校当时还有一个美术教师，她的手工特别好，学校里好多像自然角这样的环境布置都是她做的。我看着只有羡慕的份儿。这些短板带给我当时最大的困扰就是对于教学上的不自信，我总觉得自己能力不够，教不好学生，上不好美术课。结果到了课堂上，也没有向学生展现出好的精神状态，从而导致一种恶性循环。

二、反思与转变：我要怎样教？

到"版源优师"培训时，我们经常举办教师之间的备课、上课、评课等交流会，还一起撰写集体课教案，一起参加专业技能培训会等等。跟其他老师一起探讨交流，我觉得自己收获颇丰。我向一些速写能力好的老师请教技巧和方法，一位老教师的话令我印象深刻，他说："速写的写生状态，是影像永远无法替代的，而所谓的大师养成，不过是大量的场景、人物练习和日复一日的坚持。"听了他的话我颇为触动，后来就坚持每天练习速写，人物速写成了我每天的必修课，出门随时带着速写本，走到哪儿画到哪儿。操场上、马路边，乘凉也不放过练笔的机会。校园里活泼可爱的同学们，校园外形形色色的路人们，都成了我每日丰富的创作素材。慢慢地，我上课也有自信了，整个人的精神状态都提升了一大截。

而且，在和"版源优师"培训班里的老师交流的过程中，我开始意识到要打造属于自己的课堂风格，要让我的学生真正爱上美术，爱上美术课，爱上我这个美术老师。因为从我们的成长经历来看，你最喜欢哪个学科，你就最喜欢那个科的老师，你喜欢那个老师，你肯定就会想，我为什么喜欢他？也许是他的形象，也许是他渊博的知识，也许是他幽默的语言，他总有一个点能够吸引你，让你喜欢听他的课，再慢慢喜欢这个学科。所以我就总结这一点，就是让学生首先喜欢我，所以我除了认真备课、设计教学，还开始注重和学生培养关系，打成一片，同学们课间聊天、玩闹、做游戏我都参与进去，融入他们。上美术课时，我也会注重让自己不要太严肃，打造亲切、平易近人的形象。渐渐地，学生们都把我当成了一位朋友，再加上我的课也上得充实、有吸引力，学生们在课上都打起十二分的精神听，这令我特别欣慰。

三、成熟与提升：美术教育就是带学生"玩"

"艺术本身就需要一个美的氛围，老师要有意而为之。"这是我从教多年对美术教育的认识，就是让学生玩得开心、玩得高兴，在玩的过程中，自己要去感受，慢慢提高学生的审美。学生玩得开心看似是无意而为之，背后是老师的有意设计。这些"玩儿"的美术活动是我用心设计过的，它有利于促进学生的创造力、想象力、审美能力以及情感等其他方面的发展，这样的"玩儿"才有教育价值和审美价值。

比如有一次我教学生国画，其实学国画握画笔是有规矩的，但我并不注重这些。学生画国画时，我告诉他们，那个规矩不重要，国画就是水、墨、颜色、宣纸四个东西在一起怎么结合。我第一次教学生画国画很简单，先教学生玩魔术，给学生一张魔术纸，这个魔术纸跟其他纸有什么不同，就让学生自己去试，滴一滴水上去。他们惊奇地发现，哇！浸开了。然后我再告诉学生，滴一滴墨又怎么样，让学生感受墨如何在宣纸上浸染，然后知道，原来中国画和其他画不同的地方就是水和墨在这种特殊纸上的一种游戏。至于画出来的东西，随着年龄的增长、审美的提高、技巧的运用肯定会越来越好。

这样的课堂也受到了家长的认可。很多家长对我说，孩子在上你的美术课后，不仅学到了美术知识，而且他的习惯、思维、学习的兴趣都有很大提高。是啊，作为教师，我们培养人是全方位的，不单纯是学美术就为了学美术，通过一个活动、一堂课、一幅画的学习，学生应该接受的信息量远远不止美术这一点，最基本的是习惯、集体学习经验的分享，相互的学习等等，这些都应该教给学生。

除了得到家长和学生的认可，我的课堂也渐渐得到了同行老师们的认可。每次在培训交流时，我也会将自己的这些教学感悟和方法分享给大家听，老师们都很赞同，他们的认可对我来说是最大的鼓励。在几次的比赛课中，我都获得了较为优异的成绩。这份优秀的成绩是我对自己的一种突破和蜕变。而在这突破和蜕变的过程中，"领雁工程——版源优师"给了我力量与帮助。几年来，其他老师经常观摩我的课堂，为我指导，给我最中肯的建议，为我提供学习的机会。我多么庆幸自己拥有了这样一个可以并肩战斗，分享快乐的团队！

如今的我，在美术教师的岗位上虽然谈不上特别专业，但也取得了很大的进步。今后，我会不断加强学习，加强团队交流，注重培养自己的专业素养。我坚信，只要我向着专业化去努力，去奋斗，所有棘手的问题，都可以迎刃而解。

故事 4：

坚守初心　以勤补拙

——我的成长故事

张雨薇　重庆市綦江区永新小学

人生在勤，不索何获。自踏上三尺讲台，我一直将这句话作为我的座右铭。作为一名美术老师，不仅需要学习更多的理论知识，还需要不断提高专业能力。要想做到不断进步就需要勤奋。勤于学习，善于反思，不断实践，奋起直追。能拥有今天的收获，我感谢昨天从不放弃努力的自己。

一、初心不改，坚定信念

2012 年大学毕业，我来到了郭扶小学，那是一所乡镇学校，由于学校没有宿舍，我和几个刚大学毕业分配到这里的新教师一起在外合租房子，当时我们的工资仅仅只有一千多元，除掉房租和生活费基本"月光"，所剩无几，梦想的美好与现实的残酷让我的心情跌到了低谷。除此之外边远农村学校师资力量奇缺，学校只有我一个美术教师，我不但要负责全校的美术教学工作，同时还兼任了一个班的数学教学。繁重的工作、微薄的薪资，让我犹豫和彷徨，甚至想过要放弃。但当我看到那群可爱的孩子们渴望知识的眼神，想起临来时父母的殷殷叮嘱，那一刻我坚定了自己的信念，我不光要当一名教师，我还要当一名学生喜欢的教师，当一名合格的甚至是优秀的人民教师，不论多少困难，我都要从事教育事业，郭扶小学便成了我教师生涯的起点。

二、百尺竿头，更进一步

一次偶然的机会，我成为了綦江"'版源优师'教研工作坊"的一员，在工作坊的带动下，我参加了每周二晚上的国画专题培训，虽然每周仅有一天晚上进行培训，但每次培训完回到学校，安顿好学生，我便开始回顾老师所讲的内容并进行相应的练习和创作，每当夜深人静，我也会扪心自问这样辛苦的意义何在。

付出终有回报，通过老师深入浅出的讲解，自己坚持不懈的练习，我对国画有了更深刻的认识，正所谓"不积跬步无以至千里"，一点一滴的积累让我受益匪浅，我更加珍惜每一次学习和锻炼自己的机会。

三、积极进取，敢于挑战

2019年，我通过綦江区的初步选拔有幸参加了"重庆市第三届领雁工程"美术学科优质课现场竞赛，这对于我来说，既是锻炼，也是挑战，更是一次学习提高的机会。刚接到参加赛课通知，我的内心既激动又忐忑，能够拥有这样的机会实属难得，但内心又怕无法出色地完成这个任务。经过一系列的心理斗争，我决定拿出决心和勇气，接受这次挑战。

当时我选了三年级上册《留住秋天——树叶拼贴》这一课，因为这节课十分应时、应情、应景，能够让学生通过本堂美术课真正体会到秋天之美。选好了上课内容，我便开始钻研教材，了解学生，从教案、课件、教具到学生使用的工具，我都积极做好准备，想做到万无一失。第一次试讲结束，我们团队便开始了第一次的研讨，发现的问题太多，其中最为突出的问题是告诉学生如何进行组拼，其次是课堂缺乏亮点。我想了很多方法，查阅了很多资料，我向杨彦旭老师虚心请教，他建议我利用微课让孩子直观理解组拼的方法。我反复思考，不断实践，最后决定以呈现"秋日美景"作为本节课的亮点。好课是不断磨出来的，在试讲中发现问题，在交流中解决问题，一次次试讲，一遍遍反思，一遍遍课堂教学演练，再一遍遍实践。实践出真知，这是真理！我的教案越来越完善，从中我也收获颇多。

我怀着紧张的心情，在赛前的前一天下午就去熟悉学生，在上课教室调试课件，还让工作坊的老师们当"学生"，我又试讲了一遍。在他们的指导下，我的自信和勇气也在提升。虽然赛前，我的心里还是很紧张，但经过他们的鼓励，我的心情很快平复下来，最后顺利把课上完了。功夫不负有心人，虽然过程曲折，但取得了不错的成绩。这是我教育生涯中一次难忘的经历，类似这样的经历还有很多。

四、一分耕耘，一分收获

从站在教师岗位以来，我坚持向学校的优秀教师、骨干教师、区级名师学习，进步的同时也获得了一些荣誉。公开课《留住秋天》在 2019 年重庆市第三期农村中小学领雁工程优质课竞赛中荣获一等奖；2019 年参加綦江区领雁工程优质课选拔赛中获一等奖，2016 年参加綦江区小学美术教师现场赛课获二等奖，2019 年全区"课堂大练兵"优质课比赛中获区二等奖；荣获第七届"安全在我心中"美术书法大赛二等奖；作品《燃烧》在綦江区第二届中小学教师美术作品大赛中获一等奖；荣获綦江区第三届中小学生艺术节教师绘画作品比赛一等奖；荣获重庆市第二十一届中小学师生书法绘画指导教师一等奖，并经过自己的不断努力，被评为綦江区第三届小学美术区级骨干教师。

吾生也有涯，而知也无涯。我的教育生涯还很长，在今后的教育教学工作中，我将不断提高自己，多看书，向经典学习，向所有优秀的人学习。勤能补拙是良训，一分辛苦一分才。我坚信在"'版源优师'教研工作坊"的引领下会做出更好的成绩，不负自己，不负初心！

故事 5：

在路上

肖沁　重庆市綦江区福林学校

所有的欢笑与泪水一定都是与你相遇的理由，在这教书育人路上不知不觉已徒步五载。有刚上路的欣喜与不安，有成功时的喜悦与自豪，也有困难时的苦恼与退缩……桩桩件件，历历在目。它们如明灯指引我前进的方向，如良师帮助我更上层楼，如益友为我扫清路上的荆棘……

大学毕业的第一份职业就是老师，多么美好而令人向往的字眼，我很得意我是一名美术老师，带着太多美好想象来到我的新天地——綦江区福林学校。去学校的路可谓是山路十八弯，蒙蒙细雨里看不清前方的路，经过内心忐忑和漫漫车程终于到了目的地。一到学校傻眼了，当时的操场长满了杂草，靠河边的位置有一栋快要倒塌的危房，旗台、食堂和厕所旁的空地都盖满了厚厚的落叶，教学楼的墙面上还保留着调皮学生留下的手印和脚印……面对这样萧条的景象，迷茫的我，犹豫再三后，还是选择了留下来。

美若没有几分遗憾，如何能有那千般的滋味？

一、初进课堂

带着一颗年轻而又满怀热情的心，接手了我的工作——整个村小的美术课程和当二年级 28 位同学的班主任。刚走进课堂的时候，靠着自己的摸索，我努力准备每一节美术课，希望学生不但学得快乐，并且有所收获。不过美好的感觉没有坚持多久，现实的问题慢慢浮出水面，比如因为美术课属于技能课，学生和家长不重视，加上我们这里学生都是农村孩子，父母不在身边，所以很多学生上课材料准备不充分，课堂上不遵守纪律，作业的质量不高。渐渐的我开始对自己的学生，对自己的课堂，对自己的教学，有些习以为常，甚至麻木。阳光灼热，数不尽夏日繁华；蝉鸣幽幽，道不完苦辣酸甜。我就像一只离群落单的候鸟，找不到我的队伍。

二、走入"'版源优师'教研工作坊"

正当我迷茫，不知所措时，区里面开展了领雁工程，组织了我们农村美术老师去学习。培训期间，有幸聆听到优秀教师的经验分享，还荣幸地参加了工作坊组织的写生活动，使我无论在专业上还是课程学习上都豁然开朗。

1.向大师学习，努力提升自己的专业技能和知识

在自己的专业领域美术学科不只是学习美育知识，还要学习美术的各种专业技法，而不只是单单研究自己一门水彩专业，比如素描、速写、水粉、儿童画、手工等，都是需要学习的。除了和老师们交流学习之外，还要利用网络课程，向大师级的优秀专业老师学习，以提升自己的专业技能。

2.时刻反思自己

经常回过头来看自己的课程，是有很多问题的，要学会反思，以便督促自己改进教学。我们再也不能像过去一样让学生只是听老师的讲授，记老师的讲授，而应该主张学生的亲自参与和切身体验。学生才是教学的主体，老师只是一个掌舵的同伴，而不同的学生由于其生活环境，自身的经历以及知识储备不一样，在教学中表现也是不一样的，这就要求我们在教学储备阶段对学生的现状了如指掌，根据不同群体和不同知识，对教学过程作好充分的设计，并备有预备方案，在教学过程中，针对学生群体的不同表现，采用不同方法应对。

3.思维上的转变

在美术教学活动中，要想进一步使学生迸发出创新能力，只有通过细致和不断地观察，才会发现每件事物的不同点和相同点。在美术教学中美术教师应该积极引导学生养成善于观察每件事物的良好习惯。在美术教学中要多鼓励学生发挥自己的想象力与创造力，让学生应用他们的儿童语言，将自己的内心世界展示出来。每一个学生的想法都有所不同，但都符合学生的身心发展规律。在小学阶段，学生的想象力与创造力是十分丰富的。他们乐于调动自己的想象力与创造力去丰富自己的生活。

从原来只重视专业知识与技能的传授，把学习仅仅局限在书本上，脱离学生的日常生活实际，逐步转变为从日常生活中寻找创作的源泉，发掘民间艺术。我在课堂上积极调动学生学习的兴趣，推动学生从生活中寻找材料。比如三年级《留住秋天》一课，我首先让学生收集生活中各个形状的落叶。在校园的黄桷树下，

一个瘦小的身影蹲在那里，在一堆落叶当中寻寻觅觅。我轻轻走到他的身旁，小罗仰着头兴奋地举起手中叶子向我炫耀："老师，你说这个能不能变成一条漂亮的黄色裙子？""我觉得你可以试试。"在课堂上我让学生分析叶子的形状，并进行组合添画。小罗同学这节课特别专注于剪贴、描绘，他说这是他最满意的"杰作"。同学们表现得都相当活跃，看到学生这样快乐，我明白了一个道理：不要让我们所谓权威的说教取代学生的直观体验，扼杀学生探索的自由，要让学生成为学习的真正主人。在教学中我们还要善于发现问题，分析问题，关注学生的情感，改进教学和组织形式，才能实现教学目标，创设教学新境界。

三、不忘初心，砥砺前行

我很幸运，能遇到良师益友，我强烈感受到了一种温暖向上的强大力量，是这股力量让我站起来，走起来，成长起来，为了我们共同的教育事业而奋斗。因为有了这个信念，我前进的步伐变得更加坚定！成熟，源于时光的雕刻！一路眼泪，一路喜悦！

第三节　教育教学研究论文

论文1：

浅谈中小学美术教研"SEAC模式"的构建

古爱华　重庆市綦江区教育科学研究所

　　"SEAC"模式是运用展示、教学、请教、交流四个关键组织要素来构建的中小学美术教研模式，它来源于教师专业标准理念，能有效解决所面临的职业自信度低、职业幸福感差、美术创作水平不高、课堂教学能力不强、专业发展缺乏方向等方面的突出问题，"SEAC模式"的构建与应用符合中小学美术教师在作品创作、课堂教学、社会地位等方面的专业发展需求，其实践成效较为突出。

　　国务院办公厅《关于全面加强和改进学校美育工作的意见》（国办发〔2015〕71号）明确指出，要通过多种途径来"促进美育师资队伍均衡发展"。"'版源优师'教研工作坊"针对中小学美术教研工作所存在的目标针对性不强、内容缺乏规划、形式枯燥单一、过程主体作用差、效益较为低下等主要问题，认真研究分析中小学美术学科课程与美术教师职位的特殊性，通过美术教研"SEAC模式"的构建与实践探索，全面提高了中小学美术教研的实效性，现抛砖引玉，以图共飨。

一、"SEAC模式"的实践内涵

　　"SEAC"，是展示（show）、教学（education）、请教（ask for advice）、交流（communicate）等四个关键词英文单词首字母的组合。"SEAC模式"，即运用展示、教学、请教、交流这四个关键组织要素来构建的中小学美术教研模式。

　　展示（show），主要指中小学美术教师在教研活动中对美术专业技能的素质表演和成果展出，由具有现场表演性质的美术教师专业技能展示和美术教师作品展览两部分组成，真正让每一名中小学美术教师都能在教研活动中"秀"一把。

教学（education），主要是以课堂为主阵地，以培养中小学美术教师课堂教学能力为目的的研讨活动。我们在保留观课与评课等传统环节的基础上，将主题式观课议课、要素式观课议课融入其中，辅以"怎样观课""有理有据地评课""读懂课标与教材""激活美术课堂中孩子的活力"等专项指导，有重点、有梯度地推进教师在课堂教学能力方面的发展。

请教（ask for advice），主要指中小学美术教师"问道""问计"专家的过程，从而让专家的美术教育理念能够适度地对一线美术教师予以引领和启发，形成一种美育"顿悟"。我们常常针对一线美术教师的专业发展需求，将"当下美术教育的新思潮""地区文化史略"等具有思想与理论含量的主题引入教研活动中，让美术教师能够在美术教育专家、文化研究专家的思想交流中寻找到教育与创作的灵感。

交流（communicate），这是以中小学美术教师现身说法的形式，由工作业绩与专业发展较为突出的美术教师，开展经验与做法的交流，从而达到相互学习的目的。我们从美术教师师德修养、业务学习、教学能力、作品创作等方面进行考察，然后予以任务落实和交流指导，既起到榜样感染作用，又能让上台交流的教师产生成就感。

二、"SEAC模式"源于教师专业标准理念

《中小学教师专业标准》（下称《标准》）包括师德为先、学生为本、能力为重、终身学习四大基本理念，基本内容涵盖专业理念、专业知识和专业能力三大方面。作为具有整体促进作用的教研活动，面对的是一个个具有主观能动性的教师，我们综合教研活动在人、财、物、时、空、信等方面的资源情况，确定了以能力与作品展示来促进美术教师在知识与技能方面的自我精研，以"问道"专家来形成美术教师在理念、师德及美术知识技能方面的导向与启发，以课堂为主阵地来突出美术教师在教育教学方面的全面进步，以同伴交流来感染带动美术教师形成"向前看齐"的终身学习态度。由此，中小学美术教研"SEAC模式"的构建，让中小学美术教师朝着标准理念的引导，形成整体进步的发展潮流。

三、"SEAC 模式"符合中小学美术教师专业发展需求

1."SEAC 模式"能有效解决教师专业发展面临的突出问题

通过调查得知，中小学美术教师专业发展主要存在以下十个方面的问题：一是教师职业自信度低；二是教师职业幸福感差；三是美术技能练习量不足，创作热情与创作水平不高；四是课堂教学能力不强；五是课标与教材的解读能力不高；六是对学生的影响力严重不足；七是对美术教育教学认识不够；八是专业发展缺乏方向；九是自主学习习惯差；十是专业发展引领缺乏。

"SEAC 模式"对这些问题的解决具有较强的针对性。首先是通过展示不断树立美术教师的职业自信，导向教师开展自主发展规划的制定，增大自身的美术技能练习量，培养创作热情，提高创作水平，逐渐形成良好的终身学习习惯。其次是通过课堂教学实践这条主线来突出教师站好讲台的重要性，让教师在课堂主阵地中不断修炼自己的教学业务能力，提高课堂教学组织能力、课标教材的解读能力和对学生成长的影响能力。再次是通过专家"顾问"，对教师综合素质的提升产生引领作用，让教师进一步找到从事美术教育教学的美好"感觉"。最后是通过同伴交流这种贴近教师实际的形式来进一步实现专业的引领和榜样的示范，这样能让教师看到自己努力的方向，让教师感受到自己专业发展实现的可能，从而引导美术教师在分享中体验到教师职业的幸福感。

2."SEAC 模式"符合中小学美术教师的需求

用美术教师自己的话说，他们在专业发展上最大的需求有三个：一是"能出作品"；二是"能上好课"；三是"能让学校领导更多一点听我说话"。第一个需求是美术教师这个特殊的岗位所决定的，这是做一个美术教师的基础，这是与"美术"相称的一种需求；第二个需求是作为教师这个职业所必需的，上不好课自然得不到学生的喜爱、家长的欢迎和同行的认同，上好课可以让一名美术教师在学校生活得更主动，心理更阳光；第三个需求其实是第一、第二个需求所产生的结果，前两个需求实现了，第三个需求就会迎刃而解，教师在学校中的地位自然就会得到提升，只要教师更加注重自身的综合修养，就一定会成为被学校领导、同事、学生和家长尊重的教师。

"SEAC 模式"直击中小学美术教师自我发展的迫切需求，把教研活动上升到满足教师专业发展需要的战略性高度，让美术教研成为中小学美术教师实现自

我价值的新平台。

我们主要通过"展示"来满足教师"能出作品"的需求。我们将美术教师的技能展示放在面向社会的广场中举行，每一名教师一个展示位，让教师各显其能，从而让美术教研活动成为城市中的一次文化盛会，在产生良好社会效应的同时，确实挑"亮"了美术教师的形象。在作品创作展览中，我们联合当地美术家协会、美术馆，开展社会化的作品展览活动，有许多美术教师的作品终于有机会拿到正规的展览馆来展出，确实让他们无比兴奋，从而促成一件件精美的美术作品脱颖而出，美术教师的创作潜能得到了充分的发挥。

我们主要通过"教学"来满足教师"能上好课"的需求。我们分学段分组开展课堂观摩和主题研讨评议活动，将研与训有机结合起来。通过这样较为系统的教学指导，让参加活动的教师找到"上好课"的关键，明白自己的不足，认识课堂教学的规律，从而提高理论与实践水平。

我们在教研活动中，定期组织美术技能及创作培训活动，分项目开展志愿培训活动，邀请市、区级美术家予以授课，通过"请教"启发与引导，系统建立满足教师专业发展需求的支持系统。

通过"交流"的活动流程，让教师成为教研活动的主人，形成相互学习、感染的良好氛围，从而达到优秀引路、个性跟进、共同进步的美术教师专业发展目标。

四、中小学美术教研"SEAC 模式"的实践成效

中小学美术教研"SEAC 模式"的构建与实践，教学成效较为明显。在美术教师教研活动体验中，感觉教研活动"有内容""有学头""有进步"的教师上升至九成以上；在教师职业体验中，感觉当美术教师"有掌控感""很幸福"的比例分别由三年前的 12%、8% 提高到现在的 63%、70%，感觉到"校长重视美术学科"的教师由三年前的 22% 提高到现在的 82%；在教师专业能力方面，班主任感觉美术教师"完全能胜任"的比例由三年前的 47% 上升到现在的 79%，学生"特别喜欢美术学科"的比例由三年前的 38% 上升到现在的 82%；在全市组织的中小学校美育质量抽测调查中，本区域美术学科的同项质量对比数据跃居全市中上水平，明显高于本区域其他学科的质量对比位次；近两年选拔美术教师参加省级及以上赛课活动获得一、二等奖的绝对人数与相对人数均远超历史水平，

大量美术教师作品得以参加省级及以上活动，有三件作品参加全国性展览并被国家级博物馆收藏，有十余件作品被公开发表，有两人被吸收为全国美术家协会会员，有一项研究成果被评为全国教育教学成果奖。

参考文献：

[1] 国务院办公厅关于全面加强和改进学校美育工作的意见 [J]. 中国德育，2015(23)：6-11.

[2] 杨春茂. 提升教师素质的又一重大举措——解读教育部中小学幼儿园教师专业标准 [J]. 人民教育，2013(2)：21-23.

[3] 欧阳毅红. 理念引领同伴互助促成长——以新教师美术教研活动的组织为例 [J]. 课程教育研究，2017(33)：250.

[4] 徐敏. 上海市美术教师教学基本情况调查与分析 [J]. 教育参考，2017(1)：14-21+70.

[5] 孙乃树. 新编美术教学论 [M]. 上海：华东师范大学出版社，2006.

论文2：

小学美术课中故事元素的运用技巧

李婉菁　重庆市綦江区永新小学

　　如今，在新课改方针的引导与规范下，小学美术教学理念也在不断推陈出新，广大教师开始致力于摸索对故事元素的运用策略，以求提升学生的综合素养，让更多合格的新时代人才涌现。作为"领雁工程"中的一员，通过一系列的培训，以及对教研课、展示课的学习，我发现，故事对于学生是很有吸引力的。他们都十分热衷于用故事元素表述，而老师应当灵活运用故事来创建情境，牢牢抓住学生的注意力，让他们全身心投入到课堂上，以起到事半功倍的效果，让预期的教学规划顺利落实。就实际情况来看，故事教学已经受到了教师的密切关注，可带来的成效还不尽如人意。想要扭转这样的局面，老师们就要不断总结实践经验，汲取教训，摸索出更为合理、先进的教学措施，做到与时俱进，斩获理想的教学成果。笔者也就此展开了系统、透彻的剖析，希望能带来一定的思路与启迪，为教学事业作出贡献。

一、好课要有精选的"故事素材"

　　现阶段，美术课的频率本就不高，学生接触美术的时间有限，这无疑给教学工作带来了很大的困扰。在这样的情况下，教师就要认真对待备课环节，追求更高的教学效率。而故事教学无疑是极佳的出路，它能够最大程度地调动起学生的学习热情，让教学品质得到立竿见影的进步。想要达成这样的目的，就要妥善准备好优质的故事素材。在笔者看来，不妨遵循如下思路：一要围绕教材内容来筛选故事。要知道，故事是为教学服务的，而不能喧宾夺主，要是故事内容与课本毫无关联，只会白白浪费珍贵的课堂时间，耽误教学进度。二要迎合学生的喜好。在新课改的引导与规范下，教师应当把课堂的主导权转移到学生们手中，尊重他们的诉求。那么教师应当站在学生的立场，揣摩他们的诉求，找到最具吸引力的故事，才能打造最为活跃、专注的课堂氛围。三要让故事与学生的思维、绘画基础相契合，确保学生能够用自己的作品来描绘故事。小学生的心智还不够成熟，认知水准有限，要是故事太过深奥、复杂，他们根本无法理解，也就无法得到收获，还会拖累教学进度。

二、丰富教学方式让课堂妙趣横生

毫无疑问，丰富的故事教学准备，能够给学生带来更充实、全面的体验，以不同感官作为切入点，留下最为深刻的印象。教师只有秉承锐意进取的精神，灵活运用各类措施，才能让故事教学发挥出应有的作用。打个比方，在学生上二年级《三个小伙伴》这一课时，难免对"三原色"和"三间色"感到较为陌生。那么老师不妨准备一个故事：红黄蓝三个颜色宝宝参加双人舞会，并准备三种颜色的水装在透明水瓶里。显然，当讲完故事以后，课堂氛围会立刻活跃起来，同学们的视线也会聚集在有颜色的瓶子上，踊跃表达自己的观念与看法，以最为专注、投入的姿态去认知颜色的变化。不仅如此，老师也要妥善运用先进的多媒体工具，让学生对知识产生更为直观、清晰的认知。举个例子，在三年级下《拼泥板》这一课上，老师应当事先搜集瓷器的图片、素材等，并了解关于兵马俑、景德镇的故事，凭借幻灯片呈现在学生眼前，引领他们彻底融入陶艺的世界中，领略到这门艺术的魅力所在，产生持久的学习热情，同时也能让学生的见识变得更加广博。

三、坚持适度原则

新鲜感不可能永远维持，兴趣也会有疲劳期，而学生的自律性又十分有限，要是老师反复用相同的方法来灌输知识，课堂就会显得十分僵化、死板，甚至让孩子们产生排斥、抵触心理，给教学工作带来很大的困扰。想要杜绝这类情况出现，教师就要适当地用故事来驱散课堂的枯燥压力，让学生维持更长久的专注度。而想要获得理想的效果，就要合理把握节奏，围绕课本内容，制定最具针对性与可操作性的教学规划。显然，妥善运用故事教学手段，能让教学品质得到立竿见影的提升，要是盲目使用，效果无疑会大打折扣。

四、从学生的经验中引入故事

在笔者看来，教师应当善于从生活中找寻故事素材，而不能把目光局限在课本上，也要让学生们尝试着分享自己的故事，锻炼他们的表达能力。就拿《恐龙世界》这一课来说，老师应当让学生独立搜集材料并完成记录袋，锻炼他们的实践能力。而在成品展示过程中，也要让学生诉说自己遇到的难题与阻碍，以及成功时的感受，创造出独属于自己的故事，也能让学生聆听发生在同伴们身上的美术故事。这无疑能让学生的综合素养得到全方位的进步与成长。

总的来看，想要打造富有故事味的课堂并不是一项简单的任务，教师应当勇于打破旧观念的桎梏，不断总结实践经验、汲取教训，并坚持阅读、搜集素材，把握好美术的本质，让故事教学发挥出理想的作用。也只有这样，才能让学生感受到美术课的乐趣所在，产生充沛的学习热情，以最佳的姿态投入到学习中，学会品味、享受美术，打破学习中的瓶颈与束缚，让学生的美术素养得到最大程度的提升。

参考文献：

[1] 任雪霞. 小学美术故事性教学策略新探——《童话中的城堡》教学有感 [J]. 新教育，2015(6)：63-64.

[2] 欧泽艳. 浅谈小学美术教学培养学生的美术素养 [J]. 山海经：故事，2017(4).

[3] 周艳. 小学美术教学的创新与传承 [J]. 华夏教师，2018，106(22)：62-63.

[4] 金露露. 如何让故事成为小学美术课堂的催化剂 [J]. 才智，2017(34)：149-149.

[5] 斯庆. 浅谈小学美术教学 [J]. 山海经：故事，2017(7).

论文 3:

"版源优师"的教研实践与探索

杨彦旭　重庆市綦江区教育科学研究所

在"'版源优师'教研工作坊"的框架下，我区根据国家素质教育的目标、基础教育新课程目标和教学活动的目标，针对我区美术教学工作的实际问题，有组织、有计划、有步骤、创造性地开展一些区域性美术教育科研和教学改革的系列活动，力图促进美术教师专业水平的提高、教研工作水平提升和教学质量的提高。

"'版源优师'教研工作坊"，是我区中小学美术教师在以美术元素"版画"为主，结合其他美术元素开展美术活动的教研团队。"'版源优师'教研工作坊"通过有组织、有计划、有步骤地开展区域性美术教育科研和教学改革的系列活动，促进美术教师专业水平的提高、教研工作水平提升和教学质量的提高，作了一些实践与探索。

一、落实美术核心素养，聚焦美术教育未来方向

为进一步贯彻落实新《义务教育法》、国务院《关于深化教育改革全面推进素质教育的决定》，全面实施素质教育，引导和激励教师在中小学美术教学领域内进一步深化素质教育，提高实施素质教育的水平和质量，促进我区中小学美术教学质量的持续提高，就当前素质教育实施的现状、中小学深化素质教育实施目标、教师专业成长、素质教育推进策略等问题进行了针对性、启发性分析讲解，让广大一线美术教师在教学领域实施素质教育的策略和开展学科理论研究上得到有效的指导。并以"有用、能用、适用、实用"的实施方案为广大美术教师在日常美术教学中如何进一步深化素质教育提供了方法和途径，使美术教师在开展素质教育教学理论和实践研究上得到具体有效的指导。

二、建设高效教研团队，有效运作三级教研网络

　　教学领域深化改革素质教育是一项系统工程，全区性的教研活动是保证这项系统工程顺利开展和落实必不可少的工作。在全区教研活动中的策划、组织、培训、宣传等工作中，建设高效务实教研团队，为全区教师提供优质教研服务，是深化素质教育的教研工作保障。

　　坚持"教研服务教师，教师关心教研"工作宗旨，坚持为一线教师服务，从客观实际出发，通过抓管理、抓落实、已形成一个学习型、务实型的美术教研核心团队，教研会逐渐形成良好制度文化，形成良好的运作机制，建设"合作型、学习型、服务型、创新型"的教研团队。

三、开展"有效教学"活动，创设多元实用教研模式

　　1.注重课堂教学实效，以"有效教学"为核心丰富教研活动内容，努力探索特色教研。

　　首先是关注课堂教学实效，开展主题教研活动。以"有效教学"基本理念为实施核心，探索创设新的有效教研模式，进行"有效课堂、城乡交流、中小衔接、均衡发展""高中美术设计模块""有效教学反思交流""有效教学网络教研"等主题活动和异地教学课例研讨活动，尽可能地为一线美术教师提供更多元的教育教学交流平台。

　　其次是围绕"有效教学"主题，积极开展内容丰富的专题讲座活动。围绕主题，邀请专家开设多个专题的讲座，帮助教师学习和理解、掌握学科前沿的知识和研究内容，提升教师综合能力。

　　最后是在组织特色专题研讨活动中力求做到"三突出"：突出教师专业化发展的培养；突出素质教育的主题系列；突出教学评估的迎检工作。

　　2.创新高中教研活动形式，推广模块教学特色经验，积极开展专题交流活动。

　　3.开展有效教学案例评选，推广教师成功经验。

　　4.抓实高中教学评估迎检工作，推进教学领域深化素质教育。

　　5.积极开展教学评比，检阅美术课改实验成果。

四、实行城乡教研交流，促进美术教育均衡发展

立足课堂，城乡联动，扶弱助教交流，有效促进城乡均衡发展。为加强城乡之间的教学交流，扶持农村薄弱学校，举办"同课异构活动教学主题内容探讨活动""有效教学，城乡交流有效课堂教学交流"等活动，提高城乡美术教师的常态课堂教学素质。

五、实施特色培训活动，提升美术教师专业素养

1. 名家专题讲座专业指导，积极促进教师队伍专业成长。积极联系著名的美术大师、教育名家开展专题的美术讲座。

2. 骨干培训，提升教育科研专业实力。有计划、有步骤地开展了一系列教师专业化发展的专题培训活动。

3. 开展专业技能竞赛，提升教师专业水平。

4. 举办专业个展，树立美术教师先进典型。为一线教师举办个人美术作品展是提升教师专业发展的一项新举措，主动地为教师创设条件举办展览，树立"勤奋向上，拓新求真"的专业精神。

5. 组织专业社团和艺术沙龙，打造学科特色专业团队。先后在全区教师团体中成立"国画""油画""版画""水彩画""泥塑"等沙龙，极大提高美术教师专业素质。

六、推进美术课题研究，提高美术教师科研能力

1. 注重科研课题研究工作，以科研促进素质教育的深入。

2. 交流学习，着力培养教育科研骨干队伍。

3. 扎实开展和推进学科校本课程课题研究。

进一步落实开展有关素质教育专题的教学实践研究，开展"基础教育美术课程地方资源的开发与利用""中小学美术课堂有效性教学""基础教育地方特色美术教本课程"的项目研究，有策略、有计划、有步骤地指导中小学美术学科教师进行专题的理论撰写、编辑，提高美术教师科研能力。

七、创建美术教研网络，发挥远程美术教研功能

创建多元、新型美术教研网是未来教研工作发展的趋势，在网络中开设精彩课例展区、优秀论文展区、教师作品展区、教师自由撰稿区、艺术展览信息等栏目，让教师了解教研、关心教研、互动拓展，提升教师综合能力。

随着教学领域进一步深化素质教育工作要求，我们还在各方面积极进行自我完善，如在开拓创新美术教研模式方面、提升农村薄弱学校的教育教学水平方面、建设现代美术网络教研方面均有待改进与提高。团结协作，开拓创新，更好地服务于綦江的中小学美术教育教研工作，使学校和教师的素质教育理念转化为具体有效的行为，使素质教育目标的落实常态化，使素质教育在美术教学领域真正得到落实。

参考文献：

[1] 重庆市教委《关于继续实施农村中小学领雁工程项目的通知》渝教基发[2017]21 号.

[2] 国务院办公厅关于全面加强和改进学校美育工作的意见 [J]. 中国德育，2015(23)：6-11.

第三章

中小学美术教学设计选辑

　　教学设计作为课堂教学实践的关键前置环节，决定着课堂教学的质量。教学设计，既是教师专业水平的直接体现，也是教师智慧的结晶。本章选辑的教学设计为重庆市綦江区第一届、第二届中小学美术优秀教学设计评选活动一、二等奖获奖作品。

教学设计 1：

《小雨沙沙》教学设计

罗青青　重庆市綦江区陵园小学

课题	《小雨沙沙》	课业类别	造型·表现	课时	1
教材分析	本课是湖南美术出版社义务教育《美术》一年级下册第 1 课，属于美术四大学习领域中的"造型·表现"。该课是一堂十分符合一年级儿童心理年龄特点的"造型·表现"课，本课是在一年级上册《绕绕涂涂》用线的基础上，深入学习在美术中点与线的知识及运用。通过疏密不同的点、长短不同的线来表现大小不同的雨滴，用点与线的变化来表现雨的不同样子。主要让学生进一步观察春雨，想象在雨中的小花、小草、小动物的可爱模样，让学生在活动实践中体会生活的乐趣。				
学生分析	一年级学生想象力比较丰富，很多时候会想象但画不出来，但总体上学生的绘画能力比上学期有了一定的提高，基本能够完成较完整的作品，在创新思维上，一些学生能对事物发散思维，有些想法还非常独特，但仍有一部分学生在这方面的能力还比较欠缺，需要老师悉心指导。				
教学目标	1. 初步理解美术中的点与线基本知识。 2. 运用不同的情感体验来表达下雨时的感受，从而培养学生的观察力和想象力，以及对点、线、色彩的表现能力。 3. 培养学生对大自然的向往，激发学生对生活的热爱。				
教学重点	引导学生大胆、自由地想象下雨时的情境和感受，并会用不同的点和线表现雨的画法。		教学难点	感受雨景的变化。	
设计思路	《义务教育美术课程标准》（2011 年版）"造型·表现"通过观察、回忆、读图、归纳、联想、想象等方法，进行各种雨的场景认知，体验下雨时的感受，创意画面，完成一幅有趣、富有想象力的儿童画。本课教学基本环节设计为： 　　创设情境、教具"雨娃娃"让学生感受不同雨的区别，激发学生兴趣——欣赏微课感悟、看微课，学习雨的画法，感悟雨景画面——倾听故事想象（雨中故事动物、植物和人物的画面）——合作完成创作（两人合作，在纸伞上创作一幅雨景画，大胆想象，画出对雨天的感受）——展示作品点评。				
教学准备	教师准备	微课、课件、教具、雨滴纸、纸伞、范作等。			
	学生准备	勾线笔、水彩笔、油画棒。			

		教学流程				
环节＼内容	学生活动	教师活动	学法	教法	预时	设计意图
创设情境 激发绘画 兴趣（引入）	情境体验 听 看 想 回答问题	课前组织，检查学生学具准备情况。 **一、创设情境** 1. 师："老师今天给大家带了一位新朋友，猜猜它是谁？"（展示教具）。 学生："乌云。" 2. 老师一边展示教具，一边充当云娃娃自诉："嗨，小朋友们，大家好，我叫云娃娃，听说今天有很多小朋友要和我交朋友，我给大家带来礼物了！请看，嘀嗒。这是什么呢？"学生："雨滴。""这是大雨还是小雨？"学生观察并回答。 3. 用教具让学生直观感受小雨和大雨的区别。 教师："哗啦啦——（教具展示）大雨来了。大雨和小雨有什么区别？"学生观察并回答。 教师小结："小雨的雨线又细又少，大雨的雨线又密又多，有风的时候雨线发生了变化，随着风的大小变成了弯的、斜的。" 4. 引出课题："今天，就让我们来学习《小雨沙沙》。"	回忆 观察 感知	谈话 情境教学 启发 提问	3 分钟	通过情境体验，让学生观察教具，听云娃娃自诉，激发学生学习兴趣，初步体验小雨和大雨的区别。
		二、欣赏微课感悟 下面，就让我们来看一段微视频，感受一下下雨时的场景以及雨的画法。 1. 微课展示 雨的不同画法 （1）疏密不同的点 				

内容 / 环节	学生活动	教师活动	学法	教法	预时	设计意图
观看图片 学习雨的画法，初步感悟雨景画面。	学习雨的画法和感受雨景画面。 看 思 答 忆 提炼	（2）长短不一的线 （3）大小不同的雨滴 小结： 雨的画法：画中用的是变化的点与线来表现雨的各种形态。疏密不同的点，长短不一的线，大小不同的雨滴。 2. 微课展示 感受不同的雨景画面 老师播放学生的作品，学生自诉自己的作品内容、风格以及绘画材料的选择与运用。 3. 游戏一：听音乐，画一画 师唱《小雨沙沙》儿歌，生听歌曲内容画雨。 （1）学生尝试绘画，老师及时辅导与点评。 （2）教师选择两三幅具有代表性的学生作业进行点评。 如：	观察 思考 总结 提炼	展示 启发 提问 总结 点评	6分钟	通过微课阐述教学重点内容，欣赏同龄儿童的作品，激发学生绘画兴趣和想象能力。

（续表）

环节\内容	学生活动	教师活动	学法	教法	预时	设计意图
倾听故事想象雨景画面	听故事 体会雨中场景 听 做 思 看 讨论 探究 尝试 实践	**三、倾听故事想象** 1.游戏二：我来说，你来演 生：全体学生起立表演 师：沙沙沙，沙沙沙——，小雨带着它们的朋友来到我们的身边，让我们伸出手来迎接它们吧！洗洗脸，洗洗手，让我们再拥抱一下它，咦！地上还有很多小水坑，让我们踩一踩，哇！溅起了朵朵的小水花。 唰唰唰，唰唰唰——雨越下越大了。我们该怎么办呢？ 生：打伞、穿雨衣、穿雨鞋。 师：老师也带了雨伞，同学，给你用一用吧！雨越下越大了哦，唰啦啦，唰啦啦——大雨从左边来了，我们的雨伞也斜向左边，同学们在画的时候可以把这个场景融入画面。 师：雨越下越大，呼啦啦，呼啦啦——还吹着大风呢，没有雨伞的小朋友怎么办？ 生：书，书包，手臂，甚至是大的树叶。 师：同学们，雨下大了，我们赶快回家去吧！把我们手臂上的雨水甩一甩，头发上的雨水也甩一甩吧。被雨水淋湿的衣服、头发要及时风干，小心感冒哦。（表演完毕） 师：及时对全班的表演进行肯定的评价。 2.小组讨论：刚刚是人物在雨中的情境，那在雨中我们的小动物、植物又会怎么样呢？ 各小组汇报： （1）老鼠、蛇会躲到洞里。 （2）小昆虫躲到草堆和树叶下。 （3）小蚂蚁会搬家。 …… 3.教师示范：突破难点 那么，接下来，同学们，你们想不想看一下下雨时小动物、小植物的样子？ 教师边讲故事边出示教具（示范1）：滴答滴答，雨娃娃落到花园里，这朵小花张开嘴巴迎接我们的雨娃娃，瞧，另一朵小花也开心地来了，它扭着小腰迎接我们的雨娃娃。哇，我们的小兔子也来了，它没有雨伞，它顶了一片荷叶来挡雨。小蚂蚁刚刚才找到食物，正准备回家了，哗啦啦，哗啦啦，雨越下越大，小蜗牛来帮小蚂蚁拖食物来了，小蚂蚁就帮忙撑着一片大树叶，他俩一起回家了。同学们，我们的小姑娘过来了。 教师（示范2）： 教师示范人物的画法 师：接下来我们把所有的动物、植物，还有小姑娘组合到一幅画里，又会是怎样的呢？看了老师的作品，你想不想自己创作一幅雨中的场景呢？	倾听 互动 讨论 实践 想象	组织 总结 讲解 演示 示范 展评	10分钟	师生互动，听故事做动作，唤醒学生对雨中情境的回忆，为后面的创作埋下伏笔。 动植物拟人手法指导练习，人物雨景的画法指导，启发创作灵感。 从听觉到视觉再到想象，结合画面及色彩的变化来表现雨景。

内容环节	学生活动	教师活动	学法	教法	预时	设计意图
完成创作	创作绘画	**四、创作绘画** 1. 两人合作，创作一幅雨景画。 2. 创作要求： 　（1）两人合作，在纸伞上创作一幅雨景画。 　（2）大胆想象，画出你对雨天的感受。 　（3）给作品取一个你喜欢的名字。 3. 学生创作，教师巡视指导。	想象 思考 绘画 倾听	巡视指导	15分钟	创设实践活动的情境，然后提出三个层级创作要求，给足学生创作时间，促进学生美术核心素养形成。
展评交流 提升设计能力	交流学习成果 提升美术核心素养 看 思 说 听 体验	**五、作业展评与总结** 1. 小组推荐、评选一幅最优作品。 2. 师生点评、自评： 　（1）作品是否表现自己的感受。 　（2）作品是否有创意，与众不同。 　（3）作品的点、线和色彩的表现是否表现了下雨天的情境。 　建议：给作业取个好听的名字，配儿歌、古诗、谜语等。 **六、教师总结与延伸** 　这节课，我们体会了一场春雨的到来，还用画笔把雨娃娃和整个场景留在了画面中，老师真为你们高兴。 　从学生的画面来看，同学们都有双善于发现美的眼睛。 　组织学生有序离开教室。	观察 思考 交流 倾听	提问 启发 总结 拓展	3｜5分钟	通过自评、互评及学习总结，让学生在分享交流中学会互相欣赏，让学生进一步体会下雨时的快乐场景，运用延伸语提高学生观察生活和美术创作欲望。

板书设计

小雨沙沙

雨娃娃教具　　　雨滴画法　　　学生作品展示

教学设计2：

《动物唱歌的模样》教学设计

霍加家　重庆市綦江区文龙小学

课题	《动物唱歌的模样》	课业类别	造型·表现	课时	1
教材分析	本课是湖南美术出版社义务教育《美术》一年级下册第12课。本课属于"造型·表现"的学习范畴，是体会并画出动物表情特征的活动，有前几课绘画动物的练习，使本课活动更容易完成。动物是人类的好朋友，忠诚的小伙伴，它们生活在我们身边，和我们朝夕相处，它们的叫声在生活中组成了一首首美妙的乐曲。让学生置身在动物歌唱的场景中，观察动物歌唱时表情、姿态的变化，从而进行想象和创作。 　　本课适合情境教学。池塘边，有各种可爱的动物（青蛙、斑马、大象、小鸟、丹顶鹤、松鼠）在快乐地演唱着，仿佛是一场动物界的大型演唱会，将师生置身在动物界热闹的演唱会中，使人身临其境。 　　教材第24页的小训练让学生在本课的所有动物中寻找四个相应的动物，引导学生发现动物形态特征的不同，动物头、颈等身体各部分的形状都是有差异的，引导学生在小训练中寻找、感觉各种动物的不同外形特征，从而提高学生的观察与想象能力。 　　动物歌唱主要通过表情与姿态两方面表现，通过观察教材中青蛙、斑马和小鸟唱歌时头部五官的特写，让学生发现动物歌唱时五官的变化；而大象、松鼠和仙鹤的图片则是让学生认识到歌唱时动物姿态的不同。本课采用的是拟人的表现手法，将动物歌唱的模样倾注了人类的特征，比如歌唱时五官的张力、翅膀的展开动作等，这样才能使学生更容易掌握动物演唱时神情与姿态的变化。 　　教材第25页鸭子的三张分步图片是本课介绍绘画动物的基本步骤，先画头和身体的大体动态，再添画身体的其他部分细节，最后再上色，从而直观地让学生学会绘画方法，其他学生作品是为了让学生感受画面色彩和效果，使学生了解绘画需要用背景来烘托整个画面。 　　本课是为了培养学生爱护动物、保护动物的情感，让学生感受大自然中动物的各种体态，认识了解不同动物的外形特点，让学生了解动物是我们人类的好伙伴，让学生更生动地去表现动物唱歌的场景。				
学生分析	本学年的学生已经初步认识了一些简单的材料和色彩，对不同材料和工具的使用已有一定的掌握，会用简单的绘画线条和色彩大胆表现，本课属于"造型·表现"的学习范畴，就让学生在看看、听听、画画、做做、玩玩中学习本课。				
教学目标	1. 让学生能够认识不同动物的外形特征。 2. 让学生学会通过描绘动物的表情和姿态，表现出动物唱歌时的情境。 3. 让学生感受到动物是人类的好朋友，知道要爱护动物、保护动物。				
教学重点	能够通过动物的表情、姿态，描绘出动物唱歌的情境。		教学难点	学会描绘动物的姿态和表情。	

（续表）

课题	《动物唱歌的模样》	课业类别	造型·表现	课时	1
设计思路	通过《欢乐好声音》的视频导入，让学生认识各种动物，观察动物在唱歌时的模样，再通过三个小游戏来掌握动物唱歌时的表情和动作。游戏一：看动物的嘴巴，听动物的叫声来猜动物，强调嘴巴的动作；游戏二：请小朋友画动物唱歌时的五官，强调五官的张力；游戏三：根据四幅动物头和身体的组合画，在本课书中寻找相对应的动物，强调姿态的变化。通过询问动物唱歌时有什么变化，让学生总结出可以从表情和姿态两方面来表现动物特质的方法（具体从眉眼、嘴巴、耳朵、四肢、尾巴、翅膀等），通过模仿动物表演音乐会来达到高潮，提高学生兴趣，通过欣赏动物唱歌的模样加深学生的记忆，再教授绘画步骤（先画头和身体的大体动态，再添画身体的其他部分细节，最后再上色），最终经过比一比、画一画、评一评来完成课堂教学。				
教学准备	教师准备	卡片、PPT、视频、音乐、5个头饰、1个大舞台、4个小舞台、卡纸教具。			
	学生准备	白色卡纸、剪刀、水彩笔、勾线笔。			

教学流程						
内容 环节	学生活动	教师活动	学法	教法	预时	设计意图
创设情境激趣	1. 观看《欢乐好声音》视频。 2. 明确本节课学习内容。	1. 视频观看导入 　　今天，动物家族里有一场演唱会，小动物们已经迫不及待想唱起来！在观看中要仔细观察哪些动物进行了表演，你最喜欢哪个演出？（播放视频）抽生回答。 　　2. 揭示课题 　　小动物们唱起歌儿的模样真有趣，今天我们就来画一画小动物唱歌的模样，导入课题《动物唱歌的模样》（在黑板上粘贴课题）。	观察法 思考法	情境导入法	2分钟	针对儿童身心特点，采用情境导入法，增强感官冲击力，让初学儿童在不知不觉中进入本课课题。

（续表）

内容 \ 环节	学生活动	教师活动	学法	教法	预时	设计意图
观察 分析 探讨 方法	1. 比较动物唱歌和不唱歌的区别：嘴巴张开和没张开。 2. 看嘴巴，听声音，猜动物。 3. 帮丢失五官的动物画五官。	1. 比较动物唱歌和不唱歌的区别。 老师还请来了一些表演嘉宾呢！谁来说说你的发现（展示动物唱歌和没唱歌的图片进行对比）。 小结：在画中让动物唱歌，只需要把小动物的嘴巴画张开。 2. 猜一猜：有三只小动物正张大嘴巴动情歌唱，你能看出是什么动物吗（听听他们唱歌的声音）？ 生答：鳄鱼、老虎、毛驴 3. 画一画：老师这里有四个动物界唱歌的能手，但是它们五官弄丢了，你们帮它们画一画五官。抽生展示。 小结：唱歌是优美的、快乐的、让人激动的，嘴巴、眼睛、耳朵、眉毛、鼻子等最能表现出唱歌时的情绪了，所以绘画的时候要注意五官的表现。	观察法 比较法 体验法 思考法 游戏法	引导法 提问法 总结法 示范法	5分钟	根据学生现有的知识储备，引领学生观察、比较、分析，让学生认识到动物唱歌时的变化，并且让学生通过游戏体验、思考，总结出动物唱歌时表情很重要。
练习 训练	1. 找一找：根据头和身体的形态，在书中寻找相对应的动物。 2. 提问：动物唱歌时都有什么变化？ 3. 随着音乐，像小动物一样唱唱跳跳（播放《两只老虎》的音乐）。	1. 找一找：根据图中四个动物头部和身体的形态，在书上找出相应的四个动物。同学们讨论一下。 生答：小鸟、松鼠、公鸡、仙鹤。 小结：只需要描绘出动物的头和身体，就能大概画出动物的基本形态。 2. 提问：完成了小游戏你会发现动物唱歌时都有什么变化？ 生答：眼睛、嘴巴有变化，耳朵竖起来了。 问题：除了面部神态很有趣，还有什么表达了它唱歌时的快乐和激动。 生答：身体在扭动，手脚的动作等等。 教师小结：动物唱歌时表情和姿态都会产生变化，会像小朋友唱歌时一样手舞足蹈。如眉眼弯弯、耳朵竖起来、四肢扭动、尾巴甩起来、翅膀展开等。 3. 体验感受动态的重要性。 下面我们把自己想象成一种小动物（老师是绵羊），我们放松一下，听听歌曲，一起来唱唱跳跳（引导感受活泼有趣的音乐），请五位小歌手到台上来试着唱唱这些歌（老师提供五个动物头饰）。	游戏法 讨论法 体验法 观察法	引导法 提问法 情境导入法 总结法	12分钟	通过提问的方法，让学生讨论动物唱歌时有什么变化，从而让学生掌握动物唱歌时表情、动作的变化。通过游戏体验法，让学生进入动物音乐会的情境，来感受动物唱歌时手舞足蹈的快乐。

内容 / 环节	学生活动	教师活动	学法	教法	预时	设计意图
技法探讨 自主表现	1. 欣赏动物唱歌时的图片。 2. 理解画小动物的步骤。 3. 欣赏小朋友的作品，回答。 4. 思考回答。	1. 欣赏动物唱歌时候的图片 小结：小动物们唱歌时夸张的动作，让它们更有趣、可爱了。 2. 画小动物的步骤 先画头和身体的姿态，再画出动物的其他部位，最后添画背景装饰并涂色。 3. 欣赏小朋友的画，老师要考考你们，小动物唱歌时嘴巴会怎样啊？眼睛会怎样啊？动作会怎样啊？ 生：（嘴巴会张开、张大；眼睛会眯着、睁开、弯弯的……） 小结：动物的表情、动作特别重要哦！ 4. 比一比 提问：哪几幅作品更好？为什么？ 生：第二、三、四幅更好，因为动物主体特征突出，姿态更生动，颜色搭配更和谐，并且添画了背景，画面完整。	观察法 欣赏法	示范法 情境教学法	5分钟	教师的分步骤图展示，让学生明确技法及步骤。通过欣赏、比较让学生能够快速掌握绘画技巧。
创作表现	展开想象，画动物。	作业：展开想象，画一画动物唱歌时的可爱模样。注意画出唱歌时的神态和动作。画得好的小动物可以剪下来登上舞台，唱歌好的小动物还可以登上小舞台。 指导学生。	创作法	引导法	11分钟	通过舞台卡片，来激发学生的绘画兴趣。
评价交流	1. 展示作业、介绍自己的作品。 2. 评自己最喜欢的画。 3. 听老师评价。教师小结。 4. 拓展。	1. 展示作业，引导学生介绍自己的画。 2. 请学生自己评一评哪四个小动物可以登上小舞台，为什么可以登上。 3. 师评 小结：同学们真能干，已经能够创作出动物唱歌时的基本模样。表情和动作特征表现得也不错。 4. 拓展 同学们，我们的动物演唱会描绘得非常有趣，你们个个都是厉害的小画家！看到这么多可爱的小动物，是不是感觉特别开心，动物给我们的生活不仅带来了很多乐趣，还帮助我们改善了生活环境，小动物是人类的好朋友，人与动物应和睦相处。 PPT展示小动物改善人类生活环境的图片。	展示法 评价法 欣赏法	评价法 总结法	5分钟	用一个大舞台和四个小舞台卡片作背景，让学生贴出动物音乐会的场景。提高学生审美能力。通过学生自评、互评，提高学生的评价能力。通过介绍动物和人类的关系，培养学生爱护动物、保护动物的意识。

（续表）

板书设计
表情　姿态　　　　　学生作品展示

教学设计 3:

《大嘴巴》教学设计

杨勇　重庆市綦江区扶欢小学

课题	《大嘴巴》	课业类别	造型·表现	课时	1
教材分析	— 本课是湖南美术出版社义务教育《美术》二年级上册第9课,属于美术四大学习领域中的"造型·表现"学习领域,是一堂以折纸、剪贴、装饰为主要内容的综合制作课。取材于深受儿童喜爱的传统自制玩具——"东南西北"。其折法和折纸"东南西北"的折法完全相同,加上进一步粘——就成了"大嘴巴"的基本形态,再通过剪贴和添画的方法突出具体的形象特征。做好的"大嘴巴"套在手上一张一合,动态夸张、传神,十分有趣。大嘴巴看似简单,制作起来挺花时间,学生又要折、又要剪、又要贴,显得比较赶。所以在前一节课上先把"东南西北"折出来,本课再通过剪贴和添画的方法突出具象化的大嘴巴形象特征。这是一堂能激发学生美术活动热情和创造能力的课例。				
学生分析	二年级属于小学美术教育的第一学段,本学段学生处在学习绘画的过渡期,他们的生活经验日渐丰富,观察能力和造型能力逐步提高,能够客观地理解、表现事物,并追求表现的真实性。他们初步认识了美术材料,对不同工具和材料的使用,已经有了一定掌握,会用简单的线条和色块来大胆地、自由地表现他们的所见所闻。所感所想的事物,但动手能力较差。通过以往的学习,学生对于线描这种表现形式已不陌生。尽管二年级学生各方面能力有所提高,但这一时期的学生却常常会出现眼高手低的现象,造型时容易反复修改,缺乏自信心,在表现不同事物的形态特征,以及在欣赏评述中,还是会出现一些问题。因此在教学过程中,教师要充分调动学生的积极性,引导学生掌握正确的观察方法,抓住事物的姿态特征,大胆描画,在活动中发挥学生的主动性,通过各种方式让学生进行观察、分析和实践,完成艺术创作。				
教学目标	1.学习"大嘴巴"手偶的制作方法。制作一个富有创造力的"大嘴巴"手控纸偶。 2.丰富想象力,发展形象思维能力、动手能力和形象创造力,提高审美意识。 3.培养珍惜世间万物、热爱生活、创造世界的美好情感。				
教学重点	学会"大嘴巴"手偶的制作方法。		教学难点	制作一个造型独特、制作精美、富有创造力的"大嘴巴"手控纸偶造型。	

（续表）

课题	《大嘴巴》	课业类别	造型·表现	课时	1
设计思路					

设计思路	本课教学没有局限于从剪贴、装饰等基本手工制作方法的角度引导学生造型。我认为那样做学生作品的表现力对个人形象思维能力、审美水平、动手能力的依赖性强，作品偶然创造性较大，往往造型简单，创造潜力未能充分挖掘。我挖掘教材中的创造性因素，从加强纸偶造型的创造性入手，抓住小学生的心理特点，赋予了每个手动纸偶以生命，将课题改为"大嘴巴精灵"。告诉学生世间万物都有守护的精灵，我们今天就要为万物设计一些造型奇特的"大嘴巴精灵"。这样世间万物成为了学生造型的形象素材和创造源泉，为学生打开了一个广阔的想象和创造空间。 　　我将"大嘴巴精灵"手控纸偶造型方法归纳为两步，1.折纸粘贴"大嘴巴"造型。2.剪贴塑造"小精灵"形象。我考虑折纸粘贴"大嘴巴"造型环节是原有知识、经验架构的积累，充分发挥学生的主体作用，鼓励学生自主探究学习，合作交流，摸索折纸粘贴技巧与规律，提高动手能力。在剪贴塑造"小精灵"形象环节，我从取材范畴、造型设计、制作技巧三方面加以引导，引导学生设计出形象丰富、角色鲜明、造型生动、制作精美的"大嘴巴精灵"。
教学准备 教师准备	课件、导入视频、教材（每生一本）。
教学准备 学生准备	绘画纸2张、铅笔、水彩笔等。

教学流程

内容 环节	学生活动	教师活动	学法	教法	预时	设计意图
激趣探索	1. 引导学习，明确学习任务。 2. 小组观察、讨论"大嘴巴"制作步骤和方法。归纳出"大嘴巴精灵"由"东南西北"折纸粘合成"大嘴巴"造型，再剪贴、装饰而成。	**一、创设情境，激趣导入** 　　1. 今天老师请来了一位朋友。老师手控"大嘴巴国王"，放配音："大嘴巴国王"邀请大家带上自己创造的"大嘴巴精灵"参加音乐会。同学们你们想参加吗？那这节课我们就一起制作一个"大嘴巴精灵"，参加音乐会吧！ 　　（板书：大嘴巴） 　　2. 怎样制作"大嘴巴"呢？ 　　在每组同学的桌子里都有一个小秘密，我们一起找找。每组准备一个"大嘴巴"手控纸偶范作，今天有这么多的"大嘴巴精灵"来帮我们，大家仔细观察，分组讨论一下"大嘴巴精灵"是如何制作的。 　　3. 老师小结并板书。	观察 感知 思考	谈话 情境教学 启发 提问	4分钟	通过拆解"大嘴巴"的活动方式进一步激发创造欲望，激发学生的学习积极性，明确本课学习任务，为后期创造思维引导埋下伏笔。

（续表）

环节 \ 内容	学生活动	教师活动	学法	教法	预时	设计意图
折纸粘"大嘴巴"	1. 学生折"东南西北"比赛。 2. 了解粘贴要求和方法。 3. 观察老师示范。 4. 动手粘贴，把"东南西北"变成"大嘴巴"。	二、讲授新课——启发 1."大嘴巴国王"去掉装饰后像什么呢？你会折"东南西北"吗？现在我们就进行折"东南西北"比赛，看谁折得又快又工整。计时两分钟。 2. 怎样把"东南西北"变成"大嘴巴"呢？请同学们看大屏幕，从示意图中找方法，找到方法的同学举起你的小手。真是一个会思考的学生！ 3. 师边示范边强调粘贴要领："我们首先要找准位置，胶不要涂得太多，保持整洁，然后向内挤压，大嘴巴就做成了。" 4. 现在该你们来当小小魔术师了，把你们的"东南西北"变成"大嘴巴"吧。	操作 思考 总结 提炼	展示 启发 提问 谈话	8分钟	通过限时折"东南西北"的方式激发学习热情，在问答过程中启发学生自主探究。
剪贴塑"小精灵"	1. 学生观察图片找出物体不同的地方。 2. 欣赏课件，根据范例造型特点判断它们的身份。学生谈创作构思，在老师的引导下发散思维，创造构思。	三、新课——找方法、制作 1. 抓住造型特点 （1）成功的孩子，高高举起你的大嘴巴！咦，怎么你们都长一个样呀！瞧，我就与众不同，你们能认出我是谁吗？你们是怎么猜出的？是呀，这对耳朵就是兔子与其他动物不同的地方，装饰上它，就能让人一眼认出来，所以我们在装饰时，一定要抓住物体的与众不同之处，这就是本课的重点。 （2）看图找与众不同之处。 现在老师要考考大家，看看谁是火眼金睛，我出图片，你们抢答出它与众不同的地方。出示青蛙、老虎、大象、牛的图片。 孩子们真是火眼金睛一眼就找出了不同。	思考 探究 倾听 观察 实践	组织 提问 总结 讲解 演示 指导	22分钟	从取材范畴、造型设计、制作技巧三方面加以引导，拓宽学生思维。

（续表）

环节 内容	学生活动	教师活动	学法	教法	预时	设计意图
剪贴塑"小精灵"	3.学习剪贴制作技巧。 思考回答，对折后剪出对称形。 了解"变废为宝"的实用价值。 4.明确制作任务和要求。 5.完成制作任务，设计、剪贴、制作一个想象丰富、角色鲜明、造型生动的"大嘴巴精灵"。	2.取材范畴引导 （1）那你能根据"大嘴巴"的装饰，猜出他们是谁吗？ 课件演示，欣赏不同造型的"大嘴巴精灵"。 小结："大嘴巴精灵"除了动物，还可以是植物、人物，你想设计一个什么样的"大嘴巴"呢？ （2）其实，我们的"大嘴巴"还可以设计成"怪物小精灵"、"火焰小精灵"等等。课件展示各种"大嘴巴精灵"。 （3）教师总结：总之，世间万物和想象中的形象都能成为造型素材。 3.制作小窍门 课件提示两个剪贴小窍门。选好了素材，怎样制作呢？老师教给大家两个制作小窍门。学会了可以让你做到又快又好！ （老师边说边在投影仪下演示） （1）剪一变二：有什么办法可以快速剪出两只一样的眼睛呢？真聪明，我们来试试看。（师演示）我们可以用这种方法来装饰"大嘴巴"。 （2）变废为宝：老师这里有各种剪剩下的碎纸，它们激发了老师的设计灵感，老师将它们拼摆、修剪、再加工能够创造出各种造型，这就是"变废为宝"。 4.设计任务 掌握了小窍门，我们来听听"大嘴巴国王"对我们提出的制作要求。 （1）抓住物体的与众不同，每人制作一个精美的"大嘴巴"。 （2）每个小组推选出一个最美"大嘴巴"参加音乐会领唱，给自己的"大嘴巴"取一个好听的名字。 5.巡回指导学生制作。	思考 探究 倾听 观察 实践	组织 提问 总结 讲解 演示 指导		引导学生创造性思维，帮学生建立起设计构思。

（续表）

内容 环节	学生活动	教师活动	学法	教法	预时	设计意图
评价交流	1. 采用投票的方式推选出小组最佳作品。 2. 介绍自己的作品。 3. 集体评选。 4. 参加"大嘴巴"音乐会。	**四、作业展评** 1. 组内投票推选最佳作品上讲台。互相欣赏"大嘴巴精灵"，小组进行"大嘴巴音乐会"初选。 2. 学生介绍自己的"大嘴巴"。 3. 集体评选出"巧妙构思奖""鲜明造型奖""制作精美奖"。 4. 召开"大嘴巴音乐会"。	阅读 思考 回答 倾听	展评 提问 总结 讲解	6分钟	将互评、自评、集体评价、师评结合起来。首尾呼应，营造教学情境。

板书设计

大嘴巴

折 —— 装饰

优秀作品

教学设计 4：

《六面怪脸》教学设计

刘千露 重庆市綦江区永久小学

课题	《六面怪脸》	课业类别	造型·表现	课时	1
教材分析	本课是湖南美术出版社义务教育《美术》二年级下册第 6 课，属于美术四大学习领域中的"造型·表现"。本课是通过实际操作完成"六边形三角锥体"的造型，然后通过欣赏"六面怪脸"图片开拓学生的视野和思路，激发他们发挥大胆想象进行描绘添加，创造出一个属于自己的奇形怪状的脸谱形象。制作上分为两大步骤：第一步为立体造型，其特点是按操作规程一丝不苟，力求制品规范完美，棱角分明，培养有条不紊的学习习惯；第二步是描绘装饰，即在立体造型的基础上，围绕"怪"和"脸"去大胆想象和表现。第一步是循规蹈矩，第二步则是极尽想象，一张一弛，在规范中求变化。				
学生分析	二年级的学生注意力集中时间比较短，活泼好动，好奇心强，善于模仿，美术学习兴趣浓厚，想象力丰富、大胆，绘画表现力和动手能力有了一定的提高。而教学"六面怪脸"，本身很适合二年级学生的认知特点，在怪异中体验新鲜与刺激，那些怪异的面孔更能激发学生创作欲望。				
教学目标	1. 在折、剪、画、贴的过程中完成从平面到立体的初步体验。 2. 掌握"六面怪脸"的制作步骤、方法。 3. 从做做玩玩中体验设计制作的乐趣。				
教学重点	"六面怪脸"的制作及装饰方法。	教学难点	启发学生大胆地想象，运用多种方法进行创造表现。		
设计思路	"兴趣是学习美术的基本动力之一。"本课设计以纸工游戏活动为主线，贯穿教学全过程。通过活泼多样的内容呈现形式和教学方式，激发学生学习兴趣和活动热情，学生在"玩"的过程中体验美术活动的乐趣，获得对美术学习的持久兴趣。此外，设计中教学各环节都注重以学生自主探究为主，以此培养学生看图识图能力，充分激发和调动学生的想象思维能力和创造表现能力。在探索和指导环节中，教师先出示示范作品，让学生尝试拆开后拼合，尝试自己做。学生在探索过程中遇到困难，教师应积极鼓励学生自己解决问题，再提供制作步骤图进行相应指导，帮助学生掌握折剪的方法，提高他们的识图能力。通过对比欣赏的教学方法，让学生掌握五官突出、夸张变形、色彩鲜艳是描绘怪脸的关键。本课教学基本环节设计为：直观欣赏、激发兴趣——探究制作方法——观察思考——设计实践——展评交流——拓展延伸。				
教学准备	教师准备	多媒体教学平台，"六面怪脸"范品，彩纸、绘画工具、剪刀、胶水等。			
	学生准备	彩纸、绘画工具、剪刀、胶水等。			

		教学流程				

内容环节	学生活动	教师活动	学法	教法	预时	设计意图
直观欣赏 激发兴趣	1. 欣赏各地怪异面具图片。 2. 思考后回答：面具。 3. 听老师讲解面具的由来及作用，明确学习任务。 4. 知道什么是"六面怪脸"。	课前组织，检查学生学具准备情况，课代表发放教材。 　　今天，老师要给同学们分享一组图片，请同学们欣赏（课件播放各地不同的怪异面具图片）。 　　刚才我们观看了图片，你们看到了什么？ 　　1. 你知道他们为什么要戴面具吗？你知道面具的由来吗？ 　　课件展示：在远古时期，由于人们对天灾人祸、疾病、战争等现象无法进行科学的解释，于是便幻想世界上有神、鬼在作怪。当灾难来临时，法师们就会引导人们聚在一起，头戴面具载歌载舞，以此来达到驱鬼降魔、消灾祈福的作用。 　　随着人类的发展和科学的进步，今天，人们早已不再相信鬼神的存在，但由于面具所具有的文化内涵及其震撼人心的艺术魅力，面具这一艺术表现形式至今仍普遍受到世界人民的喜爱，且多用于假面舞会中。这就是面具的由来以及它的作用。 　　这堂课我们也来发挥想象力，自己学习做面具，我们要做的面具叫"六面怪脸"，出示课题：六面怪脸。 　　2. 什么是"六面怪脸"？ 　　"六面怪脸"：外沿为六边形，内接三角椎体，有六个怪异面容的面。	观察 思考 感知	谈话 情境教学 启发提问	3分钟	采用直观展示，通过观看怪异的面具直接吸引学生的注意力，并激发其求知欲望。

环节	内容 学生活动	教师活动	学法	教法	预时	设计意图
探究制作方法	1.明确自学任务。动手拆范作，将拆开的范作重新拼合，并思考讨论它是经过哪些方法做出来的。 2.小组长汇报研究情况。 3.思考后回答：虚线代表折、实线表示剪、阴影部分是需要粘贴的地方。 4.认真看同学制作"六面怪脸"的基本型，学习其优点，并提出自己的建议。 5.听老师总结，并回顾制作步骤。	这是一个"六面怪脸"的基本型，还没有添画怪异的面容（出示一个"六面怪脸"基本型的范品）。每组桌上都有一个"六面怪脸"，请同学们先通过自学的形式完成"六面怪脸"基本型的制作。 1.课件出示自学任务 小组研究讨论：（每组桌上都放有已完成的"六面怪脸"范作） （1）大胆地动手拆一拆，看看它是由什么形状的纸制作而成的。 （2）想办法将拆开的"六面怪脸"再拼合起来。想想一张纸经过哪些方法可以做出怪脸来？ 请小组长汇报研究情况，教师总结并板书：折、剪、粘贴。 2.课件出示制作示意图 （1）问：示意图里面的虚线是什么意思？ （2）问：示意图③里面的实线是什么意思？阴影部分呢？ ①　　② ③　　④ 点学生上台试做"六面怪脸"（同步投影），让其他学生做评委，学习其好的地方，对不足之处提出自己的意见。 老师小结：两次对折为"凸"折，四角折是"凹"折，在折的时候要用点力压压折痕，这样折出来的作品棱角分明、漂亮。	思考 讨论 探究 实践	展示 启发 提问 总结	9分钟	让学生先行尝试，学生在有挑战性的任务面前，跃跃欲试，运用范作让学生小组合作，自主探究，培养学生的互帮互助精神及学生自主学习能力。

（续表）

内容 环节	学生活动	教师活动	学法	教法	预时	设计意图
观察思考	1.学生自主回答。 2.欣赏六面怪脸作品，思考"六面怪脸"可以表现的内容，并举手回答。 3.思考装饰重点。 4.学生自主回答，并听教师讲其他的装饰方法。	通过同学们的自学和老师的小结，你们都清楚了"六面怪脸"基本型的制作步骤，学习能力真强。 　　出示一个简单的基本型和一个制作并装饰完成的"六面怪脸"进行对比，问：哪一个更好看？ 　　课件展示各种"六面怪脸"作品，老师引导学生欣赏，激发学生大胆想象。问："六面怪脸"可以表现哪些内容？（人物、动物等） 　　问：装饰"六面怪脸"重点要注意些什么？ 　　教师总结：五官突出、夸张变形、色彩鲜明。 　　3.除了画的方法，我们还可以用什么方法来装饰这个"六面怪脸"呢？ 　　比如：剪、贴（课件出示用剪、贴方法装饰的"六面怪脸"）。	观察 思考 探究 倾听	比较 提问 总结 讲解	5分钟	采用分步教学法，降低坡度，化解难点。还采用观察与比较法，设置了阶梯。
设计实践	1.明确制作任务和要求。 2.独立完成一个棱角分明、五官突出、夸张变形、色彩鲜明的"六面怪脸"。	由谈话进入设计实践：看同学们迫不及待的表情，一定手痒痒地想开始动手制作了吧！通过前面的学习，相信大家心中已经有了各自怪脸的形象，你们一定可以创作出具有个性的"六面怪脸"，一起来看看作业要求。 　　作业要求： 　　1.基本型棱角分明。 　　2.五官突出、夸张变形、色彩鲜明。 　　3.保护环境卫生，注意用剪刀的安全。	阅读 思考 实践	启发 讲解 个别指导	17分钟	明确创作要求，让学生运用课堂上所学的知识创作一个"六面怪脸"。
展评交流	1.欣赏小组内同学的作品，并选出组内最好的"六面怪脸"。对上台展示的作品进行点评。 2.大胆举手说说自己的作品。	好了，大部分同学都已经制作完成了，没有完成的同学也先停下。 　　1.互评 　　请同学们在小组内评出一个制作及装饰最好的"六面怪脸"，然后上讲台展示（每组一名），其他同学做评委，学习其优点，对不足之处提出自己的意见。 　　2.自评 　　让一至三名学生说一说自己的作品。	观察 思考 交流 倾听	提问 启发 讲解	4分钟	通过自评、互评，让学生在分享、交流中取长补短，提高鉴赏水平。

（续表）

内容 环节	学生活动	教师活动	学法	教法	预时	设计意图
拓展延伸	1. 总结这节课的收获。 2. 听老师总结，回顾学习内容。	1. 这节课你都学了什么，最大的收获是什么？ 2. 总结语：今天同学们的表现都很棒，都能发挥各自的想象力制作出形态各异的"六面怪脸"。其实，我们的怪脸还可以用绳线、羽毛等多种材料进行装饰呢，课后，同学们可以去尝试，制作出更多更有趣的"六面怪脸"来装扮我们的生活吧！ 下课。组织学生有序离开教室。	观察 思考	提问 启发 总结 拓展	2分钟	巩固重点，延伸回顾，提高学生创作欲望。

板书设计

六面怪脸

折
剪
粘贴

表现内容：人物、动物

装饰重点：五官突出、夸张变形、色彩鲜明

教学设计 5：

《彩点点》教学设计

蔡长丽　重庆市綦江区营盘山小学

课题	《彩点点》	课业类别	造型·表现	课时	1
教材分析	本课是湖南美术出版社义务教育《美术》二年级下册第8课，属于美术四大学习领域中的"造型·表现"。该课是在学生有一定的造型能力和色彩识别能力基础上，以画点彩画为载体的色彩并置练习的一堂造型表现课，通过此课加强对绘画表现方法多样性的学习。该课的学习活动从"彩点点"入手，启蒙学生认知，感受点彩画的艺术魅力，学习点造型和混色点的方法，并尝试用"彩点点"组成有趣的图画，在色彩感知和绘画表现过程中体验点彩画带来的乐趣，逐步培养学生敢于创新与表现的能力，产生对美术学习的持久兴趣。				
学生分析	低年级的学生对不同表现形式的绘画活动有浓厚兴趣，学生已经具备初步的图像识读、美术表现和审美判断能力，但注意力集中的时间较短，爱玩是他们的天性。本课中教师依据学生身心发展特征与低年级学生美术学习的实际水平，鼓励学生积极参与造型表现活动。教学活动过程中，教师设置了两个游戏环节，再配上直观现代的教学手段，引导学生主动探究运用彩点造型以及混色的方法创作自己喜欢的作品，大大激发学生在本课活动中的创作热情。				
教学目标	1. 通过欣赏，认识点彩画，了解点彩画的基本造型要素和组织原理。 2. 初步掌握简单的点彩画方法，并能较自如地运用在绘画表现中。 3. 在感知表现过程中，体验点彩画练习带来的乐趣。学习画家细致严谨的绘画态度。				
教学重点	初步掌握简单的点彩画方法，并能较自如地运用在绘画表现中。		教学难点	指导学生探究运用彩点造型以及混色的方法。	

（续表）

课题	《彩点点》	课业类别	造型·表现	课时	1

设计思路	《义务教育美术课程标准》（2011 年版）低段"造型·表现"学习领域注重观察、认识与理解线条、形状、色彩等基本造型元素，运用重复、节奏、对比、变化等原理进行造型活动，增强想象力和创新意识。通过对各种美术媒介、技巧和制作过程的探索及实践，发展艺术感知能力和造型表现能力，体验造型活动的乐趣。本课要求学生通过游戏、读图、实践、归纳、想象、创造等方法，进行点彩画的深入认识与练习。基于情境教育、探究教育、主体教育的思想，本课的教学设计以初步感知、实践体验、理解运用创新为核心，帮助学生提高读图、探究、创新能力。本课的教学要让学生在点彩画欣赏过程中，认识点彩画，在探索实践中解决用点造型的问题和彩点混色问题，初步掌握简单的点彩画方法，并能较自如地运用到绘画表现中。在感知表现过程中，体验点彩画练习带来的乐趣，学习画家细致严谨的绘画态度。本课教学基本环节设计为：激趣导入——作品欣赏、认识点彩画——认知体验、尝试领悟——扩展识读、进一步理解画点彩画的方法——自主创作体验乐趣，提升造型表现能力——展评交流、相互学习——拓展延伸。激发学生的学习兴趣，并使这种兴趣转化为持久的情感态度。

教学准备	教师准备	课件、教材（每生一本），微视频。
	学生准备	绘画纸 2 张（一大一小）、水彩笔或油画棒。

教学流程

内容／环节	学生活动	教师活动	学法	教法	预时	设计意图
创设情境激发点彩画兴趣	观看思考体验	**一、创设情境** 1. 利用课件演示图片：由局部到整体，画面逐渐变成一幅色彩斑斓的人物肖像（修拉自画像），引导学生观察思考：画面上这些五颜六色的点组成了一幅有趣的图画，你能猜出画的是什么吗？ 2. 引出课题：这幅色彩斑斓的人物肖像就是由一些五颜六色的点组成的，他就是法国著名的点彩画派创始人——修拉，这节课让我们一起走进"彩点点"的世界。	观察感知	情境教学提问	1分钟	针对儿童身心特点创设宽松、有趣的游戏环境，使学生初步感知，激发学习兴趣。

内容 环节	学生活动	教师活动	学法	教法	预时	设计意图
作品欣赏 认识点彩 画要素	认识点彩画。 观看 思考 回答	**二、帮助学生认识点彩画** 小小的点里藏着大大的世界，一起来欣赏有趣的点彩画吧！ 1. PPT展示修拉《大碗岛的星期日下午》，同时出示问题： 从作品中你看到了什么样的"彩点点"呢？ 教师小结：我简直不敢相信这幅画是修拉用"彩点点"画出来的，我们来放大一处仔细看看（出示图片），真的是用"彩点点"画出来的，修拉用了整整两年的时间才画完这幅高2米、宽3米的作品，用数不清的"彩点点"给我们呈现出在晴朗的下午人们休息的情境。 2. 很多画家都喜欢用"彩点点"画画。 PPT展示吴冠中的作品《春风》，问：从作品中你还发现了什么样的"彩点点"呢？ 根据学生回答，小结并板书： 点的形状不同 点的大小不同 点的颜色不同	观察 思考 总结 提炼	展示 启发 提问 总结	3分钟	指导学生欣赏修拉等大师的作品，让学生初步了解点彩画。知道点有形状、大小和颜色的不同。感受点彩画的魅力。
认知体验 尝试领悟	理解与实践点成形的方法与技巧。 熟悉点彩画的绘画步骤。	**三、引导学习用点造型和彩点混色，解决本课的重难点** 1. 你们是不是也迫不及待地想玩一玩"彩点点"了？ 组织学生尝试练习：我说你点。 游戏要求：老师指定物象，学生用点点把相应的物象点出来。用钟表倒计时1分钟。抽3名学生上黑板点画，其余学生在小纸上尝试练习。一大组用红色点气球，二大组用蓝色点树叶。评价要点：物象要点清晰。 教师微课示范：用点造型的方法点出一片云朵。 2. 说一说，你还能用点点点出什么呢？ 3. 师小结：同学们的想法真不错，只要我们想得到，都可以用"彩点点"点出来。就像儿歌写的一样：一点两点七八点，手牵手儿拉长线。九点十点无数点，肩并肩儿连成片。（出示课件） 4. 引导学生对比发现两只猫身上的点藏着的秘密。根据学生回答，教师总结：孩子们观察得真仔细，发现了彩色点变色的第一个秘密：点点密，颜色深；点点疏，颜色浅。第二个秘密：混色点的色彩更丰富。	尝试探究 观察 倾听 练习 总结	演示 提问 评价 讲解	13分钟	学生在自主尝试的过程中发现问题，培养学生自主探究学习的能力。同时，使用微课的形式让学生了解点成型的方法，既直观又便捷。 通过尝试练习，教师及时了解并掌握学生情况。

（续表）

环节\内容	学生活动	教师活动	学法	教法	预时	设计意图
		5. 探究混色点，老师请来了红红、黄黄、蓝蓝给大家表演神奇的魔法。 组织学生尝试：混色练习。 抽一名学生上黑板继续点画，其余学生在小纸上尝试练习。 要求：把你前面画的气球或者树叶混进另一种颜色点，观察画面发生了什么变化？ 小结：说的真好！你们发现了吗？不同颜色的"彩点点"混合之后，会让我们看到一种新的颜色。这就是彩点点变色的第二个秘密。 师总结：我们会用点画线、画面、画简单物象。接下来我们挑战点一幅较完整的画吧！想看老师的自我挑战吗？ 播放微课：要求学生注意观察作画步骤。 师生共同总结作画步骤： 第一步：确定外形，注意构图大小。 第二步：用点连成线，注意点的疏密。 第三步：用彩点点装饰物体，注意色彩搭配。				学生由识图进入创意方法的学习，充分体现美术学科的学习特点，对学生学习兴趣的提高产生促进作用。
延展识读 理解点彩画特点	读图 理解点彩画特点 看 想 总结	**四、组织欣赏小朋友的作品** 1. 播放课件图片，学生欣赏。 思考三个问题： （1）点排列有规律吗？ （2）画面有主体色吗？ （3）主体与背景有区分吗？ 2. 根据学生回答小结：根据所画内容的外形特征来排列点，主体的色彩要明确，主体与背景注意区分。	读图 思考 回答 倾听	提问 总结	4分钟	欣赏小朋友的作品，充分理解点彩画的特点，形成对点彩画完整认识，为接下来的实践提供较好的知识铺垫。

内容 环节	学生活动	教师活动	学法	教法	预时	设计意图
创作表现 体验绘画 乐趣	实践绘画 表现	**五、组织开展点彩画的创作** 1. 让我们一起来做"魔法师"。 出示作业要求： 魔法（1）：把"点点"变成一幅有趣的画。 魔法（2）：大胆地用"点点"装饰图案和背景。 2. 教师巡视指导。	思考 实践	启发 讲解 个别指导	16分钟	结合低年级学生特点，创设实践活动情境，让他们做"魔法师"。提出创作要求，给足学生创作时间，逐步形成美术核心素养。
展评交流 提升绘画 能力 拓展	交流学习成果 提升美术核心素养 看 思 说 听 体验	**六、作业展评** 学生将基本完成的作品张贴到黑板上进行交流评价： 1. 自评：请你给大家说一说自己表现的内容是什么？（1—2名学生） 2. 互评：你最喜欢哪一幅点彩画，为什么？（1—2名学生） 3. 这节课你学到了什么，最大的收获是什么？ **七、拓展延伸** 课件出示图片：点在生活中的运用 结语： 1. 同学们，时间过得真快，一节课马上就要结束了，我很想知道这节课你们开心吗？ 2. 今天，我们不仅认识了点彩画派画家修拉，而且还学会了创作点彩画，你们真棒！	观察 思考 交流 倾听	提问 启发 总结 拓展	3分钟	通过自评、互评及学习总结，让学生在分享交流中取长补短，提升本节课的学习与实践效益。同时让学生体验成功的快乐。 拓展环节给学生渗透学以致用的大美术观。

（续表）

板书设计
彩点点 点的特点：　　点的大小不同　　　点的颜色不同　　　　　学生作品展示 　　　　　　　点的形状不同

教学设计 6:

《小蜗牛慢慢爬》教学设计

肖俊　重庆市綦江区九龙小学

课题	《小蜗牛慢慢爬》	课业类别	造型·表现	课时	1
教材分析	本课是湖南美术出版社义务教育《美术》二年级下册第11课,教材以孩子们喜爱的小蜗牛为切入点,引导孩子学习用画、剪等方法组合装饰,完成一只小蜗牛作品,隶属于"造型·表现"领域。 　教材呈现了几只小蜗牛爬上树枝的照片,通过观察,以及教师的引导,让学生了解蜗牛的形态特点,其整个躯体包括眼、口、足、壳、触角等部分,教材抓住其壳的特点,利用细长纸条卷折所成的螺旋形状,模拟制作纸蜗牛的壳。 　为了在低年级孩子心中种下浅显的"设计"意识种子,教材增加了"添画花边"这一活动,提示学生可在细长纸条的两面重复排列图形,这样制作出来的纸蜗牛更具美感和童趣。"添画花边"是二方连续纹样的简易表达方式,选择自己喜欢的花纹图形,在纸条上重复排列即可,至于大小、方向、色彩等教师可稍作提示,不必过于拘泥。				
学生分析	二年级的学生注意力集中的时间较短,活泼好动,好奇心强、善于模仿,美术学习兴趣浓厚,想象力丰富、大胆,对线、形、色较敏感,绘画表现力和动手能力有了一定的提高。教学活动中教师应注重营造愉悦、欢快的学习氛围,可多采用游戏的形式,让学生在玩中体验,在玩中创造。在教学中注意多鼓励,积极引导,保持学习的欲望和兴趣,促成学生主动投入学习。				
教学目标	1. 认识蜗牛,体会卷折纸条与"螺旋形"之间的联想与创造。 2. 掌握基本制作方法,能运用画、卷、折的方法制作一只小蜗牛。 3. 在制作中感受创作活动的乐趣,激发对自然的探索与研究精神。				
教学重点	发现蜗牛的外壳呈螺旋形,能运用画、卷、折的方法制作一只小蜗牛。	教学难点		运用二方连续图案对蜗牛壳进行美化装饰。	

（续表）

课题	《小蜗牛慢慢爬》	课业类别	造型·表现	课时	1

设计思路	本课教学设计包括以下五步：创设情境·激趣导入——看图感知·深入了解——展示成品·自主探究——技法探讨·自主表现——评价拓展·审美升华。 教师通过介绍新朋友、"蜗牛选美"大赛等导入新课，营造轻松的氛围，通过欣赏蜗牛图片，了解蜗牛的基本结构，它由外壳、躯干、头、触角等几部分组成，然后再提问：蜗牛的外壳有什么特点？引导学生发现蜗牛的外壳呈螺旋形，这是本课学习的重点部分，教师出示蜗牛教具，请学生上台拆分蜗牛教具，通过逆向推理学习，并讨论制作纸蜗牛的要点。 通过观察拆分纸蜗牛的身体，让学生发现材料的特点与绘画的基本要求，积极学习纸蜗牛的制作步骤，在浓厚兴趣氛围中快乐地制作一只纸蜗牛。 请完成作业的学生上台展示，教师评价学生作品时应关注学生整体造型的表现，评价重点放在自主探究、创造表现方面，激发孩子的表现欲望。

教学准备	教师准备	纸蜗牛作品、卡纸、剪刀。
	学生准备	卡纸、彩纸、剪刀、彩色笔。

教学流程

内容 环节	学生活动	教师活动	学法	教法	预时	教学意图
创设情境 激趣导入	1. 带着好奇欣赏老师带来的新朋友。 2. 明确本节课学习内容。	课前组织，检查学生的学具准备情况，学生代表发放教材。 **一、视频激趣，导入课题** 1. 导入课题：今天老师给大家带来了一位新朋友，看看他是谁？ （课件画面播放小蜗牛视频） 一起告诉老师它是谁？ 2. 这节课我们一起来学习《小蜗牛慢慢爬》。（板书课题：小蜗牛慢慢爬）	体验法 观察法	情境导入法	2分钟	针对儿童身心特点，采用情境导入法，增强感官、视觉的冲击力，让初学儿童不知不觉进入本课课题。

（续表）

内容 环节	学生活动	教师活动	学法	教法	预时	教学意图
看图感知 认识蜗牛	1.边听边思考，回答蜗牛的组成部分有哪些。 2. 蜗牛的组成部分：触角、头、身体、外壳。	**二、带领学生，认识蜗牛** 　　1. 认识蜗牛：出示蜗牛的结构图，了解蜗牛的基本结构。对蜗牛的触角、头、身体、外壳基本形态有初步的认识（课件呈现）。 　　2. 学生们仔细观察蜗牛，想一想：蜗牛由哪几部分组成？说一说你对蜗牛的了解（学生回答，教师板书）。 　　蜗牛的组成部分： 　　头和触角：（1）蜗牛的头部有两对触角，后一对较长的触角顶端长着蜗牛的眼睛。（2）在蜗牛的小触角中间往下一点的地方有一个小洞，这就是蜗牛的嘴巴，里面有一条锯齿的舌头，科学家称之为"齿舌"。 　　身体和外壳：（1）不同种类的蜗牛体型大小各异，非洲大蜗牛可长达30厘米，在北方野生的种类一般只有不到1厘米。（2）蜗牛的外壳呈螺旋型。	观察法 思考法 回答法	引导法 提问法 总结法	3分钟	尊重学生的兴趣、爱好和需要，运用学生现有的知识储备，引领学生观察、欣赏、分析，让学生认识到部分动物的外形可以通过方形或圆形概括，并总结出概括外形的方法。
展示成品 自主探究	1. 观察成品纸蜗牛，猜猜它是怎么做的。 2. 自主探究蜗牛制作方法。 3. 总结出纸蜗牛的做法，在一条长卡纸上，先画出蜗牛的五官、剪出头部，身体是用卷折的方法做出来的。	**三、展示纸蜗牛成品，初探制作方法** 　　1.教师展示若干纸蜗牛成品：告诉大家一个好消息，蜗牛王国国王给小朋友们写了一封信，我们一起来读一读，写了什么内容（亲爱的小朋友们：蜗牛王国要举行选美比赛，希望你们带着漂亮的小蜗牛来参加比赛，看谁能夺得冠军。）。 　　2. 要举办蜗牛选美大赛了，你们想不想带自己的蜗牛去参赛啊？今天，老师请来了上一届的选美冠军。冠军小美她来了，同学们和它打个招呼吧！ 　　3. 猜猜它是怎么做成的？ 　　老师请一位大胆的同学上台拆分蜗牛教具。 　　4. 小结：在一条长卡纸上，先画出蜗牛的五官、剪出头部，身体是用卷折的方法做出来的。	讨论法 回答法 游戏法 观察法	引导法 提问法 多媒体 总结法	5分钟	通过"蜗牛王国的选美大赛"提升学生学习的兴趣，带着好奇心学习制作纸蜗牛，更加快速地了解纸蜗牛的制作方法。

（续表）

内容环节	学生活动	教师活动	学法	教法	预时	教学意图
技法探讨 自主表现	1. 欣赏纸蜗牛作品。 2. 认真看课件，掌握蜗牛制作方法步骤。 3. 欣赏作品，了解添画蜗牛外壳装饰。（花边设计，重复排列） 4. 制作纸蜗牛。	**四、探究掌握制作方法，并制作出纸蜗牛**（出示制作步骤图、制作材料） 以"蜗牛选美"比赛为情境，师生边交流，边制作。 1. 剪画出小蜗牛的头部、触角（制作小窍门，课件提示：剪两条直线把中间折叠再剪掉）。 2. 化妆（添画五官表情）：画出小蜗牛的眼睛、嘴巴和蝴蝶结。 3. 绘花衣（花边装饰）提示：重复排列，有方向感。 （1）小朋友们仔细瞧瞧这些图案在排列上有什么规律？提示：可改变图形的方向和大小。 （2）小蜗牛除了花朵图案，还能画什么？火箭、水果、向日葵、热带鱼等等。 4. 卷花衣（卷外壳）：借用铅笔等小圆柱体工具卷折蜗牛的身体，可以一次性做出蜗牛螺旋状身体的形状。 5. 完成制作的孩子，请把你的小蜗牛带到选美现场。	观察法 欣赏法 创作法	示范法 情境教学法 指导法	25分钟	以"蜗牛选美"比赛为情境，教师示范讲解，让学生明白技法，更快地掌握纸蜗牛的制作步骤。
评价拓展 审美升华	1. 展示作业。 2. 自我评价作业。 3. 欣赏评价他人作品。 4. 师生共同评出优秀学生作品。 5. 欣赏创意蜗牛作品小结。	**五、总结评价，获得成功** 1. 学生自评：介绍自己的小蜗牛。 2. 学生互评：组内投票推选最佳作品上讲台。 3. 教师简评学生在整个学习、创作过程中的表现，重点评价自主探究、创新意识方面。 4. 集体评选出"选美冠军""选美亚军""选美季军""鲜明造型奖""制作精美奖"。 5. 召开"蜗牛选美大赛颁奖典礼"（播放颁奖音乐，颁发奖杯奖品，给获奖小朋友拍照留念）。	介绍法 评价法 欣赏法	组织法 评价法 总结法	5分钟	作品评价环节用颁奖典礼背景，把学生作业拼摆在一起组成一个选美大赛。通过学生自评为主、学生互评和教师简评为辅的评价方式，让每个学生都参与到课堂当中来，增强学生学习信心的同时也提高了学生的评价能力。

（续表）

环节\内容	学生活动	教师活动	学法	教法	预时	教学意图
		六、教师总结与延伸 总结语：这节课，大家学习很认真，而且还设计制作出了漂亮的小蜗牛，值得表扬。小蜗牛虽然爬得慢，但是为了完成自己的目标，它却永不放弃！我们也要学习蜗牛的这种精神，遇到困难不要轻易放弃！大家下课以后，还可以尝试利用其他材料制作一只蜗牛（课件展示拓展）。 下课。 组织学生有序离开教室。				为学生评价提供了依据。与课堂导入首尾呼应，为这堂课营造了完整的教学情境。

板书设计

小蜗牛慢慢爬

蜗牛的构成：　　　　　　制作蜗牛的步骤：
头　　　　　　　　　　　1.剪画出小蜗牛的头部
触角　　　　　　　　　　2.化妆（添画五官表情）
身体　　　　　　　　　　3.绘花衣（外壳装饰）
外壳　　　　　　　　　　4.卷花衣（卷外壳）

教学设计 7:

《影子大王》教学设计

杨红　重庆市綦江区天池学校

课题	《影子大王》	课业类别	造型·表现	课时	1
教材分析					

课题	《影子大王》	课业类别	造型·表现	课时	1
教材分析	本课是湖南美术出版社义务教育《美术》二年级下册第 17 课，属美术四大学习领域中的"造型·表现"。该课是在《义务教育美术课程标准》（2011 年版）"造型·表现"序列中，让学生通过对自己或同学的身影观察，激发对复杂平面图的兴趣，也对人体的形态留下较深的印象。人物的影子间接反映人体的形态，因受光的角度和服装影响，使影子的形状发生了一些奇妙的变化，因而教学内容在引导学生认识和表现有趣的人影轮廓同时，更注重学生心中"影子大王"的想象和创造。				
学生分析	从学生整体情况来看，二年级学生的基础绘画能力还不是很强，但是已经初步认识了美术材料，对不同的材料和工具的使用，已有一定的掌握，比如水彩笔、蜡笔、彩铅等，学生也会用简单的线条和色块来大胆地、自由地表现他们所见所闻、所感所想的事物，创造力比较强。				
教学目标	1.增强自我情感流露及对事物的好奇心。 2.初步接触依形想象并绘制的基本方法。 3.初步认识较复杂的平面图形，发展对形和色的想象力。				
教学重点	依形想象并创造性地绘制新形象。		教学难点	依形想象	
设计思路	《义务教育美术课程标准》（2011 年版）"造型·表现"学习领域注重造型活动的体验，贯穿对学生想象能力的培养，让学生学会图形创意的一般手法，从而运用美术的形象化语言，来表达情感，提高学生美术核心素养。本课要求学生通过读图、辨识、归纳、联想、想象、创造等方法，对影子深入认识，绘画简单有趣的影子。本课教学中，通过猜谜语激发学生的兴趣，勾起学生主动学习的求知欲望，让学生在脑中对本课所学的内容有一个完整的感性认识；用影子游戏激发学生的学习兴趣，引出影子的概念；并引导学生仔细观察同学在做不同手势和动作时影子的变化，在学生创作中教师适时指导，以增加学生的理性认识，突出本课时教学的重点。				
教学准备	教师准备	课件、手电筒、教材（每生一本）。			
	学生准备	绘画纸 1 张、铅笔、水彩笔。			

内容 环节	学生活动	教师活动	学法	教法	预时	设计意图
创设情境 激发兴趣	情境体验 听 看 想 感受	课前组织，检查学生学具准备情况，学生代表发放教材。 **一、创设情境** 1. 师生谈话：上课之前，我们先来猜一个谜语。 2. 播放谜语：你有我有他也有，黑身黑腿黑黑头。灯前月下跟你走，就是从来不开口。 谜底：影子。 3. 引出课题：这就是我们今天学习的《影子大王》。	想象 观察 感知	谈话 情境教学 启发	2分钟	以猜谜语的形式，激发学习兴趣。
图片欣赏 认识影子	认识影子 看 思 答 忆 提炼	**二、认识影子** 下面，就让我们来看几张有关影子的图片。 1. PPT图片展示：有关于人类的影子、动物的影子、物体的影子等等。 总结：世间存在的任何物体都有影子。 2. 提问：什么是影子？出示图片，给学生一点提示。影子是由于物体遮住了光线的传播而产生，因光不能穿过不透明物体而形成的较暗区域，它是一种光学现象。 学生自主学习回答。 3. 在什么情况下才会产生影子？ 师：任何时候吗？ 生：有光照射的情况下才会有影子，其他时候是看不到影子的。	观察 思考 总结 提炼	展示 启发 提问 总结	5分钟	图片欣赏，让学生进一步了解影子的含义，通过提问加深学生对影子的认识，帮助学生形成核心素养。

（续表）

环节　　内容	学生活动	教师活动	学法	教法	预时	设计意图
图片识读 游戏实践	理解实践 读 思 听 看 讨论 探究 尝试 实践	**三、影子是如何变化的?** 1.图片展示:你从中得到了哪些启示? 早晨影子被拉长,中午影子最短,傍晚影子又被拉长。 可见,同一件物品的影子会因为光线的方向和距离的不同而产生很大的变化。 它没有固定的外形,所以说影子的外形十分自由。 根据学生开放式回答简要小结。 2.做游戏。 出示PPT里的手影图片,让学生尝试练习。 (有鸟、马、狗、羊等的手影图片)有的手影图单只手就可以完成,有的则需要双手的配合才能完成。 先在小组里开展讨论,每组推荐成员汇报练习成果。 (1)学生练习,老师巡视。 (2)学生成果演示。 关闭教室所有灯光,并且拉上窗帘,让教室里没有一点光线,拿出准备好的手电筒,请每组的组员上台展示刚才的手影图。 展示完成,亮灯。 (3)生评:指出刚才手影做的好的地方,和做的相较而言没有那么好的地方。 师评:总体来说很好,并纠正有错误的地方。 (4)全班一起做,老师带领全部同学再把刚才的手影再做一次(并把不容易做的地方多强调几次),加深对手影的认识。 3.小结与延伸。 (1)简评刚才学生的练习成果。 (2)对于比较简单的鸟和马的手影图片,每位同学都能做得很好,较复杂的手影图片,还有极少数同学做得不够完美。 (3)通过刚才手影的练习,让学生们更进一步了解手影,并通过手影的变化进一步加深对影子变化过程的认识。	阅读 思考 讨论 探究 倾听 观察 实践	组织 提问 总结 讲解 演示 指导 展评	15分钟	启发学生由浅入深地认识影子,并尝试以游戏的方式练习手影。通过练习,由识图到学习手影变化,再到自主学习,充分体现美术学科的学习特点,理论和实践相辅相成产生知识与能力建构的飞跃,两相促进,对学生学习兴趣的提高产生促进作用。

内容\环节	学生活动	教师活动	学法	教法	预时	设计意图
延展识读 理解影子 特点	读图理解 影子特点 观察 思考 阅读 总结	**四、理解影子特点** 1.请同学们边看边想，下面图片中的影子有什么特点？ 2.根据学生的回答，结合课本小结： 光的照射方向不同，产生的影子就不同。	阅读 思考 回答	提问 总结 讲解	4分钟	通过图片拓展学习，充分理解影子的特点，全面认识影子。
实践练习 体验乐趣	图形设计 体验设计 乐趣	**五、尝试练习** 1.从不同的角度来观察影子的轮廓并进行添画。 2.出示步骤图片：（师先示范，学生再创作） （1）先观察影子的外轮廓； （2）勾勒出影子的外轮廓； （3）在勾勒好的影子外形上进行涂色添画。 3.出示作业实践要求： （1）图形有创意，视觉效果较好； （2）可以添加有趣的图形； （3）可以涂上鲜明的色彩。	思考 实践	启发 讲解 个别 指导	14分钟	创设实践活动情境，然后提出三个层级的创作要求，给足学生创作时间，促进学生美术核心素养的形成。

内容／环节	学生活动	教师活动	学法	教法	预时	设计意图
展评交流 提升能力	交流学习成果 提升美术核心素养 看 思 说 听 体验	**六、作业展评与总结** 学生将基本完成的作品初稿张贴到黑板上，教师分析问题，开展自评、互评、学生总结。 1. 自评：请你给大家说一说自己的设计意图、创意手法和创作反思（1—2名学生）。 2. 互评：你最喜欢哪一幅初稿，用本节课学习的知识，说说你的理由（1—2名学生）。 3. 学生总结：这节课你都学了什么，最大的收获是什么？ **七、教师总结与延伸** 总结语：这节课，大家学习很认真，而且还绘画了很多非常有视觉冲击力的影子图形，值得表扬。希望同学们都有一双发现美的眼睛，善于发现生活中的乐趣。 下课。 组织学生有序离开教室。	观察 思考 交流 倾听	提问 启发 总结 拓展	3分钟	通过自评、互评及学习总结，让学生在分享交流中取长补短，提升本节课的学习与实践效果。运用延伸语来回顾影子的特点，与学生生活紧密结合，提高学生的社会责任感和美术创作欲望。

板书设计

影子大王　　　　　　　　　　学生作品展示

影子产生的条件　　光
影子的变化　　　　长、短、粗、细、千变万化
影子的特点　　　　光的方向不同，影子就不同。

教学设计 8：

《听听画画》教学设计

罗君　重庆市綦江区石角小学

课题	《听听画画》	课业类别	造型·表现	课时	1
教材分析					
学生分析					
教学目标					
教学重点			教学难点		

课题	《听听画画》	课业类别	造型·表现	课时	1
教材分析	本课是湖南美术出版社义务教育《美术》二年级下册第18课，属于"造型·表现"学习领域。本课是一节学科之间的综合课，以美术学科为主，结合音乐的课程内容进行学习。活动设置为学生提供了多渠道的情感体验，透过美术、音乐、文学感受相织的艺术情感，让学生产生共鸣。本课试图构建视觉与听觉之间的通道，潜在地在小学低龄段儿童的心中埋下综合性艺术智慧的种子，将美术、音乐两种艺术形式的美积淀、渗透到学习之中，不断提高学生对美的直觉判断和表现能力。 　　本课与以往教材的关联性：二年级下册第8课《彩点点》学习用各种彩点来完成一幅有趣的画，为《听听画画》一课做了一定的铺垫，同属"造型·表现"领域，从教材层次来看，教学内容循序渐进，符合学生的认知发展规律。				
学生分析	本课的授课对象为二年级下学期的学生，这个年龄段的学生有的作画还比较随性，有的不敢下笔，有的想象力丰富，思维灵活，作画用笔用色大胆，不加修饰，形象夸张，强调自己的思想情绪，能让自己的作品变得更加有趣。但要用语言表达对音乐的感受和画出感受，还是有点难度。听听画画，对于这种学习方式，学生将呈现极大的学习热情，作业表现将异彩纷呈。				
教学目标	1.欣赏与歌曲匹配的画面，激活感觉联通。 2.用绘画的形式大胆、自由地表现自己听歌曲的感受，能用简单话语表达内心感受。 3.体验综合性学习的乐趣，感悟音乐、文学与美术的联系。				
教学重点	能运用线画出音乐的起伏，能根据音乐的旋律，画出不同的颜色。		教学难点	展开联想与想象，根据所听歌曲把自己的感受画下来。	

（续表）

课题	《听听画画》	课业类别	造型·表现	课时	1

设计思路	本课教学重点是运用线画出音乐的起伏，根据音乐的旋律画出不同的颜色。难点是展开联想与想象，根据所听歌曲把自己的感受画下来。本课教学过程设置如下：创设情境，音乐导入——综合体验，感知描述——游戏闯关，创造表现——技法探讨，自主表现——展评交流，审美升华。教师应准备大量的图片信息以丰富学生创作的素材。 本课教学设计必须强调激发学生参与综合性学习活动的热情，注重营造轻松愉悦、活泼的艺术学习氛围，学生通过综合体验，内化感悟。

教学准备	教师准备	课件、视频、教材（每生一本）。
	学生准备	课本、绘画纸1张、铅笔、水彩笔、彩带。

教学流程

环节 \ 内容	学生活动	教师活动	学法	教法	预时	设计意图
创设情境音乐导入	1.听音乐，感受音乐的旋律和节奏。回答：喜庆、欢快。 2.仔细观察教师范画，并回答：老师用线条、点以及不同的色彩来表现对音乐的感受。 3.明确本节课学习内容。	**一、创设情境，音乐导入** 1.课件播放音乐唢呐《拥军花鼓》。 今天老师给同学们带来了一首音乐，我们一起来听一听。问：同学们，这段音乐给你什么样的感受呢？ 2.根据这段乐曲老师创作了一幅作品，请同学们仔细观察。问：画中老师用什么表现了我对这首乐曲的感受呢？ 3.揭示课题 师：多么有趣呀，就如儿歌中唱的一样："听听曲，唱唱歌，我随歌儿上银河；唱幅画儿表心愿，心中的歌儿画中的线。"是不是很美好？今天老师就和孩子们一起学习《听听画画》，感受不一样的艺术形式（板书课题）。	观察法 体验法	情境教学法 谈话法	2分钟	音乐导入能让学生尽快排除外界及自身因素的干扰，尽快进入课堂的学习状态中，使学生在学新课前就能提前"入戏"，从而使整堂课能取得良好的教学效果。

（续表）

内容 环节	学生活动	教师活动	学法	教法	预时	设计意图
综合体验 感知描述	1.学生挑选出听到的颜色。 2. 观看课件，根据课件中出示的颜色回答。 3. 小组讨论并汇报讨论结果。 4.学生观看范画，小组讨论，小组代表发言。	二、综合体验，感知描述 游戏探究——色 1.再次聆听唢呐《拥军花鼓》。 老师要考考大家了，你仿佛看见了哪些颜色呢？从你的彩笔盒中挑选出来吧。 教师总结：这是我国北方的一种歌舞曲，叫秧歌，伴随着锣鼓和唢呐的曲调，人们舞龙舞狮，载歌载舞，格外的热闹。听到这段欢快乐曲，我仿佛看见了色彩亮丽的衣服。所以我选出了红色、黄色、绿色、蓝色等鲜艳明亮的色彩。 2.在我们之前的美术课中还学过哪些色彩知识呢？师总结：原来我们的生活这么丰富多彩。 3.出示范画。 小组讨论这幅作品给你什么样的感受？这样的画面适合什么样的乐曲呢？ 4.音配画小游戏。 教师播放舒缓的音乐《小小的船》、活泼跳跃的音乐《火车开了》，出示两幅绘画作品，小组讨论后让学生匹配选择，并谈谈自己的想法。 总结：画面有了音乐更加有动感，音乐有了画面也变得更加形象。看来音乐和绘画是一对好朋友呀！	讨论法 思考法 回答法 观察法	讲授法 引导法 总结示范	5分钟	通过音乐与画面的匹配展示，使学生明白轻柔的音乐与激烈的音乐分别用什么色彩表现。小组交流让学生的想法更加丰富，不再局限于红、绿。运用多媒体资料，自主探究解决教学重点。

（续表）

内容 环节	学生活动	教师活动	学法	教法	预时	设计意图
综合体验 感知描述	1.学生谈自己的发现。 2.根据老师的引导回答问题。	**游戏探究——线** 1.课件展示音乐和画面相结合的视频。请孩子们仔细观看，你能从视频中看到什么？ 2.课件播放音乐《小步舞曲》里节奏由慢到快的片段。 请孩子们将桌子上的彩带拿起来，跟着音乐舞动彩带。说说你是怎样跟着音乐来指挥彩带的？（师引导：节奏慢时彩带像绘画中的什么线，节奏快时又是什么线？） 3.这些线条能表示音乐的节奏，声音的强弱高低。之前我们学习过哪些线条呢？这些线条怎么组合呢？我们一起来看看，找一找答案。				
游戏闯关 创造表现	1.学生回答：有直线、曲线、折线、螺旋线等。 曲直不同、长短不同、粗细不同的线组合在一起。	**三、游戏闯关，创造表现** **第一关：初听 初画** 1.线条小练习（课件播放音乐）。 这是一段欢快的乐曲？听到这段乐曲你想到了哪些颜色呢？是红色还是蓝色，或者是明亮的黄色？根据乐曲旋律的变化，你会画出什么样的线条呢？是平缓的直线，还是高低起伏的折线呢？相信你一定有自己的答案。 快看我们的线条是不是随着音乐动了起来（学生创作后出示范画）。 2.欣赏吴冠中的作品《春如线》。 我国当代画家吴冠中也非常擅长用线条，我们在吴冠中先生的画中看到了什么样的线条？我们走近画的局部再来看看除了线还有什么？点有哪些变化呢？	讨论法 思考法 回答法 观察法	讲授法 引导法 总结示范法	5分钟	

（续表）

内容 / 环节	学生活动	教师活动	学法	教法	预时	设计意图
游戏闯关 创造表现	2.学生创作画不同的线。 3.欣赏作品发现问题：点有大小、形状、疏密、色彩的变化。	**第二关：再听 再画** 1."点"的练习（课件播放音乐）。 再次聆听乐曲，你想到了什么样子的点？准备好你的画笔接着创作吧！ 教师小结：随着乐曲的变化，你的点会变大还是变小，会变多呢，还是逐渐变少呢？快拿起你的画笔，让你的点点在纸上跳动起来吧！ 2.快看，彩色的点点让我们的画面更加的灵动，仔细观察你的画面好像还少了些什么。 **第三关：复听 复画** 色彩小练习（课件播放音乐）。 闭上眼睛聆听乐曲，你想到了什么颜色？给画面添上能够表达内心感受的色彩。 这是一首《春之声圆舞曲》，旋律优美，春意盎然，充满着青春的活力与气息。多么美好呀，那么，你的画面又会出现哪些颜色呢？色彩让我们的画面更加完整了（出示范画）。	欣赏法 思考法 探究法	引导法 提问法 示范法 总结法	10分钟	老师与学生一起听音乐绘画，把之前发现的点、线、色彩与音乐的联系运用到实践中。让学生感受画音乐并不难，激发学生绘画的欲望。
技法探讨 自主表现	1.认真观看视频，学方法。 2.欣赏作品，激发创作欲望。 3.学生自主创作。	**四、技法探讨，自主表现** 1.教师总结创作过程并示范（视频播放创作过程）。 2.欣赏学生作品，听一听乐曲唱一唱歌，把你的感受描画下来吧！ 3.不同的音乐给人不同的感受，我们应当尊重自己的感受，不求同一，但求体现自我。你永远会是最亮的那颗星。	观察法 创作法	情境教学法 巡视指导法	15分钟	欣赏同龄学生的作品，让学生在欣赏中掌握方法，避免画面雷同，激发学生的表现欲望。

内容 环节	学生活动	教师活动	学法	教法	预时	设计意图
展评交流 审美升华	1. 观摩、交谈，说看法，谈体会。 2. 学生谈谈学习感受。	**五、展评交流，审美升华** 1. 请学生将作业贴在教师布置好的展示区，进行展示（课件）。 2. 学生说对自己作品的感受。 3. 听生评自己最喜欢的作品。 4. 教师总结。 今天这节课我们一起听听画画，感受了音乐与美术的完美结合。旋律不同，我们的画面也会出现宁静舒缓的、强烈刺激的、催人奋进的种种变化。画家通过画笔表达了对音乐的不同感受，这种通过点线面或图形来表达情绪或节奏的方式，我们称之为抽象画。俄罗斯著名画家康定斯基就是抽象画派的代表人物，他喜欢用单纯的形或色组织在画面中，这种方式类似音乐，所以他还被称为画布上的乐师。当然表现音乐不止有抽象画这一种形式。我们还可以有具象的形式，例如课本上这两位同学的作品《火车开了》和《小小的船》，是不是很形象生动呀。课下听听曲儿，再去尝试完成一幅具象画吧！ 下课。 组织学生有序离开教室。	观察 思考 交流 倾听	提问 启发 总结 拓展	3分钟	通过作品展示，把学生作业拼摆在一起组成一个生机盎然的展览会场。通过学生自评、互评，提高学生的审美能力、语言表达能力和丰富的想象力，同时也体现了美术学科与语文学科的整合。

板书设计

听听画画

学生作品展示   方法：点   组评
                         线   1 2 3 4
                         色彩

教学设计 9:

《小泥人》教学设计

黄佳　重庆市綦江区文龙小学

课题	《小泥人》	课业类别	造型·表现	课时	1
教材分析					

课题	《小泥人》	课业类别	造型·表现	课时	1
教材分析	本课是湖南美术出版社义务教育《美术》二年级下册第20课,根据《美术课程标准》划分为"造型·表现"领域。本课是加强儿童立体造型表现的能力,在一年级下册《彩泥连连看》基础上,运用已学过制作立体泥塑动物的基本技法,学习捏制泥塑人物,拓宽儿童对泥土造型表现的认识。通过捏制小泥人,让儿童了解人物头、躯干及四肢的基本结构以及特征,在揉、搓、压、接的过程中逐步掌握立体人物造型的步骤和方法,塑造出自己生活中常见的人物形象。并选择恰当的方法装饰人物,通过观察和制作表现出人物表情、性格、动态等特征,让学生有意识地创作人物来表达自己的情感,发展动手能力和表现力。				
学生分析	二年级学生经过一年级的历练之后,课堂上很多行为习惯已经纠正了不少,很少有随意走动或不懂绘画工具的现象。大多能听懂老师的要求,对美术有浓厚的兴趣,有丰富的想象力,已掌握了一些简单的基本绘画知识和手工制作的技能,但在动手过程中还缺乏想象创造能力,团队协作能力较弱,缺乏积极性,这些方面还有待提高。				
教学流程	课前(介绍泥塑)→情境创设→(逛泥塑展览)→以梦娃找伙伴的视频引入→出示课题→分析泥人结构→出示学习目标→老师微课演示局部制作方法→讨论制作步骤→请梦娃做客→展示本土文化地标→出示作业要求→合作完成→分组选导演安排分工→听着音乐开始制作→老师指导→展示作业→各组导演介绍作品→学生自评→学生互评→老师评价→梦娃评价→拓展延伸(歌颂家乡,热爱祖国)				
教学目标	1. 了解泥塑文化及其悠久的历史,欣赏各地区泥塑的艺术特色,感受我国"非遗"文化的独特魅力。 　　2. 掌握立体人物造型的方法和步骤,能运用夸张、简练的造型方法捏一个生动的泥人造型。 　　3. 激发学生对家乡、对民间传统文化的热爱之情,在愉悦的体验活动中对美术学习产生浓厚的兴趣。				

教学重点	学生通过自主学习、微课和演示的教学方法掌握捏制小泥人的方法与技巧并能大胆运用。	教学难点	学生通过分组团队协作,学会分工合作的手工制作方式。

教学准备	教师准备	1. 课件,超轻黏土,牙签,东溪古镇南华宫老茶馆视频与场景。 2. 各种小泥人的图片,以及示范作品。 3. 有关雕塑的名家作品图片。
	学生准备	书本、黏土、切刀等。

教学流程

内容\环节	学生活动	教师活动	学法	教法	预时	教学意图
创设情境激趣导入 了解泥塑 观察分析概括特点	注意力集中，倾听老师问题，踊跃回答。 学生倾听。观看视频，思考并回答。 总结泥塑特点：夸张，生动。 观看视频。 跟读 观看梦娃视频。 学生思考回答。 观察并集体回答。	导语： 　同学们玩过泥巴吗？泥巴可神奇啦，它可以做成精致的泥塑哟。今天跟着老师一起学习《小泥人》。 　板书：小泥人 　泥塑是我国古老的民间艺术，俗称彩塑，它以泥土为原料，手工捏制成形。其中最出名的是国家级非物质文化遗产——天津的"泥人张"和无锡的惠山泥人。前两天老师参观了一个泥塑展，特别有意思。我们去看看吧（播放视频）。 　问：视频中的人物有趣吗？我们用词语概括它的特点。 　表扬概括得好的学生。 　有的小朋友还没看够，我还给大家请来了一位可爱的小朋友。和她一起读一读吧！ 　在黑板上贴上梦娃图片。 　国是家，善作魂，勤为本，俭养德，诚立身，孝当先，和为贵。 　这是梦娃的自我介绍（有些孤单）。 　你们愿意帮助梦娃找小伙伴吗？ 　真是有爱心的小朋友，我们一起帮她制作泥人小伙伴吧。 　还记得一年级学过的玩泥巴的方法吗？演示引导学生回答：搓条，搓球，压片。 　小泥人由哪些部分组成？ 　板书：头，躯干，四肢。 　头部是怎么做的？打开书本第40页，寻找答案。 　谁愿意告诉我，制作头部用了哪些方法？ 　总结得很完整，找到了这么多的方法。	观察法 发现法 观察法 分析法	提问法 引导法 讲授法 展示法 提问法 观察法 谈话法 引导法	2分钟 3分钟	通过谈话引出本课主题。 通过老师讲解，了解泥塑文化。 欣赏视频，感受我国传统"非遗"文化，总结出人物特点。 跟读体验，感受传统。 以为梦娃找伙伴形式初步了解课程任务。

（续表）

环节 内容	学生活动	教师活动	学法	教法	预时	教学意图
分析结构制作泥塑	观察，思考泥人结构并回答。 集中注意力，自主学习头部制作并总结头部制作方法。 观看视频了解头部制作步骤。	揉，搓，压，切，接，戳、 想不想知道我是怎么做的？一起来看看。 边看视频，边介绍： 老师用到了这些方法。 很多同学都已经迫不及待了，那就赶紧动手，因为泥人的身份还没有设定，就先让它光着头吧。 巡视辅导。 接下来制作躯干。 请看书，怎样让它站稳的？ 下肢粗壮，上身连着脖子，看视频里是怎么做的？中间用牙签固定。 接下来就该同学们制作了。 两分钟倒计时，学生动手制作躯干（边做边强调注意事项）。	观察法发现法 分析法 自主学习法	演示法提问法 提问法设疑法示例法 提问法展示法 谈话法引导法设疑法提问法 谈话法	12分钟	复习一年级知识，回忆玩泥巴的简单方法。 通过老师引导，答出泥人组成部分。 结合课本，引导观察。
	动手制作头部。 观察、思考并回答。 观看视频。 制作躯干。 看书并回答衣服装饰。 总结装饰方法。	巡视辅导站姿和坐姿。 小泥人的躯干做好，还缺少了什么？ 总结：衣服。 播放制作衣服的视频。 衣袖是空心的，能很好地表现衣服褶皱，更灵活哦。 还可以加上装饰。 谁能勇敢地告诉大家，装饰手法又有哪些？结合书上内容作答。 有泥片，戳刻，泥球，泥条。 表扬：方法都很实用。 真能干，相信你们做出的泥人肯定很生动。	引导法 提问法 谈话法 启发法示例法展示法设疑法	引导法 提问法 谈话法 启发法示例法展示法 设疑法 谈话法启发法提问法 展示法讲授法	6分钟	把控时间，独立完成。 错误示范，引出立体泥塑站得稳的重要性。 引导探究衣服和动态。

（续表）

内容 环节	学生活动	教师活动	学法	教法	预时	教学意图
设置情节 分工合作 集体表现	观看视频，感受古镇南华宫的热闹。回答。 分组，由导演随机抽取拍摄任务。 倾听老师针对拍摄任务的范例讲解。 思考，讨论，解决分工，开始制作。 将自己的角色人物展示到展台上。	我都迫不及待地想要邀请梦娃到我们綦江来玩了。我想到了一个好地方。 綦江有一个美丽的千年古镇，叫东溪古镇。那里有古老的邮局、千年黄桷树群，还有万天宫，南华宫……听着都让人心生向往。 我已经把南华宫搬到我们课堂里了，揭开红布，可是上面空无一人，平时是什么样子啊？ 我们去感受一下（播放视频）。 南华宫热闹吗？有什么人，在做什么？抽两位学生作答。 看来你们都有当导演的潜质呢，能发现故事情节，可以拍电视剧了。 接下来，我们每组选个总导演，随机领取一个"拍摄任务"（发放任务牌及资料）。 舞台表演。 悠闲品茗。 看报聊天。 小贩售卖。 娱乐游戏。 观棋对弈。 围观群众。 举个例子，"观棋对弈"。 接下来，导演们根据拍摄任务，以小组合作方式，运用立体人物造型的方法，捏制一组夸张生动有故事的人物形象。 开始做吧。 请导演们将完成的人物有序安排进场，不要拥挤。	体验法 交流法 观察法 观察法	提问法 谈话法 启发法 示例法 展示法 设疑法 谈话法 启发法 提问法 展示法 讲授法 讲授法 谈话法 展示法 引导法 讲授法 对比法	10 分钟	引出千年古镇，深入加强对本土文化的学习了解。 增强代入感，身临其境。 通过示范解决导演分工问题以及场景人物的动作和表情设置。人人参与，协作完成泥人制作，组合场景，呈现作品。

内容\环节	学生活动	教师活动	学法	教法	预时	教学意图
展示交流 总结升华	讲解作品。 自评 互评 倾听老师的评价。 看视频，倾听梦娃评价。 倾听老师的总结：家乡越变越好，生活越来越好，合作的精神值得发扬。	清场，请导演讲解剧情，发生了什么故事？ 讲得很精彩。 你对自己的作品满意吗？ 台下的观众，你们喜欢这部剧吗？ 我也喜欢这些生动又夸张的小泥人。 听听梦娃她怎么说？ 总结：小导演们，这节课每个人都爆发了"小宇宙"，通过智慧的大脑和灵活的双手拍出了一部精彩的大剧。希望你们能继续深入学习，为保护我国非物质文化遗产而不懈努力。老师为你们感到非常骄傲。 今天，我们的生活越来越幸福，东溪古镇也越来越美，越来越好，我相信梦娃肯定会喜欢我们这里！	讨论法 观察法 讨论法 比较法 讨论法 发现法 交流法 分析法	讲授法 启发法 设疑法 谈话法 启发法 谈话法	5分钟 2分钟	肯定作品，增强信心。课堂总结，情感升华。 引导课外延伸，培养学生乐观向上的积极心态以及对美好生活的向往。

板书设计

小泥人

作品展示

头
躯干
四肢

教学设计 10：

《剪纸动物》教学设计

傅先丹　重庆市綦江区九龙小学

课题	《剪纸动物》	课型	造型·表现	课时	1
教材分析	本课是湖南美术出版社义务教育《美术》二年级下册第 22 课，属于"造型·表现"学习领域。本课旨在让学生感知民间剪纸文化，抓住动物的主要特征剪出外形，并学习对折剪纹样的方法进行简单装饰，随意剪出大胆、夸张生动、形态各异、富有童趣的新形象。 　　本课与以往教材的关联性：一年级下册第 14 课《剪对称鱼形》学习过对折剪外形和花纹，学生对于折剪并不陌生，本课《剪纸动物》中对折剪花纹更为具象，并在教学中渗透了传统装饰纹样，比如月牙纹、圆孔纹、柳叶纹和锯齿纹。本学期二年级下册第 4 课《动物运动会》同属"造型·表现"领域，教学要求为对不同动物形象特征的把握与绘画表现能力，为《剪纸动物》一课做了一定的铺垫，本课需要引导学生抓住动物的外形特征，用剪纸的形式大胆表现。从教材教学目标来看，动物的外形仍然是重点，属于对特征的强化训练；从教材层次来看，教学内容循序渐进，符合学生的认知发展规律。				
学生分析	本课的授课对象为二年级下学期的学生，在经过近两年的美术学习后，已具备一定的造型能力；在表现能力上，动物的造型仍然是很有难度的，直接画出一个动物就有困难，但是剪纸的要求更高：不用笔画，而是直接剪出动物的外形。所以本课不要关注太多细节，只要表现出主要特征就可以了。因此，在教学引导上，要提炼外形特征，关注到有趣的、适合表现的点。因学生接触动物剪纸较少，本节课应更侧重于普及性和趣味性的学习，在教学中采取以趣为导向的策略。该年龄层孩子有着丰富的想象力和童趣，充分启发学生大胆想象，自由表现，剪出形态各异、个性夸张、富有创意的作品，在天马行空的想象王国里自由翱翔。				
教学目标	1. 了解剪纸文化，增强对传统艺术的理解和认同。 2. 通过师生探究，自主探究，掌握剪纸表现的基本方法和步骤。 3. 通过学习，培养对剪纸文化的喜爱之情，主动参与传统文化艺术的传承。				
教学重点	掌握剪纸的基本方法和步骤	教学难点		夸张地剪出动物的特征	
设计思路	本课教学重点是掌握剪纸的基本方法和步骤，难点是抓住特征巧妙地剪出动物的外形，注重培养学生的观察能力与造型表现能力。本课教学过程设置如下：创设情境，激趣导入——看图感知，概括外形——观察分析，抓住特征——技法探讨，自主表现——评价拓展，审美升华。教师应准备大量的图片信息以丰富学生创作的素材。				
教学准备	教师准备	课件、教材（每生一本）、剪刀、红纸、吸铁石、磁性白板、作业展示背景纸。			
	学生准备	剪刀、红纸 2 张、固体胶。			

		教学流程				
内容环节	学生活动	教师活动	学法	教法	预时	设计意图
创设情境	1. 听动物故事欣赏剪纸。 2. 明确学习内容。	课前组织，检查学生学具准备情况，学生代表发放教材。 **一、欣赏剪纸 激发兴趣** 1. 故事导入 今天森林里将举行一场盛大的活动——动物故事大会。你想参加吗？很多小动物都迫不及待地赶来了，猴子听到消息兴奋地爬上了树，小鸟快乐地唱歌，森林之王老虎也早早地赶来了。 2. 揭示课题 这几只动物很特别，它们不是画出来的，而是用剪刀剪出来的。这就是我们今天要学习的第22课《剪纸动物》（板书课题）。	观察感知	谈话情境教学启发提问	2分钟	针对儿童身心特点，采用情境导入法，增强感官冲击力，让学生在不知不觉中进入本课课题。
激趣导入	1. 猜一猜概括外形。 2. 说一说自己最喜欢的动物及其特征。 3. 观察思考特征总结变形方法。 4. 观察思考夸张的作用。	**二、抓住特征 夸张表现** 1. 猜猜动物 抓住特征 师：猜一猜，接下来到场的动物会是谁呢？看，是谁躲在草丛后面？教师出示课件，只露出动物局部。第一个动物是兔子，只露出兔子耳朵；第二个是大象，只露出大象鼻子；第三个是牛。 小结：同学们猜得这么准，是因为抓住了动物的什么特征呢？ 你最想邀请什么动物来参加故事大会呢？你能说说它的特征吗？ 2. 夸张表现 师：有两只动物也想参加故事大会，可是它们对自己的形象很不满意，我们来帮帮它们吧！看，这是长颈龙，它最大的特征就是有着长长的脖子，它脖子够长吗？猪的外形特征是什么样的？它够胖吗？猪就要突出它肥硕的身子（教师课件出示短脖子长颈龙和瘦瘦小小的猪，请同学们帮帮它们）。 生：拉长脖子，变肥。 小结：让长的更长，肥的更肥，这种方法就叫作夸张。要学会大胆夸张它们的特征。 看看还有哪些夸张了的动物也赶来了？接着欣赏被夸张了嘴巴的鳄鱼、被夸张了身体的河马，夸张让动物变得更有趣了。	观察思考总结比较	启发提问总结演示	5分钟	尊重学生的兴趣、爱好和需要，运用学生现有的知识储备，引领学生观察、欣赏、分析，让学生体验总结概括出动物的外形特征。

（续表）

环节\内容	学生活动	教师活动	学法	教法	预时	设计意图
看图感知概括外形特征	5.观察制作剪纸方法,联想动物外形特征。	3.教师示范 　　老师也想邀请一只动物参加故事大会,可是我不知道邀请谁。不过没关系,我准备好了纸和剪刀,同学们,剪刀虽小,可是很锋利,可千万要注意安全,别伤着自己和别人。我把纸拿起来,随意地剪,往里剪,又往外剪。转动纸,剪出弯弯曲曲、起起伏伏的长线,剪出最大的外形。(剪一半时)哎呀,突然我不知道该怎么剪了,谁能帮帮我,看看它可以变成什么?(学生用手指比画,联想)你们有这么多的奇思妙想,真是个小小智多星! 　　老师:看是谁猜中我的心思(将霸王龙剪完整)?提示剪外形时应该撑满整张纸,这样才能剪出大大的动物。	观察探究实践	示范指导评价总结	3分钟	
		三、初次作业 展示评价 　　抓住特征剪出外形: 　　我看有些同学迫不及待地拿起了剪刀,你们是不是也想动手啦?剪之前我们看看有什么要求。 　　要求: 　　1.在最短的时间内,大胆地剪出顶天立地的动物外形。 　　2.剪的动物要抓住特征,大胆夸张。剪得快的、安静的、不掉纸屑的同学,会有一份小奖品哦!剪好的作品用吸铁石贴到黑板上(简要评价)。			7分钟	

（续表）

内容 环节	学生活动	教师活动	学法	教法	预时	设计意图
观察分析 抓住特征	观看 思考 回答 探索 创造	**四、了解纹样 装饰美化** 1. 从你们的作品中，我好像看到咱们教室里来了一群有趣的小动物。要想参加故事大会，必须打扮得漂漂亮亮的才行。 2. 现在有很多打扮得很漂亮的动物都来了，我们看看它们用了什么方法来打扮自己？（课件欣赏同龄孩子的剪纸作品） 3. 我也把我邀请的恐龙打扮了一下，观察这些纹样像什么，我给它剪出了什么样的眼睛？圆点纹、月牙纹、柳叶纹……它们有什么共同之处，是怎么剪出来的？老师利用微课介绍锯齿纹、月牙纹的剪法，想想它可以用在动物的什么地方。 4. 自主探索：这些纹样运用到动物的哪些地方更漂亮呢？大家自己去探索吧！你还可以创造出新的纹样哦！	欣赏 思考 探究	引导 提问 总结	15 分钟	学生通过课件欣赏各种剪纸动物，认识各种纹样，找出这些纹样的相同之处，自主探索总结出不同纹样如何运用。用微视频介绍锯齿纹、月牙纹的剪法，激发学生探索创造新纹样的创作欲望。
技法探讨 自主表现	看 思 创 贴 编	**五、再次作业 自主装饰** 故事大会马上就要开始了，我们看看有什么要求？ 1. 拿出已经剪好的动物外形，我们先剪出动物的眼睛，再剪出身上的纹样，看看谁邀请的动物造型独特、夸张、有趣、谁的纹样细致生动。 2. 最先将动物打扮好的小组贴到这张大纸上，其余小组贴在组内的白纸上并进行编故事。 3. 每组派一位同学讲故事。	观察 创作	情境教学 巡视指导	4 分钟	以"剪纸动物故事大会"将学生带入活动中，增加了创作的趣味性。以6人为一小组，把作业拼摆在一起，进行故事创编，培养学生团结互助的意识，提高学生的审美能力。

内容 环节	学生活动	教师活动	学法	教法	预时	设计意图
展评交流 审美升华	交流学习成果。 提升美术核心素养。 看 思 听 体验	**六、作业展评与总结** 1. 组织学生展示作业。 2. 学生说剪纸故事。 3. 听学生评自己喜欢的作品。 4. 师评。 5. 师：今天我们学习了用夸张的手法剪动物外形，用对折剪纹样的方法来装饰美化。你们学会了吗？把掌声送给自己吧！ **七、教师总结与延伸** 　　同学们，剪纸不仅可以剪动物，还可以剪人物、风景等，甚至还可以运用到我们的生活当中，装饰我们的生活。 　　结束语：剪纸，又叫刻纸，是一种镂空艺术，距今有一千五百多年的历史了，是我国的非物质文化遗产。希望同学们能热爱我们中国的剪纸艺术，用这把小剪刀传承中国文化，剪出更精彩的世界！ 　　下课。 　　组织学生有序离开教室。	观察 思考 交流 倾听	提问 启发 总结 拓展	3 分钟	通过自评、互评及学习总结，让学生在分享交流中取长补短，提升本节课的学习与实践效益，让学生进一步巩固剪纸动物的制作方法。拓展延伸，了解民间剪纸文化。提高学生的审美意识。

板书设计

剪纸动物

作品展示　　　　　　方法：夸张变形　　　　　组评
　　　　　　　　　　　　　　　　　　　　　　1 2 3 4

教学设计 11：

《美化教室的一角》教学设计

何文娟　重庆市綦江区安稳学校

课题	《美化教室的一角》	课业类别	设计·应用	课时	1
教材分析	本课是湖南美术出版社义务教育《美术》三年级下册第1课，属于美术四大学习领域中的"设计·应用"。教室是教师与学生共同拥有的学习活动空间，也是分享学生学习成果的快乐园地，通过好书推荐、课程图标设计、队角布置等三个活动来提高学生布置教室一角的设计素养，锻炼学生布置教室一角的动手能力。它的意义在于与学生的日常紧密联系，设计制作是学生日常班队生活所需，制作布置为学生日常班队活动所用，这就很好地体现了"物以致用"的学习理念。活动二课程图标设计是从每门课程学习的内容、形式、工具等特征入手，抓住形象表现为主，文字符号、色彩象征为辅的设计要素来组成简洁的图案，以此来形象地表示一门课程。				
学生分析	三年级的学生注意力集中时间相对较短，特别活泼好动，好奇心也很强。在审美水平、绘画能力、认知能力等方面有一定发展，学习规则和写实模仿是本年级学生美术学习的主要特征，也是艺术观的形成期。《美化教室一角》这节课的内容，在学习的基础上进一步锻炼和提升学生的造型能力、想象能力和设计意识。				
教学目标	1. 学习课程图标设计与组合应用的方法。 2. 训练发散性思维能力，培养学生美术设计与组合应用的能力。 3. 增强集体合作意识，养成有序地进行设计与制作的学习态度。				
教学重点	用简洁明了、美观大方的图案表明课程的特征。	教学难点		直观形象、简洁美观地设计各门课程图标，集体合作完成作业。	
设计思路	三年级"设计·应用"学习领域注重尝试从形状与用途的关系，认识设计和工艺的造型、色彩、媒材，学习对比与和谐、对称与均衡等形式原理，用手绘草图、立体制作的方法表现设计构想，感受设计和工艺与其他美术活动的区别。本课的教学原则是将图标设计与组合应用紧密结合，图标设计为组合应用服务，只有组合应用才能反映图标设计的作用与意义。学生可以从每门课程学习的内容、形式、工具等特征入手，抓住学科特有符号、工具材料、活动形式和象征性字母，以突出各门功课的特点来进行课程图标的设计。本课教学基本环节设计为：欣赏导入、激发兴趣——认知应用、欣赏比较——尝试实践——创作表现——作业展评与总结——教师总结与延伸。				
教学准备	教师准备	课件、教材（每生一本）。			
	学生准备	绘画纸2张、铅笔、水彩笔、评比七色花。			

		教学流程				
环节＼内容	学生活动	教师活动	学法	教法	预时	设计意图
欣赏导入 激发兴趣	看 想 猜 感受	课前组织，检查学生学具准备情况。 **一、创设情境** 这节课我们用集体的智慧群策群力来美化教室里的一件东西。它是我们学习生活中每天都离不开的好朋友，猜猜它是什么呢？ 1. 老师出示"班级课程表底纸"，怎样把普通的课程表美化成美观、充满创意又有趣的课程表呢？ 2. 利用PPT展示一张由文字表现的普通课程表和一张用图表呈现的课程表。教师提问：同学们更喜欢哪一张？为什么？ 3. 引出课题：实用、美观又个性十足的课程表是大家所喜爱的。今天，就让我们共同来制作一张具有特色的班级课程表吧！ （板书课题：课程图标设计）	回忆 观察 感知	谈话 情境教学 启发 提问	2分钟	兴趣是最好的老师，教学开始的第一环节让学生从生活当中时常接触到的课程表进入课程图标的学习，激发学生的学习兴趣。 出示两张不一样的课程表，引导学生对比观察，让同学们初步感受、体验设计图标的乐趣。
		二、探究新知 （一）认知应用 1. 出示五线谱、音乐符号、单词字母、加减乘除符号。师：看到它们你会想到什么课程呢？ 生：音乐课、英语课、数学课。 2. 想一想，音乐课除了用音符表示，还可以用什么来表示？ 生：还可以用钢琴、吉他等乐器 3. 还有哪些课程能用学具表示？ 4. 出示学生拍打篮球的图片，你会想到什么课程？体育课。 据学生回答小结：字母符号、学习用具、学习活动是一些课程所特有的，可用这些元素来体现课程特点。				通过PPT展示特殊符号作品、学具、学习活动等图片欣赏，引导学生观察，进一步了解课程图标内涵、要素和特点，加深学生对课程图标的认识。

-130-

内容 环节	学生活动	教师活动	学法	教法	预时	设计意图
认知应用 欣赏比较	看 思 答 总结	（二）欣赏比较 首先想想我们美术课可以用什么图形表示呢？——板书："工具材料"。看看这三幅草图，哪一幅最适合作课程图标呢？为什么？ 第一幅：罗列太多内容，不精炼。 第三幅：外形散乱，不美观。 板书："简洁" 小结：用最简练的图案（形象或文字）表明课程的特征。	观察 思考 总结 提炼	展示 启发 提问 总结 建构	5分钟	通过出示的三幅美术课程图标设计草图，引导学生仔细观察它们之间的不同之处，让学生更好了解到课程图标设计的要点。这样既有理论的了解，也有方法层面的习得。
尝试实践	画草图	三、小练笔 1.学生在本班班级课程表里面选择一门自己喜欢的科目，画出草图。 2.组织学生简单分享自己的构思。	思考	演示	2分钟	尝试开展创意练习，培养学生的创新能力。
设计实践 体验乐趣	图形设计 体验设计乐趣	四、合作创作表现 由谈话进入图形设计实践：同学们，咱们班的课程表已经被损坏了，今天就让我们一起来重新制作一张简洁美观、色彩鲜艳有意思的课程表吧！ 作业要求： 1.六人小组分配任务，每人按组内分配任务完成一门课的图标设计； 2.图案设计大小合适、简洁美观、色彩鲜艳、富有创意，老师出示范画。 3.剪下图标，插入课程表底纸。	思考 实践	启发 讲解 指导	25分钟	从本班集体文化出发，提出要求，给足学生创作时间，创作时播放音乐，给学生营造一个轻松的学习氛围，让学生大胆地进行构思与创作。

（续表）

环节\内容	学生活动	教师活动	学法	教法	预时	设计意图
展评交流 提升设计能力	交流学习成果 看 思 说	**五、作业展评与总结** 学生将基本完成的作品初稿张贴到黑板上，开展以学生自评为主、小组互评和教师简评为辅及学生总结的方式进行作业展评。 1.自评：请小组代表给大家说一说小组的设计意图、创意手法和创作反思（1—2名学生）。 2.互评：你最喜欢哪一幅初稿，用本节课学习的知识，说说你的理由。小组代表将课前制作的七色花贴到小组最喜欢的课程表下面。 3.教师简评：说各小组之间的合作情况、小组的创意手法和值得大家学习的优点，提出不足之处的修改建议。 4.学生总结：这节课你都学了什么，最大的收获是什么？	观察 思考 交流 倾听	提问 启发 总结 拓展	4分钟	通过学生自评为主、小组互评和教师简评为辅的方式进行评价，再让学生进行学习总结，让所有的学生都参与到课堂中，培养学生的自信心。让学生在分享交流中取长补短，提升本节课的学习与实践效益，让学生进一步巩固课程图标知识的学习重点。
拓展	看 思 说 听	**六、教师总结与延伸** 1.PPT上出示生活中一些常见的图标：交通标志、环保图标、汽车标志图片。 2.延伸语：同学们，只要你用心观察，就会发现其实图标在我们的生活中处处可见，希望你们能用自己灵巧的双手和智慧的头脑将自己的奇妙构思运用到我们的生活当中去！ 下课。 教师组织学生有序离开教室。	交流 倾听	总结 拓展	2分钟	运用生活中的一些常用标志和延伸语来回顾图标的特点与作用，与学生生活紧密结合，提高学生的社会责任感和美术创作欲望，激发学生对生活的热爱！

板书设计

课程图标设计

要素：   要求：   作品展示
字母符号   简洁
工具材料   特点突出
学习活动   色彩鲜明

教学设计 12：

《我们来下棋》教学设计

范玉林　重庆市綦江区分水小学

课题	《我们来下棋》	课业类别	设计·应用	课时	1
教材分析	本课是湖南美术出版社义务教育《美术》三年级下册第 3 课，属于美术四大学习领域中的"设计·应用"。下棋是一项有趣的益智活动，围棋、象棋、军旗、跳棋等游戏棋各具特点。而孩子们中盛行的游戏棋，一般参与者两人以上，分别用一个棋子代替自己在规定的棋盘上行走，走的步数以掷骰子的点数为准，先到达者为胜。游戏棋盘漂亮的画面，有趣的故事情节，以及有奖有罚的关卡设计让孩子们乐在其中。 　　生活中的这类棋一般由成人设计，而本课却是让儿童按照自己的意愿设计一个主题突出、想象独特、线路清晰的游戏棋盘，将绘画和游戏结合起来，掌握一些设计的简单步骤和法则。这对于处在自我意识较强阶段的学生来说，充满了期待，可以激发强烈的兴趣。学习本课既强调创意，又注意活动的功能与目的性，让学生逐步培养设计意识。					
学生分析	三年级学生正处于儿童学习中段过渡的关键期，自我意识较强，也喜欢玩游戏，容易关注身边的各种现象，独立思考能力明显增强，学习兴趣浓，但不稳定，不持久，对美术学习处于好奇的探索阶段。因此在本课的学习中要充分利用学生爱玩的特点，让学生自己动手设计以及玩一玩自己设计的棋盘，符合小学生的年龄结构特征和心理发展。					
教学目标	1. 掌握棋盘设计要素。 2. 设计、绘制一张有趣的游戏棋盘。 3. 体验学习与游戏活动的乐趣，提高审美评价能力。					
教学重点	掌握棋盘设计的基本步骤和法则。		教学难点		围绕主题进行棋盘关卡的构思与实现。	
设计思路	根据《义务教育美术课程标准》（2011 年版）"设计·应用"领域的学习要求，需注重设计活动的体验，贯穿设计想象能力的培养。趣味性的美术创作一直是学生喜爱的，能充分感受到创作的乐趣和成就感。本课教学过程设置如下：游戏体验，激趣导入（玩棋）——观察发现，交流探讨（议棋）——设计实践（画棋）——体验设计乐趣（玩棋）——评价拓展，了解历史（评棋）。					
教学准备	教师准备	课件、绳子游戏道具、板贴。			
	学生准备	绘画纸、铅笔、水彩笔、油画棒等。			

<table>
<tr><td colspan="7" align="center">教学流程</td></tr>
<tr>
<td>内容
环节</td>
<td>学生活动</td>
<td>教师活动</td>
<td>学法</td>
<td>教法</td>
<td>预时</td>
<td>设计意图</td>
</tr>
<tr>
<td>游戏
体验</td>
<td>参与游戏

1. 拿好绳子。
2. 剩下举手的同学通过石头、剪刀、布的方式确定与老师游戏 PK 的棋子人选。
找出铃铛里的秘密关卡（小纸条写好关卡内容，贴于铃铛内），并大声读出来。
奖励关卡：遇到绳子小精灵，前进2步。
惩罚关卡：遇到剪刀，绳子断裂，需要修复绳子，暂停掷骰子一次。</td>
<td>一、课前组织教学

二、激趣导入

　　1. 利用简单的道具布置游戏棋盘。
　　"看，老师这里有一条漂亮的绳子，绳子上面还挂着一些叮叮当当的铃铛，在铃铛里面都藏着小秘密，哪些同学愿意来帮帮老师发现其中的小秘密？又有哪位同学愿意来当另一枚棋子，与老师这枚棋子PK？"
　　老师抽十个左右同学起立，走下讲台，确定起点的同学位置，然后让绳子在起立的学生中盘来绕去，最后确定尾端。
　　2. 师生一起玩下棋游戏。
　　石头、剪刀、布确定先后顺序。
　　通过PPT掷骰子，走的步数以掷骰子的点数为准，先到达者为胜。
　　开始下棋游戏。
　　（在游戏过程中，拿绳子的小朋友刚好拿到了铃铛部分，就要找出铃铛里的秘密关卡，并大声读出来。）
　　3. 师小结（两套方案）。
　　（1）同学们真棒，你们赢了这次比赛，掌声送给自己，那你们觉得玩游戏有趣吗？
　　（2）哇，老师赢了，请给老师来一点掌声奖励！那你们想再次与老师PK吗？
　　那接下来，老师就要邀请同学们来绘制属于自己的游戏棋盘，绘制完成时我们再进行PK，同学们准备好了吗？
　　4. 出示课题：我们来下棋。</td>
<td>体验法

感知法</td>
<td>游戏法

引导法</td>
<td>5分钟</td>
<td>玩是孩子天性，用游戏导入，激发学生学习兴趣。

让学生在玩下棋游戏的过程中进入学习，既达到引出课题的目的，又让学生初步了解棋盘，为后面的学习做铺垫。</td>
</tr>
</table>

（续表）

内容 环节	学生活动	教师活动	学法	教法	预时	设计意图
观察 发现 交流 探讨	举手，抽生回答。 相同：起点与终点，奖励与惩罚。 不同：一个是画在纸上的；一个是绳子，用人牵着的。 起点、终点和路径是游戏棋盘的三要素，而关卡的设置可为游戏增添不少的乐趣哦！ 交通安全为主题的棋盘。 这是一个跟英语学习有关的棋盘，通过默写字母、默写单词的关卡来提高挑战难度。	**三、观察了解** 1. 利用课件转入平面游戏棋盘。 仔细观察老师这里的PPT，说说和刚才玩的游戏有什么相同与不同的地方？ PPT展示：英语小能手棋盘。 夸奖： （1）从你的回答中，老师知道你是一个爱动脑筋、善于发现规律的孩子。 （2）你的回答很精彩。 （3）你的回答虽然不够完整，但老师也为你的积极动脑感到高兴，下次努力。 同学们看得真仔细！现在打开我们的美术教材，翻到第11页，找一找刚刚发现的游戏棋盘相同点与不同点在书中的表述。 连接起点和终点，不管是牵绳子，还是绘画形式，都是棋盘的路径，路径可以自定，一般以弯曲迂回为妙。 2. 总结制作游戏棋的方法。 那孩子们，你们知道怎样才能设计出一个既美观又有趣的棋盘了吗？ 棋盘包含了：起点、终点、路径、关卡。 3. 图片赏析（PPT）。 请同学们观察棋盘用了哪些图案来进行装饰？他为什么要这样装饰？ 引出画面内容与主题相符合。 游戏棋的主题就揭示游戏棋的内容，图中为交通安全，内容就和交通知识、交通标志有关。 请同学们观察这幅棋盘用了什么样的关卡来提高挑战难度？ 你的回答真棒，玩这样的游戏棋盘还可以帮助我们学习呢！ 教师小结：通过对作品的赏析，我们发现：设计要有一定挑战或难度。在绘制棋盘颜色时，用色要重视对比，突出棋盘内容、要素，简化背景装饰。	思考法 阅读法 讨论法	提问法 总结法	8分钟	通过观察对比进入本课的重点。为了降低难度，分为三个步骤解决。学生通过观察图片、阅读教材、分析图片等方式总结掌握棋盘设计的基本步骤和法则。 把课堂还给学生，让学生进行有目的性的思考。

（续表）

内容 环节	学生活动	教师活动	学法	教法	预时	设计意图
观察 发现 交流 探讨	这是一个跟疫情有关的棋盘，通过戴口罩、勤洗手的关卡来提高挑战难度。	**四、交流探讨** 1.学生分组讨论主题 请看这张画纸上已经画出了起点、终点和路线，请孩子们以小组为单位，探讨这幅棋盘设计一个主题，并说一说你们组想怎样进行关卡挑战、背景装饰。 激发学生想象有趣的主题。 同学们想象力还真丰富。老师这里还有一个棋盘：同学们观察这幅棋盘，结合了我们生活中的什么事件？ 你的回答真棒！ 设计这样的游戏棋盘可以让我们疫情期间宅家里的时候都能找到玩乐的道具，还能学习疫情有关的知识呢！ 师小结：通过对作品的赏析，我们发现在设计时确定主题，情节可以多变，结合我们身边所发生的人或事，你一定能设计出妙趣无穷的主题！ 2.教师总结绘制游戏棋盘（注意事项） 教师小结，并板书： （1）新颖有趣的主题 （2）曲折的路线 （3）巧妙的关卡 （4）制定规则 （5）添画背景 3.PPT播放 微课看设计步骤。（教师提前制作好微课视频）	思考法 阅读法 讨论法	提问法 总结法	8分钟	分小组进行讨论，引导学生大胆地发挥想象，培养学生的想象能力，激发孩子们对棋盘的创作欲望和激情。让孩子大胆地说出对棋盘的设想，既打开了孩子们的创作思路，又突破了本课的难点。
设计 实践	学生设计游戏棋。	**五、小组合作设计游戏棋** 1.提出作业要求：设计一个想法独特、线条清楚、关卡有趣的游戏棋盘。 2.设计的游戏棋盘围绕一个怎样的主题进行。小组合作，在集体创作中，充分发挥每个孩子在小组内的作用和艺术特长。 3.用色要考虑对比。 4.老师巡视，实时指导。	思考法 实践法	启发法 指导法	8分钟	播放音乐，创设实践活动的情境，给足学生创作的时间，促进学生美术核心素养的形成。

环节\内容	学生活动	教师活动	学法	教法	预时	设计意图
体验设计乐趣	体验设计乐趣。	**六、体验设计乐趣** 学生以小组为单位，玩自己组的，或者与其他组交换玩其他组设计的游戏棋。 为了让学生在第一时间内玩上自己组的游戏棋，教师可事先通知学生准备好游戏的骰子、棋子。棋子也可用橡皮等文具代替。 如果背景颜色没完成，可在课下完成，先让学生体验，课后可改进。	体验法 感知法	讲解法	10分钟（可在课下完成）	让学生体验设计创作的成就感。
评价拓展		**七、作业展评与总结** 学生对玩过的游戏棋，开展自评、互评，总结。 1. 自评：请你给大家说一说自己的设计意图、创意手法和创作反思（1—2名学生）。 2. 互评：你最喜欢谁的游戏棋，说说你的理由（1—2名学生）。 3. 总结：这节课你都学了什么，最大的收获是什么？	观察法 思考法 交流法 倾听法	提问法 启发法 总结法 拓展法	5分钟	通过自评、互评及学习总结，让学生在分享交流中取长补短，提升本节课的学习与实践效益。
了解历史	抽学生回答（根据学生的回答出示图片：军棋、象棋、围棋等）。	**八、教师总结与延伸** 1. 谈话：在中国文明发展的历史进程中，"琴棋书画"已有几千年的历史，而棋类益智游戏更是深受人们喜爱（PPT）。 2. 你们都知道有哪些种类的棋呢？ 3. 根据学生回答，教师小结要点： 说起棋的种类，目前还未见到权威的统计，有一篇文章说有188种之多，这恐怕是个很保守的数字。常见的有中国象棋、国际象棋、围棋、军棋、跳棋、五子棋、黑白棋、飞行棋等。中华民族上下五千年的历史，也等着小朋友们去发现。	展示法 启发法 提问法 总结法		5分钟	通过图片的欣赏，了解棋的历史和棋的种类。

内容 环节	学生活动	教师活动	学法	教法	预时	设计意图
		总结语：好了，这节课大家都很认真，上课期间也积极思考，设计了自己喜欢的游戏棋,值得表扬。大家下课以后，没有制作完成的继续完善自己的游戏棋盘，完成的同学可以和自己的好朋友一起玩一玩。 下课。 组织学生有序离开教室。				

板书设计

我们来下棋

三要素：起点、终点、路径
设计游戏棋盘：
1. 新颖有趣的主题
2. 曲折的路线
3. 巧妙的关卡（难关、幸运关）
4. 制定规则
5. 添画背景

教学设计 13：

《自制颜料》教学设计

刘莉　重庆市綦江区中山路小学

课题	《自制颜料》	课业类别	综合·探索	课时	1
教材分析	本课是湖南美术出版社义务教育《美术》三年级下册第4课，属于美术四大学习领域中的"综合·探索"。本课让学生在色彩缤纷的生活里，从植物中提取"颜料"并用于创作，引导学生主动探索，研究颜料的提取、制作等，使他们充分体验植物提取颜料的新奇、动手磨制的喜悦，享受成功的快乐，开阔学生艺术视野，体验探究的愉悦与成就感。				
学生分析	三年级的学生具备一定动手操作能力与创造力。对事物充满了好奇心，如果让孩子们像艺术家们那样自己尝试做颜料，那将是一个非常有趣而有意义的活动。				
教学目标	1. 欣赏蜡染及中国画作品，了解中国传统工艺作品以及绘画中用色特质。 2. 学习制作颜料的简单方法，试着制作一种颜料，学会花手帕的制作。 3. 体验动手磨制的喜悦和创造的乐趣，激发学生关注身边美好事物的兴趣。				
教学重点	从自然界中选取色彩鲜艳的植物，用捣、磨、挤等方法制作出1种"颜料"。	教学难点		自制颜料色彩明艳、不清淡、无块状杂物。	
设计思路	本课教学基本环节设计为：魔术表演，引入颜料——摩擦植物，初识色素——欣赏了解蜡染——教师示范——学生实操，自制颜料——体验创作花手帕——拓展延伸。				
教学准备	教师准备	魔术用水瓶、颜料；火龙果、菠菜等植物；罐子、小棒、纱布等工具；花手帕、课件等。			
	学生准备	植物或水果、罐子、小棒、纱布、纸巾等。			

<table>
<tr><td colspan="6" align="center">教学流程</td></tr>
<tr>
<td>内容
环节</td>
<td>学生活动</td>
<td>教师活动</td>
<td>学法</td>
<td>教法</td>
<td>预时</td>
<td>设计意图</td>
</tr>
<tr>
<td>魔术表演
引入颜料</td>
<td>1.带着好奇看教师表演魔术。
2.一名学生充当小魔术师参与魔术表演。
3.明确本节课学习内容。</td>
<td>

一、魔术表演 引入颜料

1. 魔术导入

老师给同学们带来了一个魔术，想不想看？请看，这是一瓶清水，见证奇迹的时刻到了（边说边上下摇晃水瓶），哇，水变颜色了（学生惊奇，发现清水变成黄色的水）。

2. 老师想请一位同学当当小魔术师（一名学生上台，模仿老师的动作摇晃水瓶），哇，水又变颜色了（学生观察到黄色的水又变成橙色的水了）。

3. 揭示课题

同学们，水是怎么变色的呢？（在两个瓶盖里分别加了黄色和红色颜料）。颜料又是怎样制作出来的呢？今天就让我们一起来探究颜料的制作，学习自制颜料（板书课题）。

</td>
<td>观察法
感知法</td>
<td>情境教学法
启发法</td>
<td>3分钟</td>
<td>针对儿童身心特点，采用魔术导入法，增强感官冲击力，瞬间吸引学生注意力与兴趣，并引发学生思考水是怎么变色的，在不知不觉中引入新课。</td>
</tr>
<tr>
<td>摩擦植物
初识色素</td>
<td>1.将植物用力在白纸上摩擦，观察白纸上发生了什么变化。
2.回忆生活中类似的现象。
3.思考为什么会发生这些现象。</td>
<td>

二、摩擦植物 初始色素

1. 老师带来了一种植物——菠菜，接下来请一名同学用菠菜叶使劲在白纸上来回摩擦，看看白纸会发生什么变化（菠菜叶子在白纸上来回摩擦时，白纸上留下了绿色的痕迹）。

2. 你们在生活中还观察到了哪些类似的现象（学生思考回答：在使用西瓜、芒果、火龙果等水果时以及在择菜做饭时手上、衣服上会留下颜色的痕迹）？

3. 为什么会发生这些现象呢（学生思考并回答）？

4. 教师小结：我们生活中大多数植物中含有天然色素，通过挤压、摩擦等方法就会留下颜色的痕迹，是制作颜料的好材料。

</td>
<td>回答法
观察法</td>
<td>提问法</td>
<td>4分钟</td>
<td>通过摩擦菠菜的小实验，勾起了学生的好奇心，引发学生思考：菠菜为什么留下颜色的痕迹？生活中类似的现象又是怎么发生的？以此让学生的思维得到发散，激发学生学习的欲望。</td>
</tr>
</table>

（续表）

内容 环节	学生活动	教师活动	学法	教法	预时	设计意图
欣赏了解蜡染	1. 欣赏蜡染图片，了解蜡染的制作。 2. 了解如何在蜡染中从植物的根、茎、叶提取色素用于布料的染色。 3. 了解中国画颜料。	**三、欣赏、了解蜡染** 1. 欣赏蜡染图片。 同学们，在我国民间有一种传统纺织印染手工艺——蜡染，使用蜡刀蘸取熔蜡绘画于布后，用蓝靛浸染，去蜡，布面就呈现出蓝底白花或白底蓝花的多种图案。 2. 出示菘蓝、蓼蓝图片及提取出来的青色颜料图片。 在蜡染中经常会从植物的根、茎、叶中提取色素，用于布料的染色。"青取之于蓝而深于蓝"就是指从植物菘蓝、蓼蓝中提取青色。 至今白族人仍用这种方法来染制蓝印花布。 3. 出示中国画颜料。 中国画中的颜料大都是从植物中提取的，如黄、红、紫、黑等，有清爽透明的特点。	观察法	观察法 欣赏法	5分钟	通过欣赏蜡染的图片和教师的讲授，了解蜡染手工艺的简单制作过程。认识蜡染中青色是从植物中提取而来，从而初步感知颜料是从植物中提取的。
教师示范	1. 观察主图，发现颜料制作的原材料。 2. 观察、学习老师自制颜料的方法和步骤。 3. 明确自制颜料的方法、步骤和注意事项。	**四、教师示范** 1. 请同学们打开书，观察书中的主图，大自然为我们提供了天然的制作颜料的原材料，你发现了哪些颜色呢（学生回答）？ 2. 这些颜色能从植物中提取出来吗？请看老师是怎么做的。 示范自制颜料： （1）选植物——新鲜、颜色艳丽； （2）捣碎——用小棒在罐子中捣碎（太干可适当加水）； （3）过滤——用纱布包好植物将其汁液挤出。 3. 请学生总结步骤方法，教师板书。	观察学习法	讲授示范法	5分钟	教师现场示范自制颜料，让学生明确技法及步骤。学生亲眼目睹紫红色从火龙果中提取而来，感受到自制颜料的神奇，激发了孩子想亲手制作的欲望。

（续表）

环节 \ 内容	学生活动	教师活动	学法	教法	预时	设计意图
学生实操 自制颜料	1. 明确作业要求。 2. 自制一种颜料。 3. 发现自制颜料过程中的问题并解决问题。 4. 学习提高。 5. 再次自制颜料。	**五、学生实操 自制颜料** 1. 作业布置：从自然界中选取色彩鲜艳的植物，用捣、磨、挤等方法制作出一种"颜料"。 2. 学生自制颜料，教师巡视指导。 3. 学生发现问题：自制颜料太清淡了。 解决问题：颜料太清淡的原因是什么呢？解决方法又是什么？（学生思考并回答） 4. 教师小结：颜料清淡的原因有两个，一是材料太少，二是水加太多。因此解决方法也有两个，一是多加原材料，二是少加或不加水。 5. 学生再次自制颜料。	实践法	辅导法	10分钟	学生通过实践操作，体验自制颜料的乐趣，并在自制颜料过程中发现问题，通过教师的引导找到解决问题的办法，从而突破难点，完成教学目标，感受成功的喜悦。
体验创作花手帕 拓展延伸	1. 分享自制颜料的经过，探讨成功经验和如何解决遇到的困难。 2. 欣赏、学习染制花手帕，运用自制颜料制作花手帕。 3. 展示、分享花手帕。	**六、体验制作花手帕** 1. 同学们的颜料制作好了吗？请大家举起来分享一下吧。 评价：你的颜料色彩真鲜艳，是用什么材料制作的呢？你的颜料真美啊，是怎么制作出来的呢？你的颜料制作得非常成功，过程中遇到了什么困难？怎样解决的呢？ 同学们都成功地制作出了颜料，个个儿都是小小制作达人，请把掌声送给自己。 2. 老师给同学们带来了一份礼物，看，是花手帕。老师通过折、染的方法染出来的（观看小视频——花手帕的制作方法与过程）。请同学们用自制的颜料染一张花手帕吧，可与同学共享颜料哦。学生将制作好的花手帕展示出来，与大家分享成功的喜悦。教师鼓励、肯定学生。 展评花手帕。	欣赏体验法	介绍法 评价法	10分钟	学生在制作过程中体验寻找植物的乐趣，动手磨制颜料的喜悦，在用自制颜料染制花手帕时释放自己的天性与快乐，感知创造的乐趣。

内容／环节	学生活动	教师活动	学法	教法	预时	设计意图
	1. 欣赏传统手工艺植物扎染。2. 爱护花草树木，杜绝浪费。	**七、拓展延伸** 欣赏植物扎染视频——用扎染的方法留下生活中的美。 德育教育：爱护花草树木，蔬果粮食，杜绝浪费！ 结束语：生活中的美无处不在，生活中制作美的方法也多种多样，希望孩子们有善于发现美的眼睛，创作美的头脑！愿孩子们拥有更美好的生活。	欣赏法		3分钟	通过观看视频——植物扎染展，向学生分享留住美的方法，激发学生关注身边美好事物的愿望。引导学生爱护花草树木。

板书设计

自制颜料

自制颜料方法：

1. 选植物——新鲜、颜色明艳。

2. 捣碎植物——可适当加水。

3. 过滤——用纱布包裹挤出汁液。

花手帕作品展示

教学设计 14:

《可爱的汽车》教学设计

刘莉　重庆市綦江区通惠小学

课题	《可爱的汽车》	课业类别	造型·表现	课时	1
教材分析					

课题	《可爱的汽车》	课业类别	造型·表现	课时	1
教材分析	本课是湖南美术出版社义务教育《美术》三年级下册第 5 课，内容属于美术四大学习领域中的"造型·表现"领域。本课重点培养学生的造型表现能力以及动手操作能力。这一主题安排了两个相关的学习活动：画自己喜欢的车，侧重平面绘画的学习；用纸盒或其他材料组拼汽车，侧重立体组合造型的学习。教师应引导学生把自己平时对生活的细致观察和审美感受以艺术的形式进行创造表达，体会各种造型活动的乐趣。活动可以根据本班学生的能力定位为记忆想象性绘画或者是观察性绘画。				
学生分析	本节课要面对的教学对象是小学三年级的学生，这一学龄阶段的儿童想象力与创造力处于活跃时期，他们已经具有一定的动手能力和审美能力。这一学龄阶段的学生好奇心强，活泼好动。所以在教学过程中应重点培养学生的观察能力和创新能力，让学生充分体会创作的灵感来源于生活，在创作中享受乐趣。				
教学目标	1. 通过对小汽车的观察、欣赏、了解，提高审美能力和创造想象能力。 　　2. 能抓住汽车的主要外形结构和特点，描绘出自己喜欢的汽车。 　　3. 养成细心观察、善于思考的好习惯，感受绘画创作的乐趣，初步领略设计的意义。				
教学重点	引导学生观察汽车的特征以及发挥自己的想象把生活中的物品转变成汽车的形象。	教学难点		启发联想和想象，适当装饰，逐步丰富造型特征。	
设计思路	教学过程中我围绕教学目标设置了四大教学环节：情境导入、新课讲授、学以致用、总结提升。 　　首先，情境导入。通过动画片《汽车总动员》中的主要人物导入，容易激发学生的兴趣，拉近本课与学生之间的距离。将学生带入一场儿童汽车的盛宴，让学生感受到汽车的独特趣味性，从而引出课题《可爱的汽车》。 　　其次，讲授新课。本部分我设置了几个活动： 　　创设情境、呈现作品——探究结构、个性分析——综合评述、加深难度——欣赏范画、自主作业——开拓想象、拓展升华。请完成作业的学生上台展示，教师评价学生作品时应关注学生整体造型的表现，评价重点放在自主探究、创造表现方面，激发孩子的表现欲望。				
教学准备	教师准备	课件、道具、立交桥背景图。			
	学生准备	水彩笔、油性笔、安全剪刀、双面胶。			

教学流程					
内容\环节	学生活动	教师活动	学法	教法	教学意图
创设情境 呈现作品	1. 边看边放视频（汽车发展史）。 2. 观看不同时期汽车的图片。思考汽车的发展经历哪几个阶段（人力—机动—电动）。 3. 观察汽车外形的变化。	"闪电麦昆"要到我们班来选一批汽车设计师。 　　课件播放视频《汽车发展史》。 　　了解汽车的由来，观看图片 　　同学们，说到汽车你们知道世界上第一辆汽车是谁发明的吗？ 　　在1886年，德国的卡尔本茨发明了历史上第一辆汽车，也就是后来驰名中外的奔驰牌汽车。 　　让"闪电麦昆"带我们进入可爱的汽车之旅吧（导入课题）。	体验法	情境导入法	针对儿童身心特点，采用情境导入法，增强感官冲击力，让学生不知不觉进入本课内容。
探究结构 个性分析	1. 边听、边观察、边欣赏作品。回答汽车的种类。 2. 思考：这些汽车有什么共同点？都是由哪些部分组成的？（车身、车门、轮等） 3. 个别学生发言，其他同学听。 在老师的引导下认识汽车的组成：车轮、车灯、车门、车身等。	1. 认识汽车： 　　师：汽车开始是用来代步的，后来随着人们生活的需求，汽车种类也越来越多，功能也越来越强大。孩子们，在我们生活中有很多不一样的汽车，想不想认识它们呢？ 　　师：汽车朋友出场了，这是些什么车呀？越野车、救护车、警车。 　　2. 问题探知： 　　师：看了这么多汽车，它们的共同特点是什么？由哪些部分组成？ 　　教师小结：从外表上看，汽车是由车轮、车门、车灯、驾驶室、车厢等主要部分组成的。从颜色上看，它们有各种各样的颜色。	观察法 比较法 回答法	引导法 提问法	尊重每个学生的兴趣、爱好和需要，利用学生现有的知识储备，发挥其特长，充分体现学生的自主。引领学生观察、欣赏、分析，让学生初步了解汽车结构。

（续表）

内容环节	学生活动	教师活动	学法	教法	教学意图
综合评述 加深难度	1.看大师作品，观察这些汽车的灵感来源于什么。 2.小组讨论、思考并回答提问。 3.还可以从哪些方面改进汽车？ 4.欣赏学生作品。 5.说说你心中的未来汽车是什么样的。	欣赏优秀大师作品，思考大师们的灵感都来源于什么？ 　　鸡蛋汽车——食物。 　　师小结：它是由生活中的什么演变过来的？鸡蛋变成汽车的身体，前后加上车轮，装上车窗，车身可以360°旋转。 　　茄子汽车——蔬菜水果。 　　兔子汽车——动物。 　　小组讨论：说一说还可以把哪些事物变成汽车呢？ 　　师总结：原来，我们优秀的设计师把生活中的食物、蔬菜、水果、动物等，加上车轮、车窗、车头等，就可以变成非常独特的汽车。	讨论法	启发提问法 演示法	再次小组讨论、指导学生学会合作，学会交流、学会分享，增强团体意识，利用儿童喜爱观察、模仿的天性，培养学生发散思维和表达能力。
欣赏范画 自主作业	1.同桌交流心中的未来汽车。 2.尝试创作。	1.谈话：同桌间交流，未来的汽车是什么样的？有什么功能？哪些可以变化形状？ 　　2.车轮可以变成什么？（西瓜、娃娃脸、皮球……） 　　车门可以变成什么？ 　　反光镜可以变成什么？ 　　车型可以变成什么？（茄子、苹果、鞋子、香蕉……） 　　3.欣赏同学们设计的作品。 　　（1）这些同学都画了些什么？是不是在日常生活中你也见过呢？ 　　（2）他们使用了哪些方法来描绘自己心目中的汽车形象呢？	真情体验感受法	引导法	让学生融入画中情境，亲身体验以表露其真实情感。

（续表）

内容 环节	学生活动	教师活动	学法	教法	教学意图
开拓 想象 拓展 升华	1.把作品贴到"立交桥"上展示。 2.介绍自己设计的汽车的闪光之处。 3.说说自己最喜欢哪一辆汽车，并说说理由。 4.看视频。	1.展示：让同学们把设计的汽车剪下来贴在"立交桥"上展示，评比。 2.评价： （1）学生自评：介绍自己作品的闪光点。 （2）学生互评：说说自己最喜欢哪一辆汽车，并说说理由。 （3）师评：今天同学们设计了各种各样的汽车，都非常有创意，都是优秀的小小设计师。汽车虽然给我们生活带来了很多方便，同时也带来了很多不好的，比如汽车越来越多导致道路拥堵，汽车尾气等等，需要我们文明用车，平时呼吁大家能走路多走路，能坐公交车就坐公交车，减少道路拥堵，减少大气污染。 3.拓展升华：播放视频《未来多功能汽车》。	评价法	提问法 感染法 体验法	通过拓展，让孩子懂得：科技强国，未来的世界离不开创新思想。

板书设计

可爱的汽车

结构：

装饰：联想法、功能增加

教学设计 15：

《风来了》教学设计

王仲素　重庆市綦江区打通第二小学

课题	《风来了》	课业类别	造型·表现	课时	1
教材分析					
学生分析					
教学目标					
教学重点		教学难点			
设计思路					
教学准备	教师准备				
	学生准备				

课题	《风来了》	课业类别	造型·表现	课时	1
教材分析	本课是湖南美术出版社义务教育《美术》三年级下册第6课，属于美术四大学习领域中的"造型·表现"。本课以生活中常见的风为题材，让学生观察、回忆刮风时所见到的情境与不同感受，并通过绘画的形式表达出来。风的形状是看不见摸不着的，如何表现风，这是教学中需要解决的问题。可以通过线来表示风，通过线的变化使学生体会风的形态，认识线条的表现力。还可以利用物体形态的变化来表现风。				
学生分析	本课面对的学习对象是三年级的学生，他们已具备一定的观察能力和线条绘画能力，又对生活中的各种自然现象充满好奇。但是，三年级的学生在画面的整体感知和造型表现上还缺乏训练，常常将线条表现与物体变化相分离，从而表现一些脱离生活常识的场景。本课既能够让学生进一步感受线条的表现力，同时又能提高学生对画面的整体处理水平。				
教学目标	1. 了解风的形成和风的种类。 2. 基本学会用线条来描绘物体在风作用下的形态变化，表现风的感觉。 3. 感受运用美术方法表现生活的乐趣。				
教学重点	用线条表现风的感觉	教学难点	画出风来了的时候物体的形态变化		
设计思路	本课教学内容与生活紧密相关，涉及题材较为广泛，需要找准一个切入点，引导学生认识线条的表现力，以现实物体为描绘对象，表现丰富有趣的"风来了"生活小场景。我先通过视频让学生感觉风、发现风，让学生了解风的形成和种类，接着学习用线条和物体表现风的感觉，再欣赏作品，让孩子进一步感受用线条和物体形态的变化来自主创作表现风，最后赏评作品，说一说风。教学程序为：激趣导入风——感知了解风——学习表现风——自主表现风——欣赏评说风。				
教学准备	教师准备	课件、多媒体设备。			
	学生准备	水彩笔、绘画纸。			

内容 环节	学生活动	教师活动	学法	教法	设计意图
激趣导入风	1.进入情境，学生兴趣高涨。 2.认真观看,感觉风、发现风。	1.用多媒体播放视频动画，让学生观看，引入课题，探讨"风来了"的画法。 （板书：风来了） 2.视频中的风是从哪个方向刮过来的呢？	观察法	激趣法	创设情境、激趣导入,集中注意力。
感知了解风	1.运用已经了解的知识说说风是怎么形成的。 2.了解风的种类。 3.分析图片区分风的种类。 4.能说出通过什么物体辨别出三种类型的风。	1.同学们，课前你们利用微课了解了风的知识，请回答下面几个问题：风是怎么形成的？风的种类有哪些？ 2.学生回答，老师归纳：空气流动形成风，自然界有微风、大风、狂风、龙卷风等。这节课，我们主要探讨微风、狂风、龙卷风的表现形式。 3.欣赏图片，说一说各图片分别表现什么种类的风。 4.你是通过什么物体辨别出不同类型的风的？	观察法 思考法 分析法 回答法	引导法 提问法 归纳法	培养学生认真观察、独立思考能力，通过分析图片，明确不同类型风的特点，初步感知利用物体的变化来表现不同的风。
学习表现风	1.学生观看微课，学习用线条表现风的感觉；用手势表现不同类型的风来了的画法。	1.观看微课，学习用线条表现风。 （1）认真观看，注意不同类型的风线的变化。 （2）用手势表现风来了的画法。师讲授并引领孩子们画：微风斜斜的、柔柔的。狂风打着卷儿。手指快速转动来表现龙卷风来了。 现在老师说风的类型，大家用手势画出来。	观察法 模仿法 实践法	激趣法	

（续表）

环节＼内容	学生活动	教师活动	学法	教法	设计意图
学习表现风	2.学习用物体来表现风。 （1）利用雨伞，和老师表演风来了人的动态和表情变化。 （2）不拿雨伞，和老师一起表演不同风的动作，感受风。 （3）学生观察图片说出三种类型的风来了物体的形态有什么变化？ （4）学生说一说狂风来了树干、树叶的形态变化。认真观察教师示范画。 （5）认真分析归纳总结。	2.我们知道了怎样用线条来表示风，接着我们学习用物体来表现风。 （1）请一个学生上台，用两把雨伞和老师一起同时表演风来了人的动态和表情变化。微风——伞轻轻飘动。狂风——手紧紧握住伞并挡住头，身体半弓着腰。龙卷风——伞吹向头的后面，身体与伞以转圈的形式被卷入空中，人飞起来了。（教师肢体动作夸张表现，自信大方，不能拘束） （2）老师看出同学们都迫不及待地也想来演一演，那么请同学们站在原地跟老师一起来表演。（不用拿伞和学生表演不同风的动作，让学生感受风） （3）我们了解了不同类型的风来了，物体的形态是有变化的。那接下来我们看看微风来了图片上的物体形态有什么变化？（衣、物轻轻飘动） （4）教师示范狂风来了，树的形态变化。学生说树干，教师画树干倾斜的方向，学生说树叶，教师画树叶的变化，边画边引导学生明白风朝同一个方向吹。教师用相机出示微风、狂风、龙卷风来了的三组图片。引导孩子说出三种类型的风来了物体的形态发生了哪些变化。对比图片认真分析。 （5）教师总结各种风的不同影响：衣物轻轻飘动；衣物全部朝一个方向吹；衣物摆动幅度大，卷到空中去。	表演法 观察法 思考法 思考法 回答法 观察法	运用多媒体法 总结法 引导法 总结法 示范法	利用微课让学生直观感受到线条的变化可以表现不同类型的风来了。让学生运用手势画出风，激发学生的兴趣。为了能让学生体会发现不同类型的风来了物体的形态变化是不同的，安排师生利用雨伞共同表演，不仅吸引学生的注意力，激发了学习兴趣，同时更深刻地体现了本课的主题，讲清了重点，突破了难点，也抓住了关键。 为提高学生的动手实践能力，解决好"眼高手低"的问题，进行绘画技巧的指导。总结归纳出三种类型风来了的物体形态的变化，能让学生更容易掌握。为创作打好基础。

内容 环节	学生活动	教师活动	学法	教法	设计意图
自主表现风	1. 欣赏作品，直观感受；激发创造欲望，自主创作表现风。 2. 明确任务，运用表现风的方式独立创作一幅作品。	1. 欣赏《阵风》和其他同学的优秀作品（师出示幻灯片）。 掌握了画风的表现形式，我们根据自己的记忆想象画一幅与风有关的画。（出示要求） （1）记忆中的或者是想象的。 （2）注意画出风来了的感觉。 （3）只画一种形态的风，利用物体形态的变化画出它的特点。 2. 巡回指导学生创作。	欣赏法 观察法 实践法	巡视指导法	通过幻灯片提出绘画要求，让学生明确创作任务及要求。
欣赏评说风	自评、互评。大胆展示。	1. 要求学生相互欣赏，评价学生作品。 2. 再次复习不同类型的风的特点，可以利用线条的变化、物体形态的变化来表现不同类型的风来了。 3. 从画面的趣味性和色彩来夸夸，赞美别人。 4. 鼓励学生大胆展示自己。	展示法 评价法 欣赏法	评价法 组织法	通过欣赏、评价，再次把本课重点和难点进行巩固。用具体的评价指标引导学生学会欣赏别人的作品，鼓励学生大胆展示自我。

板书设计

风来了

线条：长短、粗细、倾斜、疏密动态

教学设计 16：

《恐龙世界》教学设计

翁昌兰　重庆市綦江区营盘山小学

课题	《恐龙世界》	课业类别	造型·表现	课时	1
教材分析					

课题	《恐龙世界》	课业类别	造型·表现	课时	1
教材分析	本课是湖南美术出版社义务教育《美术》三年级下册第9课，属于"造型·表现"学习领域。"恐龙"是孩子们非常感兴趣的话题，本课教学让学生们借助恐龙的相关资料，观察、赏析、了解恐龙，重点认识它们的外形结构、色泽花纹、表情动态、习性环境，学习抓特征再造想象表现事物的方法，创造性地画出恐龙，集体组拼成一幅恐龙世界的想象画。教学适当结合自然科学、历史和人文资源等内容，教师充分利用相关的图片、视频，通过对比、闯关游戏等教学方式引导学生主动探究问题，进行综合性学习。				
学生分析	"恐龙"是同学们很感兴趣的话题，他们从小就玩恐龙玩具，看有关恐龙的连环画，听关于恐龙的故事，因此，这节课以恐龙为主题进行教学，学生会非常感兴趣。同学们会充分发挥想象力，把握恐龙形态及特征，画出一幅幅表现恐龙生活的想象画；通过了解恐龙的相关知识，提高探索科学奥秘的兴趣。				
教学目标	1. 了解恐龙的形态、生活状态及年代。 2. 把握恐龙外部形态及生活环境的一般特征，画一幅表现恐龙生活的想象画。 3. 增强环保意识，培养热爱家乡，保护生态的情感。				
教学重点	认识恐龙，了解其生活环境，把握恐龙外部形态和突出特征表现恐龙世界。	教学难点		充分发挥想象力，能把握恐龙形态及特征，画一幅表现恐龙生活的想象画。	
设计思路	在课前让学生通过网络收集恐龙的有关信息，充分发挥多媒体教学特有的魅力，丰富学生的视觉、听觉和审美经验，让学生体验美术活动的乐趣，课程内容呈现形式和教学方式活泼多样，通过创设情境，听音导入——小组学习，对比分析——闯关激励，视频穿越——作品赏析，欣赏提高——艺术实践，创意创作——展示评价，拓展延伸这几个环节实施教学，更强调大胆想象进行创作，激发学生丰富的想象力及创造愿望。				
教学准备	教师准备	多媒体课件、范画、白板笔等。			
	学生准备	利用网络搜集与恐龙相关的图片、资料，准备水彩笔、油画棒、纸张等绘画工具。			

<table>
<tr><td colspan="7" align="center">教学流程</td></tr>
<tr>
<td>内容
环节</td>
<td>学生活动</td>
<td>教师活动</td>
<td>学法</td>
<td>教法</td>
<td>预时</td>
<td>设计意图</td>
</tr>
<tr>
<td>创设情境
听音导入</td>
<td>1.看屏幕，听声音，猜想谁来了。
2.回答：恐龙。</td>
<td>一、创设情境，听音导入

1.播放课件：黑屏幕上闪现恐龙的爪子、尾巴、眼睛、嘴、角、甲等部位，播放恐龙的脚步声、鸣叫声。
教师轻声问：谁来了？
2.出示图片：霸王龙
教师用低沉的声音问：谁来了？
教师旁白："我"是一只生活在一亿年前的霸王龙。让我们穿越时光隧道，一同走入神秘的恐龙世界吧！
3.板书课题：恐龙世界</td>
<td>观察法</td>
<td>情境教学法</td>
<td>2分钟</td>
<td>听一听恐龙的声音，猜一猜谁来了，创设情境，导入课题，营造神秘氛围，吸引学生注意力，激发学生兴趣。</td>
</tr>
<tr>
<td>小组学习
对比分析</td>
<td>1.带着问题在组内探讨学习。
2.小组代表汇报。
3.师生共同小结。
4.组内讨论。
5.小组汇报。</td>
<td>二、小组学习，对比分析

1.小组学习：同学们，我们的家乡是嘉龙的故乡，恐龙虽很神秘，但对我们来说并不陌生，接下来大家分享自己了解到的恐龙资料。（1）请你和同学说一说自己认识的恐龙；（2）恐龙的分类；（3）恐龙的一般形体特征。
2.教师：同学们了解很多有关恐龙的知识，请你们介绍一下。
3.教师小结。学生回答时，教师用幻灯片出示知识点。
4.分组讨论：选一组最喜欢的恐龙，对比一下它们的体貌特征。
5.小组汇报。</td>
<td>观察法
自主合作探究学习法
比较学习法</td>
<td>提问法
自主合作学习法
对比教学法</td>
<td>5分钟</td>
<td>让学生了解恐龙的一般体貌特征及恐龙的分类，通过对比观察把握恐龙突出的特征。课前让学生收集资料，课中交流，既培养学生收集信息的能力，又开拓了他们的视野。</td>
</tr>
</table>

（续表）

内容／环节	学生活动	教师活动	学法	教法	预时	设计意图
闯关激励 视频穿越	1.学生自由表现，画出恐龙的一个身体部位，夸张其特征。 2.把作品和大家分享。 3.师生合作画动态。 4.观看影片并思考恐龙生活在怎样的环境里。	**三、闯关激励，视频穿越** 1.第一关：用三分钟时间画出恐龙的一个身体部位，夸张其特征。请大胆的同学到白板上画，其余同学在画纸上画，比一比谁画得又快又生动。 2.展示作业，评价。 3.第二关：你能让恐龙变一个动作吗？在白板上，师生合作画不同的动态（在同一个身体上画）。 4.播放影片，教师：恐龙生活在一个什么样的环境？你知道吗？让我们穿越到远古时代……	绘画法 游戏竞赛法 欣赏法	示范讲授法 游戏竞赛激励法 多媒体教学法	10分钟	通过闯关游戏，激发学生的兴趣与斗志，师生合作表现，加深学生对恐龙外部特征的掌握，并有利于提高学生的形象思维与想象力。通过影片播放，让学生了解恐龙生活的环境、生活状态及年代，开阔眼界，增长科学知识。
赏析作品	1.欣赏画家的作品。 2.欣赏学生作品，描述自己最喜欢的作品。 3.发现画面中的色彩对比关系、遮挡关系。学习表现方法。	**四、作品赏析，欣赏提高** 欣赏画家的作品。 教师：画家所画恐龙及场景也是猜想的结果，是依据恐龙遗骨化石还原以及地质历史研究的成果，合理想象而成的。板书：推理、想象。 欣赏学生作品。 教师：你更喜欢哪一幅画，为什么？ 教师小结：恐龙形态生动，特征突出，画面色彩协调，画面丰富。	体验评议法 欣赏评议法	欣赏评议法	3分钟	欣赏画家的作品和学生作品，提高欣赏水平，学习、探究表现方法，为学生创作更有故事情节、更有趣的作品作铺垫。

环节　内容	学生活动	教师活动	学法	教法	预时	设计意图
艺术实践 创意创作	小组合作完成创作。	**五、艺术实践，创意创作** 1. 创作要求。 （1）选择自己喜欢的绘画方法，画一画自己想象中的恐龙世界，要求画出不同恐龙的外形特点，形象生动。 （2）添画出恐龙生活的环境，画面协调美观。 2. 播放音乐，教师巡视辅导。 3. 教师激励学生。 同学们，用你们手中的画笔，大胆展开想象的翅膀，画出自己心中的恐龙世界！	创作表现法	启发谈话法 辅导法	18分钟	启发学生进行有创意的创作，提高他们的创新意识，激发他们的创新热情，给学生创设自由的创作氛围。
展示评价 拓展延伸	1. 介绍作品。 2. 集体展示评述。 3. 学生谈谈学习感受。	**六、展示评价，拓展延伸** 1. 教师组织小组评议。 2. 集体展示、评述。 （1）你喜欢哪种绘画表现方法？ （2）画面中哪只恐龙的造型既形象又生动？（3）哪个画面的情节最有趣？ 3. 拓展延伸：关于恐龙灭绝的原因，人类有很多种猜想，希望喜欢恐龙的同学能够不断探索，说不定解开这个谜团的人就是你！綦江是綦龙之乡，同学们有机会可以到綦江博物馆去参观参观哟。	展示评述法	展示评述法 谈话法	2分钟	提升学生的成就感，帮助学生解决实际困难。 拓展延伸，升华主题，激发学生的科学探索精神。

板书设计

恐龙世界

示范区

神奇、美丽
化石——恐龙模型
推理、猜想

学生作品展示

教学设计 17：

《端午节制作香包》教学设计

王莹莹　重庆市綦江区书院街小学

课题	《端午节制作香包》	课业类别	综合·探索	课时	1
教材分析	本课是湖南美术出版社义务教育《美术》教科书三年级下册第12课，属于"综合·探索"学习领域。端午节是我国的传统节日，教材介绍端午节的起源、发展，以及逐步形成的各地民风民俗，从这些风俗活动中让学生了解它深厚的文化内涵和历史价值，树立学生的民族自豪感，从而激发学生的创作欲望，让他们开心地绘画、制作、游戏、表演，自己动手尝试制作香包，在欢声笑语中过一过端午节，领略丰富多彩的中华民族传统文化，在综合活动中学习美术知识、发展动手能力、提高审美水平、培养创新思维。本课分为两课时，一以端午香包为主题，二以赛龙舟为主题。本次主要内容是第一课时：制作香包。				
学生分析	本课的学习小主人是三年级的学生，在经过两年多的美术学习后，这一学龄段的儿童观察能力强，动手能力比较强，接受新鲜事物快，在手工制作上具有一定的优势。本节课结合传统文化以及该学龄儿童的特点，通过学习纸香包的制作方法，从而提高学生对美的感受能力和艺术创造能力。				
教学目标	1.了解端午节的起源、民俗。 　　2.了解香包制作方法，学会制作端午节香包。 　　3.养成专心、细致和耐心的品质，提高审美能力。				
教学重点	了解端午节背景及风俗习惯，学习"菱角"香包的折法。		教学难点	充分发挥想象力，有创意地装饰香包。	
设计思路	本课教学重点是了解端午节背景及风俗习惯，学习"菱角"香包的折法。难点是充分发挥想象力，制作有创意的装饰香包。本课教学过程设置如下：激趣导入——小组学习，观察分析——示范演示，学生制作——作品赏析——展示评价——拓展延伸。针对这几个环节设置教学，更强调大胆想象进行创作，激发学生丰富的想象力及创造欲望。				
教学准备	教师准备	课件、教材（每生一本）、纸香包多个、白板笔等。			
	学生准备	手工纸、彩色笔、彩色线、剪刀、双面胶、珠子等装饰品。			

		教学流程				
内容 环节	学生活动	教师活动	学法	教法	预时	设计意图
视频导入 了解习俗	1. 学生观看动画短片，了解端午节的由来以及风俗习惯。 2. 举手抢答问题。 3. 打开美术书看书。	**一、视频导入，了解习俗** 1. 师：今天，老师带来一位新朋友，它叫"小粽子"，它还带来了一段视频，有几个问题要考考大家。同学们，你们有信心接受考验吗？ 问题一：五月初五是什么节日？（端午节） 问题二：你们知道它的由来吗？（纪念屈原） 问题三：它有哪些习俗呢？（划龙舟、包粽子、挂艾叶、做香包……） （按小组加分） 今天，我们就一起深入地了解端午节的习俗之一——做香包。 出示课题：端午节制作香包。	观察法 感知法	谈话法 情境教学法 启发提问法	3分钟	针对儿童的身心特点，创设情境、视频导入，以动画片的形式介绍端午节，激发学生兴趣。
合作探究 观察分析	1. 小组合作学习：打开事先准备好的盒子，拿出纸折香包观察，小组讨论并将答案填在任务卡上。 2. 认真核对任务卡，及时更正。 3. 拆香包，并观察解决问题。 4. 成功的小组介绍方法。未成功的小组说说遇到的问题跟困难。	**二、合作探究，观察分析** 1. 每组桌上都有一个盒子，打开盒子拿出香包跟任务卡，限时4分钟，完成任务卡上的问题。 （1）纸折香包有几个面：6个。 （2）形状大小有什么特点：大小相等的三角形。 （3）除了纸香包部分，还有哪些小配件：吊坠。 老师巡视，了解每组情况。 2. 请小组代表分享答案，并点评更正。及时鼓励予以表扬。 3. 教师：接下来让我们用双手探秘，拆开纸香包，进一步去发现制作的奥秘吧！ 请学生拆香包： （1）拆开后是什么形状：长方形纸条，尾端为三角形。 （2）纸条上装饰的图案有什么特点？ 4. 现在我们玩个小游戏，比一比哪些小组能在一分钟内还原纸香包。 教师讲授解决方法以及注意事项。	观察法 思考法 总结法 探究法 实践法	启发法 提问法 评价法 总结法	12分钟	运用实物展示，让学生探究讨论，引导学生观察香包，探索香包制作方法，激发学生的好奇心，调动学生自制香包的欲望。

内容 \ 环节	学生活动	教师活动	学法	教法	预时	设计意图
学习制作方法	学生观看视频学习制作方法。	**三、学习制作方法** 师：紧张刺激的游戏环节过后，让我们一起看一段纸香包制作视频吧！ 1.播放视频：示范折剪纸香包。 2.教师总结方法： （1）剪掉尾端三角形，将靠近尾端的六个小三角形进行装饰后，沿折叠线朝箭头方向折叠，包折成六面体。 （2）将香料放入小三角锥里，继续朝箭头方向折叠。 （3）将尾端三角形插入口内，折叠成香包。 （4）装饰完成。	观察法	多媒体教学法 示范讲授法	5分钟	运用视频演示，教师示范制作方法步骤，更加高效直观地学习香包的制作方法，提高学生的创作信心与热情。
自主创作	1.学生观察回答：有装饰的更好看。 2.学生欣赏、学习。 3.学生制作香包。	**四、自主创作** 1.教师：相信大家现在一定跃跃欲试了。先别着急，你们都来当当小评委，帮我看看这两个香包哪个更好看？ 2.教师：吊坠的款式各式各样（课件出示不同款式吊坠）。同学们在制作的过程中发挥你的想象力，看看谁的造型最独特！ 3.教师：孩子们，接下来就用你们的巧手制作一个漂亮的香包吧！ 出示注意事项： （1）折叠时候，注意纸条要拉紧，才会包得紧凑。 （2）吊坠位置放准确。 （3）使用剪刀注意安全，制作完成，桌面收拾整洁。 教师巡回指导。	观察比较法 评议法 创作表现法	谈话法 巡视指导法	17分钟	通过观看不同款式的吊坠，激发学生的创作灵感。 通过动手制作香包，培养学生的动手能力和创造表现能力。

环节 内容	学生活动	教师活动	学法	教法	预时	设计意图
作品展评 情感升华	1.学生展示作品，自评、互评。 2.学生谈谈学习感受。	**五、作品展评，情感升华** 1.将学生作品进行展示。自评、互评、师评。 2.教师：同学们，今天这节课你最大的收获是什么？ 3.教师赠送香包给优秀小组。 总结：赠送香包代表平安吉祥和幸福。大家也可以在纸香包上写下代表吉祥寓意的祝福话语送给你的亲人或者朋友！今天，你们用自己灵巧的小手成功制作了纸香包，课后，同学们还可以制作不同颜色、不同大小的纸香包，美化我们的环境和生活，传承我们中国传统文化。	观察法 思考法 交流法 倾听法	提问法 启发法 总结法 拓展法	3分钟	通过自评、互评及学习总结，让学生在分享交流中取长补短，提高学生的审美意识和创作欲望，拓展延伸，升华主题，激发学生爱国精神。

板书设计

端午节制作香包

组成：纸香包 吊坠

方法：折三角形 标上标记 装饰 层层折叠

学生作品展示

（将香包挂起来）
1 2 3 4

教学设计 18：

《彩色的梦》教学设计

吴娅　重庆市綦江区中山路小学

课题	《彩色的梦》	课业类别	造型·表现	课时	1
教材分析	本课是湖南美术出版社义务教育《美术》三年级下册第 14 课，属于美术四大学习领域中的"造型·表现"。梦是人的一种正常心理现象，是每个人都会有的经历，对于儿童来说，它既熟悉又模糊，它看不见，摸不着，却让人感觉真实、离奇、有趣。本课《彩色的梦》，引导学生正确认识梦境，让学生感受梦境与真实世界的不同，尽情体验梦境带来的离奇故事，描画出美丽健康的梦境，进行有趣的想象绘画创作活动。				
学生分析	本节课要面对的教学对象是小学三年级的学生，这个学龄段的儿童是想象力与创造力非常活跃和丰富的时期。针对小学儿童的学龄特点，我在教学中通过多媒体让学生尽情体验梦境带来的离奇，进行有趣的想象绘画创作活动。部分学生想象力很丰富，但在作画时又存在"眼高手低、不敢画"的现象。				
教学目标	1. 了解认识梦境，区分真实与梦境的不同。 2. 能描画出一个奇异而又美丽的梦境。 3. 培养大胆的创造力，关注生活、热爱生活的情感。				

教学重点	能用重组的方法夸张地描绘出奇异的梦境。	教学难点	表现梦境的离奇美。

设计思路	《义务教育美术课程标准》（2011 年版）"造型·表现"学习领域注重通过观察、绘画等方法表现所见所闻、所感所想。本课是一堂绘画课，根据记忆中的梦境片段进行想象创造。梦境是虚幻的，本课重在抓住梦境与真实生活不一样，展开教学，把握住梦境很梦幻、奇异这个特征，通过图片欣赏、谈话、视频欣赏等多种方式调动学生对梦境的沉积记忆和切身感受。本课教学环节设计为：创设情境、激趣导入——观察发现、形成认知——深入梦境、探讨方法——思维发散、画法探讨——学生创作、交流评价。

教学准备	教师准备	课件、导入视频、教材（每生一本）。
	学生准备	刮刮纸一张、木签笔。

		教学流程				
内容 环节	学生活动	教师活动	学法	教法	预时	设计意图
猜谜激趣 谈话导入	激趣导入 猜谜、说说自己的梦	课前组织，检查学生学具准备情况，学生代表发放教材。 **一、猜谜激趣，谈话导入** 1. 师生谈话，提问："林字多一半，别当森字猜"，学生猜出是"梦"。（教师板书：梦） 2. 同学你们做梦吗？有哪位同学愿意分享一下你的梦境？抽生作答。 3. 教师小结：梦境很奇怪，有甜蜜的，有可怕的，有离奇。今天，我们一起来表现彩色的梦。板书课题：彩色的梦。	回忆 交流 感知	谈话 情境 教学 启发 提问	2分钟	通过猜字谜引出"梦"字，再通过同学们回忆自己的梦境，分享交流，引出课题："彩色的梦"。
对比欣赏 形成认识	对比欣赏梦境与真实景象，有哪些相同与不同。	**二、视频欣赏，感受奇异的梦境** 1. 用课件播放"梦境"动画视频。 师：我们跟随视频，走进月儿的梦境，瞧瞧她的梦都发生了什么有趣的事情。 学生说，教师小结。 2. 课件展示梦境图片。 教师：接下来，同学们对比观察图片，找一找，说一说画面中的梦境景象与真实景象有哪些相同与不同之处。 学生说。 教师小结：梦中的一切都变得奇妙起来，小兔比人大，月亮满街都是，企鹅穿着鞋逛街……一切都变得奇妙起来，梦里的一切既真实又离奇。	观察 对比 思考 总结	展示 启发 提问 总结	5分钟	通过欣赏视频中小女孩月儿的梦境，进一步感受梦境的离奇。再通过图片欣赏对比，比较出梦境与真实景象的相同与不同之处，形成认知。

内容/环节	学生活动	教师活动	学法	教法	预时	设计意图
分析梦境 讨论研究 梦境之 真实与 离奇美	分析梦境 的真实与 离奇美。 探究梦境 重组的方 法。	**三、分析梦境的真实美** 梦境中的一切让人感觉非常真实。 1. 梦境中常常出现我们熟悉的人、关心的事、熟悉的场景。（师生交流） 熟悉的人：家人、老师、同学、好友等。 关心的事：学习、游玩、养的宠物、种的植物等。 熟悉的场景：家里、教室、操场、游乐场等。 2. 教师小结：生活中熟悉的人、事、场景编织成我们美丽又神秘的梦境。梦境里有我们心里所期望、关心的事，这些事、物被剪成许多的片段离奇地出现在梦境中。 **四、梦境之离奇美** 梦境很真实，但它往往梦幻又离奇，我们一起来看一看梦境的离奇美。 欣赏这三张图片，你发现了什么离奇的地方？ 小组讨论，请代表发言。 教师小结：这幅达利的画作名叫《奇异的梦》，梦中大象的身体和长颈鹿的腿组合在一起，变成一个奇怪的新事物，这种物体的局部组合体现出了梦境的离奇美。 1. 有位小朋友因为担心吃了木瓜子会长出大树，便梦到自己头上长出了一棵木瓜树，小朋友们一起围着他摘木瓜，在他的树下乘凉。请问梦境中将什么组合在了一起：人与木瓜树。马格利特画作《绿洲》中桌子上神奇地长出了小树，将桌子和树组合在一起。这种现象叫事物重组。如，南瓜和树会组成什么呢？南瓜树。 2. 还有一种方法，请欣赏图片。 这幅图是画家几米的作品，你又发现了什么离奇的地方？学生观察图片，说说发现。	思 考 讨 论 探 究 倾 听	提 问 总 结 讲 解 演 示 比 较	15分钟	这一环节是本课的重难点，我通过让学生对比梦境的真实与离奇来展开教学。梦境中的真实部分学生很容易理解，要表现梦境的离奇部分是本课的难点。为了突破难点让学生理解梦境的离奇，主要运用重组的方法解决。通过欣赏作品和图片演示，让学生认识到通过物体重组和空间重组可以表现梦境的离奇。

内容 环节	学生活动	教师活动	学法	教法	预时	设计意图
		3. 教师小结：画中公共汽车在空中行驶，梅花鹿尽情地奔跑在蓝天，脚下是宁静、美丽的村庄。在梦里，原来生活在水里的海豚离奇地待在大树上。这些事物出现在原本不会出现的空间，组成了奇妙的梦境，这种方法叫作空间组合。 4. 同学们，你们理解了吗？老师这里有一只蜗牛（在黑板上贴出蜗牛的图片）想象会出现在什么离奇的空间。学生说：我的蜗牛出现在了云朵上。在黑板上贴出图片，这样就完成了空间的组合。 5. 欣赏学生作品。同学们，表现梦境的离奇难吗？我们看看这些小朋友的梦境。欣赏学生作品，课件出示图片。				
学习方法 教师示范	教师示范梦境的表现方法。 看 听 想 阅读	**五、教师在刮刮纸上表现梦境** 1. 谈话：老师也做了一个梦，梦见自己回到了童年，飞到了天空中的彩虹屋上，快乐地放风筝，看我怎么画的。 2. 老师在黑板上示范：先画轮廓，再画图案，最后适当刮出花纹，就能表现出彩色的梦了。 3. 聆听音乐，感受、回味曾经梦境中出现的场景。梦中的大海、大树、太阳、彩虹……都发生了什么离奇的事情呢？ 4. 孩子们，表现梦境的真实与离奇，就是将熟悉的人、事、场景，运用物体组合、空间组合的方法表现出来，你想画一画自己的彩色梦境吗？	思考 回答 倾听	提问 总结 讲解 演示	4分钟	在这一环节，我通过引出自己的梦，出示范画，在范画上添画一些内容，示范刮刮纸的画法。聆听音乐，创设情境，让学生进入梦境，回忆梦境。

（续表）

内容/环节	学生活动	教师活动	学法	教法	预时	设计意图
描绘梦境创作表现	表现梦境创作，表现离奇的梦境。	**六、提出要求，学生作画** 1.老师给大家准备了一张神奇的画纸，画出你彩色的梦来吧！ 2.要求： 大胆表现自己的梦境。 主体物要画大，细节装饰丰富。 注意点线面的搭配。 注意安全（不能用木签笔对着人）。 3.学生作画，教师巡回指导。	思考实践	启发讲解 个别指导	14分钟	让学生表现彩色的梦，播放音乐，幻灯片循环播放范图，教师巡堂指导，鼓励启发培养学生的想象创作力。
		七、作业展评与总结 学生将基本完成的作品贴到黑板上。 哇！同学们的梦都这么美啊！请同学们的目光跟随老师，一起在同学们的梦中畅游吧！ 1.自评：请你给大家说一说自己的梦，你的梦境有哪些真实和离奇现象（1—2名学生）。 2.互评：你想为谁的梦点赞呢？说说你的理由（1—2名学生）。 3.学生总结：这节课你都学了什么，最大的收获是什么？				
再现梦境展评交流	交流学习成果。 提升美术核心素养。 看 思 说 听 体 验	**八、教师总结与延伸** 总结语：每个同学都描绘出了美丽又奇异的梦境，这些美好的梦境说不定哪天就会实现。就像古人想都不敢想的飞天梦、千里传音，现在我们不都实现了吗？自古以来，我们每位中国人心中都有属于自己的小小梦想。同学们，让我们带着中国精神，不断求索、不懈奋斗，将中国传统文化传承，以"我的梦"托起中国梦。 下课。 组织学生有序离开教室。	观察 思考 交流 倾听	提问 启发 总结 拓展	3分钟	将学生的作品贴在黑板上，通过自评、互评及学习总结，让学生在分享交流中学会取长补短，提高鉴赏作品、评价作品的能力。最后以我的梦托起中国梦为拓展，让学生不断探索和创新，做一个有梦想的人。

（续表）

板书设计
彩色的梦 梦的真实美：熟悉 ┌ 人 　　　　　　　　├ 事 　　　　　　　　└ 场景 梦的离奇美：重组 ┌ 事物重组 南瓜＋树 组合成 南瓜树 　　　　　　　　│ 　　　　　　　　└ 空间重组 蜗牛＋云朵 组合成 蜗牛在云朵上　　　　作品展示

教学设计 19：

《彩色的梦》教学设计

朱彦桥　重庆市綦江区康德城第一小学

课题	《彩色的梦》	课业类别	造型·表现	课时	1
教材分析					

课题	《彩色的梦》	课业类别	造型·表现	课时	1
教材分析	本课是湖南美术出版社义务教育《美术》三年级下册第 14 课，属于美术四大学习领域中的"造型·表现"。该课是在《义务教育美术课程标准》（2013 年版）"造型·表现"序列中。对于每个儿童而言，梦都是必不可少的经历，它熟悉又模糊，看不见又摸不着，让人感觉十分离奇。本课创设"彩色的梦"这个课题，便是为了引导学生更加准确地去认识梦境、体验梦境，让学生感受梦境与真实世界的不同，尽情地去体验、想象梦境的离奇，从而创作出有趣的画。				
学生分析	三年级同学的心理发展阶段是形成自信心的关键期，在接受别人的评价同时能发现自身的价值，会产生自豪感，对自己充满信心，但也需要实际操作经验和想象力相匹配，不然便会大大降低孩子的自信心，"眼高手低"就是其最典型的特点。				
教学目标	1. 正确认识梦境，区分梦境与现实的不同。 2. 能运用夸张、重组的表现手法，描绘出一个奇异又美丽的梦境。 3. 感受美好的梦境，体验梦境绘画作品中的奇幻之美，增强对生活的热爱之情。				
教学重点	运用重组的方法，夸张地描绘出奇异的梦境。		教学难点	能描绘出奇异的美丽梦境。	
设计思路	《义务教育美术课程标准》（2013 年版）"造型·表现"学习领域在美术课堂中占相当大的比重，这个领域注重让学生体验造型活动的乐趣，产生对美术学习的持久兴趣，不以单纯地传授知识技能为目的，而是要贴近学生不同年龄阶段的身心发展特征与美术学习的实际水平，鼓励学生积极参与造型表现活动。 　　本课是一堂记忆想象绘画课，即依据记忆中的梦境片段进行想象创造。梦境是虚幻的，本课便抓住梦境与现实生活的不同这一点来开展教学，把握梦境奇异、梦幻的特点，通过梦境图片欣赏、谈话分享、视频观赏、思维发散的方法充分调动学生对梦境的沉积记忆和切身感受。本课教学基本环节设计为：创设情境，激趣导入——观察发现，形成认知——深入梦境，探讨方法——思维发散，画法探讨——学生创作，交流评价——知识拓展。				
教学准备	教师准备	课件、老师的梦、导入视频、教材（每生一本）。			
	学生准备	绘画纸 1 张、勾线笔、水彩笔。			

<table>
<tr><td colspan="6" style="text-align:center">教学流程</td></tr>
<tr><td>环节＼内容</td><td>学生活动</td><td>教师活动</td><td>学法</td><td>教法</td><td>预时</td><td>设计意图</td></tr>
<tr>
<td>创设情境
激发学生对梦的兴趣</td>
<td>听
看
想
感
受</td>
<td>课前组织，检查学生的学具准备情况，学生代表发放教材。

一、创设情境

1. 师生谈话：老师今天给大家带来了一个好朋友，她呀，做了一个有趣的梦，你们想看看在她的梦里都有哪些有趣的事情发生吗？
2. 播放一个小女孩的梦境视频。
3. 提问：聪明的同学们，在她的梦里面都有哪些有趣的场景呀？
4. 根据学生回答小结引出课题：第一个场景小女孩牵着白云飞上天空，第二个场景坠入了大海和章鱼做了朋友，第三个场景回到草地，草地上开出一朵巨大的花，从花里面蹦出来了一个小男孩。小女孩的梦真是有趣极了！
其实我们每个人都会做各种各样有趣的梦，在梦里，我们是主角，尽情地做着自己喜欢的事情。今天老师就要带领大家去神奇的梦境世界看一看，我们一起走进 14 课学习彩色的梦。</td>
<td>回忆
观察
感知</td>
<td>谈话
情境教学
启发
提问</td>
<td>3分钟</td>
<td>通过真实视频体验，让学生从现实走到梦境，激发学生对梦境的兴趣，初步体验神奇的梦境世界。</td>
</tr>
<tr>
<td>认识梦境</td>
<td>认识梦
思
答
忆</td>
<td>**二、知识窗（认识梦境）**

教师提问：人为什么要做梦？
根据学生回答小结：
人在睡眠的时候由于局部的大脑组织尚未完全停止兴奋的状态，从而产生想象的影像、声音、思考或感觉，这就形成了梦境。通俗来讲，就是人在进入睡眠时，所有细胞都进入睡眠的状态，但这时有几个调皮的细胞并未休息，而开始活跃起来，它们的活跃便产生了我们的梦境。
梦中的世界千变万化，所以梦也常常能激发艺术家的创作灵感。</td>
<td>观察
思考
总结
提炼</td>
<td>启发
提问
总结
建构</td>
<td>2分钟</td>
<td>梦是每个孩子都有的经历，对于学生来说，既熟悉又模糊，往往给你真实又难以触摸的感觉，通过讲解梦的来源，让学生感受到梦是一种人体的正常生理现象，引导学生正确认识梦。</td>
</tr>
</table>

（续表）

内容 环节	学生活动	教师活动	学法	教法	预时	设计意图
创设情境 通过造梦机情境进入梦境	感知 欣赏 讨论 探究 启发 想象	**三、对比观察，形成认知** 艺术家能在梦境世界中提炼出灵感来创造自己的艺术作品，今天，所有的同学都是小小艺术家，为了能激发出艺术创作灵感，老师要带你们穿越时空隧道（打开PPT），我们通过穿越隧道到别人的梦境里去看一看，都有哪些有趣的事件发生。 　　瞧，在时空隧道中出现了六个造梦机，每一个造梦机里面都有一个美丽的梦境，小小艺术家们，现在就由你们来开启这几个造梦机。 　　一号造梦机原来是漫画家几米正在绘画他的梦，咱们来放大他的梦，看一看是什么有趣的事情。 　　提问：你能找出他梦里面的景象与真实景象有哪些相同与不同的地方吗？ 　　根据学生回答，结合几米的梦小结。 　　相同的：兔子、人、企鹅、花朵等等，这些物体是真实存在的，所有梦境里的物体都是真实的。（板书：梦境真实） 　　不同的：兔子变得又高又大，月亮不只是一个，而是满街都是，企鹅再也不只生活在南极，而是和小朋友们生活在一起，花朵还可以开出小朋友，这些是现实生活中不存在的，所以梦境又是离奇的。（板书：梦境离奇） 　　艺术家几米的梦又真实又离奇，可真是丰富极了，现在回到我们的时空隧道来开启第二个造梦机。 　　二号造梦机是西班牙绘画大师达利的梦，我们一起来找一找达利的作品《奇异的梦》中离奇古怪的部分。 　　根据学生回答，结合达利的《奇异的梦》讲解梦境离奇之重组。（板书：重组） 　　大象的身体加上长颈鹿的腿，独角兽能穿墙，人长出蚂蚁的上身和动物的翅膀。运用物体的重组，让达利的梦境变得十分离奇。 　　教师小结：在梦中，许多事物改变了原有的形象特征，编绘成一个个离奇的梦境。	欣赏 思考 讨论 探究 倾听 观察 总结	组织 提问 总结 讲解 演示 评价 启发	6分钟	用造梦机的方式开启梦境，全程都让学生在神奇隧道的有趣情境中欣赏、感受离奇而又真实的梦境。 　　几米的梦境色彩鲜艳，内容丰富，一出来就会吸引学生的视线，从中引导学生，梦境是真实的，又是离奇的，在梦中的世界往往会出现我们日常生活中熟悉的事物，而这些事物又与真实景象有所不同。 　　达利的《奇异的梦》更是强调了梦中的离奇之处，多种物体重组在一起就会形成一个新的物体，直接引导学生认识梦境构成的主要元素。

（续表）

内容环节	学生活动	教师活动	学法	教法	预时	设计意图
创设情境 通过造梦机情境进入梦境	欣赏感知 欣赏讨论探究启发想象	三号造梦机是老师的梦。 谈话中带领学生走进老师的梦境，并用提前准备的"我""云朵""月亮""秋千""公交车""翅膀""汉堡包"这几个绘画道具进行现场重组演绎老师的梦，加深孩子对"重组"的印象。 在一个寂静的夜里，老师做了一个神奇的梦，我实现了小时候的梦想，长出翅膀飞上天空，在月亮上荡秋千。早上上班的时候，我坐的公交车堵车了，这时神奇的事情发生了，公交车也长出了翅膀，直接载着我飞到了学校。到了中午吃饭的时候，我躺在软绵绵的云朵上，汉堡包直接长出翅膀飞到老师的嘴里，我正准备一口咬掉汉堡包，这时有人拍拍我的肩膀，"起床了、起床了，该上班了。"这才知道，这是我的梦。 提问：在老师的梦境中出现了哪些重组关系？ 用教师的示范加深学生对离奇梦境中"重组"的理解。 开启第四个造梦机 学生欣赏并回答四号梦境的离奇之处。 是什么样的绘画手法让这个梦境变得如此离奇的？ 根据学生回答教师结合图片小结： 画中的水果变得高大无比，小朋友要搭上梯子才能爬到水果上面去，运用了夸张的表现手法，让这个梦境变得十分有趣。（板书：夸张） 开启第五个造梦机 你发现了什么神奇的地方？ 在这个艺术家的梦里，原本行驶在陆地的汽车飞上了天空，应该生活在森林里的鹿也在天空中奔跑。 开启第六个造梦机，在他的梦里你看到了什么？ 根据学生回答，结合图片小结：梅花鹿长出了人类的身体，它弹着手风琴，小女孩看着书，和梅花鹿在美丽的花园里幸福地生活在一起。 作者运用了什么样的绘画手法让这个梦境变得十分离奇？ 学生回答拟人的绘画手法（板书：拟人）。	欣赏思考讨论探究倾听观察总结	组织提问总结讲解演示评价启发	6分钟	画中出现奇怪的大象和飞上天的汽车都能让学生直观地感受到梦境既来源于生活又区别于生活，在梦境中一切事情皆有可能发生。 后面又同时提出了夸张和拟人的绘画手法，丰富了梦境的表现形式，给学生创造了有趣的情感体验。

（续表）

环节 内容	学生活动	教师活动	学法	教法	预时	设计意图
思考想象 思维发散	回忆想象 自己的梦境 听忆想总结	**四、组织回忆，想象做一个离奇的梦** 1. 由谈话从别人的梦境进入自己的梦中：同学们，咱们已经开启了所有的造梦机，欣赏了一个又一个离奇的梦境，你们想来做一个有趣的白日梦吗？那现在请你们闭上眼睛，我们听着舒缓的音乐，一起来做一有趣的白日梦。 课件放音乐，教师说旁白： 现在让我们闭上眼睛，听着舒缓的音乐，我们的身体变得好轻好轻，我们穿越时空隧道，来到了一个奇特的世界，那里有我们彩色的梦，想一想，在你的梦里发生了哪些有趣的事？又有哪些熟悉的人会出现在不可能出现的空间中？是飞上了天空、冲上了太空，还是坠入了大海，还是来到森林、沙漠，而你又在做着什么样有趣的事情呢？ 2. 学生分享自己的梦境。	倾听 思考 回忆 想 分享	启发 提问 总结 讲解	3分钟	通过延展识读、欣赏评述、梦境分享，思维发散，充分理解梦境中离奇事物出现的形式，在学生的脑海里形成一个梦境的完整体系，激发学生绘画出自己梦境的欲望。
创作实践 体验设计 乐趣	自主创作 绘画	**五、自主创作表现** 进入自主创作：老师在你们的分享中感受到你们每个人的梦都十分有趣，现在就将你们梦境中最精彩的画面用绘画的形式表现出来吧。 出示作业要求： 将自己梦境中美丽而又奇异的景象，用画笔描绘出来。	思考 实践	启发 讲解 指导	14分钟	给足学生创作的时间，促进学生美术核心素养的形成。
展评交流	交流学习成果 提升美术核心素养	**六、作业展评与总结** 学生将基本完成的作品张贴到黑板上的"梦境采集器"中，教师投影分步展示，开展自评、互评、学生总结。 1. 自评：请你给大家说一说在你的梦境中发生了怎样离奇的事（1—2名学生）。 2. 互评：谁的梦境最奇异有趣，谁的梦境最梦幻最美丽，说说你的理由（1—2名学生）。 3. 学生总结：这节课你都学了什么，最大的收获是什么？	观察 思考	提问 启发	3分钟	通过自评、互评及学生总结，让学生在分享交流中感受梦境的奇幻美丽之处，让学生感受到绘画创作带来的幸福感，提高学生对生活的热爱和美术创作的欲望。

内容 环节	学生活动	教师活动	学法	教法	预时	设计意图
提升设计能力	看 思 说 听 体验	七、教师总结与延伸 总结语：这节课我们的梦境采集器已经采集了好多好多美丽奇幻的梦境，咱们把一个小小的梦绘制成了一个大大的梦。说到梦，在很久很久以前，我们中国也有一个梦，就是登上太空，于是古代的人们便创作出"嫦娥奔月"来实现我们的梦，但现在我们已经真真切切地实现了我们的"中国梦"，杨利伟叔叔就是登上太空的第一人。其实，每个中国人心中都有属于自己的小小梦想，让我们带着中国精神，不断求索、不懈奋斗，以"我的梦"托起"中国梦"。 下课。 组织学生有序离开教室。	交流 倾听	总结 拓展	3 分 钟	通过延伸中国梦，将中国文化、中国精神传递给学生。

板书设计

彩色的梦

学生作品展示

梦境真实　重组
梦境离奇　夸张
　　　　　　拟人

教学设计 20：

《彩色的梦》教学设计

代会　重庆市綦江区南州小学

课题	《彩色的梦》	课业类别	造型·表现	课时	1
教材分析	本课是湖南美术出版社义务教育《美术》三年级下册第 14 课，属于"造型·表现"学习领域，根据本课的学习活动要求：说说自己梦境中美丽而又奇异的景象，用画笔描绘下来，在教材的文字内容中，重点强调了我们在梦境中常常将熟悉的人、事、场景夸张地拼组在一起。教材以几米的漫画作为主题图，将我们带入一个离奇有趣的梦境，以达利的《奇异的梦》引导学生体验梦的夸张，引导学生在欣赏与解读名作中体会与感受梦境的空间重组，选用曹力的《幸福与期待》，引导学生了解梦境中的局部重组。教材中选用的学生作品色彩梦幻，对于引导学生表现梦境的色彩梦幻美有一定的示范性。 　　为了激发学生的兴趣，突破教学重难点，应注重梦境情境的营造，将学生带入离奇美丽的梦幻世界中，引导学生发现梦的特点，让学生以个人真实体验的梦为基础进行创作想象，画自己最美丽的梦。					
学生分析	三年级下学期的学生进入到小学美术学习的中级阶段，他们已经具备了较初步的造型表现能力，并且想象力丰富，思维活跃，好奇心强。不受时空约束的梦境，在他们心中像欢快的小溪不停地流淌。但教学中可能会遇到有的学生对噩梦产生兴趣的情形，教师应巧妙引导，让孩子们回忆起最梦幻、最美丽的梦境。三年级的学生还可能对画面重组这个抽象的美术概念难以领悟，教师可通过语言、实物进行示范引导，加深学生的体验和对本课重难点的理解。学生绘画创作时可能会将梦境描绘得零散、琐碎，教师可强调只需抓住梦境中的某一个最精彩最离奇的片段描绘下来，并适当强调画面的构图问题。					
教学目标	1. 通过回忆、欣赏、想象等方式，体验梦的多彩之处。 2. 能够运用重组、夸张等表现方法大胆地描绘梦境。 3. 通过创作感受梦的乐趣，激发想象力，培养热爱生活的情感。					
教学重点	能运用重组的方法，夸张地描绘梦境。		教学难点	描绘出奇异的美丽梦境。		
设计思路	该课设计从情境小剧场"引入梦境"开始，一步步通过视频、图片欣赏"融入梦境"，进而在创作体验中利用重组、夸张等方法来"表现梦境"，通过评议"创意梦境"，达到升华，让"彩色的梦"从生活中来，再归于生活中去。 　　教学过程安排如下：导学体验，引入梦境——探究体验，融入梦境——创作体验，表现梦境——评议体验，展现梦境——升华体验，实现梦境。					
教学准备	教师准备	PPT、手工彩纸、双面胶、剪刀、教材（每生一本）。			
	学生准备	手工彩纸、双面胶、剪刀。			

		教学流程					
环节 \ 内容	学生活动	教师活动	学法	教法	预时	设计意图	
导学体验 引入梦境	1. 学生观看图片,跟着图片感受老师美丽奇异的梦境。 2. 学生回忆想象,畅谈自己印象最深的梦境。 3. 明确本节课学习内容。	课前组织,检查学生学具准备情况,学生代表发放教材。 1. 教师创设情境小剧场《梦之旅》(结合多媒体课件营造梦幻氛围)。 师:同学们好!昨晚睡得好吗? 师:想到能给你们上课,我昨晚兴奋得睡不着觉,迷迷糊糊中我好像进入了一个奇妙的世界——我脚踏星星来到学校,我们的课堂飞到了天空,云朵变成了同学的课桌,而老师的讲台竟是一道七色的彩虹。太阳和月亮为我们照明,小动物们争着来听课,同学们挥舞着画笔把天空变成了美丽的花园。 2. 启发学生回忆和想象,来畅谈自己做过印象最深刻的梦。 师:你们觉得老师的梦怎么样?那谁来说说你印象深刻的梦? 3. 教师小结:有快乐的梦、惊险的梦、奇异的梦等等,你们的梦可真有趣!那么今天老师就带领大家一起走进第十四课《彩色的梦》。 4. 揭示课题《彩色的梦》。	感受法 回忆法	情境导入法 引导法 总结法	3分钟	针对三年级儿童身心特点,通过梦境的创设,激发学生学习的兴趣,使学生的多种感官得到体验,将学生带入一个好玩的氛围中。	
探究体验 融入梦境	1. 边看边思考、然后回答梦境中有趣的事。 2. 欣赏图片,在老师的引导下回忆梦中出现过的熟悉的人、事、物、场景,感知梦境的真实美。 3. 观察赏析画作《几米的幻想》,学生分析探究梦境,感悟梦境的离奇古怪,找出真实景象和梦境景象的不同之处。	1. 感受梦境之神秘美——欣赏视频《玛丽的梦》。 师:谁来说一说在她梦里发生了哪些趣事? 2. 感受梦境之真实美——欣赏图片,引导学生回忆梦中出现过的我们熟悉的人、事、物、场景,感知梦境予人的亲切感。 3. 感受梦境之离奇美——赏析画作《几米的幻想》,引导学生分析探究梦境,感悟梦境的离奇古怪,运用夸张的方法来表现梦境。 师:在我国有一位非常有名的绘本画家几米,他也很喜欢做梦,并且还把他的梦画了下来(出示图片)。找一找梦境景象与真实景象有什么不同之处。	引导法	引导法 讲授法 展示法	5分钟	通过引导观察发现,形成认知,以直观的视频、图片资料刺激学生思维,激发学习兴趣。	

（续表）

内容／环节	学生活动	教师活动	学法	教法	预时	设计意图
探究体验融入梦境	4.学生观察图片，分析图片中富有创意的重组组合，了解梦境中物体重组的离奇美，并运用物体重组的小游戏变出一些具有创意的新事物。 5.学生通过比较的方法，总结发现表现梦境离奇美的另一种重组——空间重组。	4.感受梦境离奇美之物体重组。 （1）展现画家达利的作品《奇异的梦》。 师：不仅仅是我们的画家喜欢画自己的梦，远在西班牙的一位画家达利，他也做了一个奇异的梦。找一找他的梦中出现了哪些离奇古怪的部分。 师：在画家达利的梦中，大象的身体和长颈鹿的腿巧妙地组合在了一起，形成了一个离奇有趣的新形象，这样的方法在美术中叫作物体重组。 板书：物体重组 （2）重组小游戏：利用不同的物体局部小卡片进行重组，变成另一个具有创意的新事物。 5.感受梦境离奇美之空间重组。 师：同学们请看，这幅画叫重组吗？它跟刚才的重组有什么不一样？ 师：梦境中似乎一切皆有可能，原本生活在水里的海豚离奇地待在树上，原本在陆地上的汽车行驶在天空中……像这种物体出现在它原本不可能出现的地方，在美术当中我们叫它"空间重组" 教师小结：我们的梦是多姿多彩的，是离奇古怪的，在梦中，我们是自由的、快乐的，用重组、夸张的方法可以将梦境的真实美、离奇美表现出来！	直观法 感知法 赏析法 游戏体验法 分析法 游戏法 比较法	引导提问法 引导法 展示引导法 总结法	8分钟	学生通过分享自己的梦境，欣赏画家的作品，初步了解梦境的真实美和离奇美，区分梦境和现实的不同之处。 通过展示法、赏析法、游戏体验法引导学生分析探究梦境，拓展学生想象思维，加深学生对梦境特点的理解，从而突出本课重点。 欣赏不同的梦境作品，学生初步了解梦境的表现形式，通过观察对比总结出梦境的特点。

内容 环节	学生活动	教师活动	学法	教法	预时	设计意图
创作体验 表现梦境	1.各抒己见。 2.学生听作业要求，自主创作。	1. 小组讨论：今天你想做一个怎样的梦呢？ 2. 作业要求（美梦时间）： （1）选择你喜欢的场景进行联想创作。 （2）画出梦境离奇、梦幻的感觉，将精彩部分剪下并粘贴到场景图上。 3. 学生创作，教师巡视辅导。	讨论法 创作法	提问法 指导法	18分钟	学生尝试集体作业，选择不同的方法来表现自己的奇妙梦境，在此过程中进一步解决教学难点。
评议体验 展现梦境	1.展示作业，评自己最喜欢的梦境，说说谁的梦境最有创意和有趣。 2.聆听老师评价。	1. 引导学生摆放作业，组成《多彩的梦》（出示5幅不同的梦境场景图，让学生有选择性地进行作品展示）。 2. 组织学生进行评议。 （1）说一说：在这多彩的梦境中，你喜欢哪个梦境？ （2）评一评：谁画的梦境最有创意、最有趣？	展示法 介绍法 评议法	组织法 评价法	4分钟	此环节提高学生思维灵活性，激发学生二次创作的热情，通过学生自评、互评的方式来提高学生的审美能力，培养利用美术语言表达的意识。
升华体验 实现梦境	学生聆听、感受。	教师小结：梦是人们对未来的向往和憧憬，从古至今，人们从未停止过对宇宙、对星空的向往。古有嫦娥奔月的传说，现在我们带着这个美丽的传说将人造卫星送上月球，每位中国人心中都有属于自己的梦，让我们不断努力，奋力前行，以"我的梦"托起"中国梦"。	思考法	总结法	2分钟	"梦"的思维拓展，有助于创新性思维的培养。

（续表）

板书设计
  彩色的梦 梦境之真实美　　物体重组　　　　　　　　作品展示 梦境之离奇美　　空间重组

教学设计 21：

《线的表现力》教学设计

文梦莹　重庆市綦江区永城小学

课题	《线的表现力》	课业类别	造型·表现	课时	1
教材分析	本课是湖南美术出版社义务教育《美术》三年级上册第 5 课，属于美术四大学习领域中的"造型·表现"。学生在之前已学习过以线造型的相关内容，本课学习更加倾向于引导学生将随意的用线排列，提升至有目的的用线排列与组织。相应集中地采用关联递进的方式设置了多个学习活动，引导学生在观察、分析、尝试的过程中，进一步挖掘线的表现力。				
学生分析	三年级的学生特别活泼好动，好奇心强，模仿是本年级段学生美术学习的主要特征，也是审美优劣的形成期，学生脱离了之前的以自我为中心看问题的方式，进入了客观观察的美术活动和视知觉思维时期，对线与形有一定感觉，萌发"写实"的要求，我们随处可以看到儿童不用你教就会用线绘画，而怎样引导他们用线传情达意呈现美感，是美术教学活动体现教育功能的关键。本课时是在学生学习了活动一，认识了各种各样的线，了解了线的本质特征的基础上，展开的学习，要求学生感受线条排列组合产生的美感。				
教学目标	1. 掌握用线条按照平行、交叉、放射等排列组合来装饰器物的方法。 　　2. 能具体细致地装饰描画对象，在线的运用中提高对形式美的认识和表现能力。 　　3. 培养用线绘画的兴趣，养成耐心的习惯，提高审美能力。				
教学重点	掌握用线按照平行、交叉、放射等排列组合来装饰的方法。		教学难点		点线面的综合运用。
设计思路	《义务教育美术课程标准》（2011 年版）"造型·表现"学习领域注重运用多种材料和手段，体验造型乐趣，表达情感和思想。本学习领域在低年级阶段强调感受、体验和游戏性，看、画、做、玩融为一体，模糊学科门类界限。随着学生年龄的增长和学习的深入，美术学科知识的轮廓将逐渐显现。本课既要求学生以线造型的外形设计训练，又要让学生掌握线、形装饰物象的方法。基于情境教育、启发教育的思想，本课的教学设计以启发、想象、创新为核心，注重知识的获得与建立，帮助学生提高对线条的理解能力和创新能力。本课教学基本环节设计为：视频导入、激发对线的兴趣——尝试表现、感受线的花式玩法——尝试画线、启发对线的无限想象——设计创作、合作创意拼图——展示评价、交流学习成果——总结延伸。				
教学准备	教师准备	课件、导入视频、教材（每生一本）、多根短线、长线、练习纸、马克笔、展板。			
	学生准备	水彩笔、马克笔。			

		教学流程				
内容 环节	学生活动	教师活动	学法	教法	预时	设计意图
视频导入 激发对线 的兴趣	看 想 感受	课前组织，检查学生学具准备情况，学生代表发放教材。 **一、教学导入** 1. 教师：孩子们，《西游记》中的孙悟空神通广大，能72变，可是有一个小精灵比它更厉害，可以千变万化，你们想不想知道它是谁呢？ 2. 教师：一起去看一看吧！播放课件。 3. 引出课题：这根线很有趣吧？今天，我们跟随线条一起走进《线的表现力》之坛坛罐罐的世界。出示课题。	观察 感知	视频教学 启发 提问	2分钟	通过视频导入，激发学生的学习兴趣，初步体验线的千变万化。
尝试表现 感受线的 花式玩法	看 思 摆 提炼	**二、花式玩线** 1. 编花绳 教师：它还想和我们玩游戏呢。请看（教师示范），谁愿意来和我一起翻花绳呢？ 教师：你们也想玩吗？ 接下来，同桌之间玩一玩翻花绳的游戏，边玩边观察线在你们手上发生了哪些变化。	观察 思考 拼摆 总结	演示 观察 启发 提问 总结	3分钟	通过小游戏激发学生的兴趣，分组尝试，边玩边观察线的各种变化。

内容 环节	学生活动	教师活动	学法	教法	预时	设计意图
尝试表现 感受线的 花式玩法		2. 摆一摆、说一说 （1）拼摆线条组合 　教师：请同学们打开书本第16页，观察书中线条在坛坛罐罐上的变化。 　老师还给大家带来一些线，请小组长拿出来，接下来，请你摆一个刚才翻花绳里观察到的线条变化的样子，或者在书中观察到的图案。教师巡视，找到几个代表性的作品，进行展示。 （2）解读线条组合 　教师：老师刚刚看了几个孩子摆的图案，咱们一起来欣赏一下。 　a.平行排列 　教师：摆的线都是朝着相同还是不同的方向排列？（相同） 　像这种一根线往相同的方向重复地排列就叫平行排列。（板书：平行排列） 　教师：谁还摆了不一样的平行排列？还可以怎么摆？ 　b.交叉排列 　教师：这是哪位孩子摆的？ 　教师：请你说说你是怎么摆的？ 　教师：对，在同一个平面上，线条往不同的方向排列就会形成交叉排列。(板书：交叉排列) 　教师：谁还可以摆成不一样的交叉排列吗？还可以怎么摆？ 　教师总结：各种线都可以摆成平行排列和交叉排列。 　c.放射排列 　教师：这个好漂亮啊！谁摆的？你怎么摆的呢？ 　学生：把所有线条捆在一起。 　教师总结：太有创意的想法了！像这种从中间向周围发散的方式叫放射排列(板书：放射排列)。 　教师：看到这个图案，你会联想到生活中的哪些事物？（菊花、头发、拖把、太阳……） 　教师：真是一个善于观察的孩子！孩子们都有一双善于观察的眼睛。	观察 思考 拼摆 总结	演示 观察 启发 提问 总结	5分钟	通过对课本的自学，结合游戏中的观察，师生一起进行总结，拓展学生对线条组合形式各种变化的认识。

（续表）

内容 环节	学生活动	教师活动	学法	教法	预时	设计意图
尝试画线 启发对线 的无限想 象	画 思 看 讨论 探究 尝试实践	**三、尝试画线、启发想象** 1. 教师：桌子上，老师给你们准备了一张练习纸（出示纸），请你们在练习纸上尝试画一画，第一个要求：用你喜欢的线条画一组平行排列，开始！画好就举手。（教师巡视指导） 教师：我看到很多孩子都画好了，接下来，请你将自己的作品向你小组内的同学传一传，互相欣赏一下。 来看第二个要求：在你同学的作品上添画你喜欢的线条，形成交叉排列。 2. 升华提升 教师：请大家将我们尝试画的作品放在小组中间，一起欣赏一下，你最喜欢哪组纹样？（抽4—5位同学拿上来讲台一起欣赏） 教师：是什么排列？拿上来给大家看看。谁还找到喜欢的？拿上来！ 教师：我们一起来看一看这几张作品，你又有什么新的创意呢？ 学生1与2再次组合…… 教师：你来把它画下来吧！（出示一个罐子） 教师：还可以怎么组合呢？你想到了什么新创意？ 学生：略 教师：会是怎样的呢？我们请他来画，好不好？ 学生：好！ 教师：还有哪些创意的组合？ 学生：略 教师：真有创意，如果把这一块中间涂成黑色，这一块就变成了什么？（大块的面）那除了可以加大块的面，我们还可以加什么？ （点，圆点、桃心点……进行重复排列）	尝试 思考 讨论 观察 实践	启发 总结 讲解 展评	7分钟	对线条进行初步的尝试，利用相互交换绘画的模式，激发学生尝试的兴趣。 通过观察欣赏，评出自己喜欢的纹样，并学会通过重新组合形成新的线条组合，启发学生由浅入深地进行学习。

内容\环节	学生活动	教师活动	学法	教法	预时	设计意图
设计创作 进行合作 创意拼图	思画拼观察	**四、自主画线、创意拼图** 教师：你们是不是想到了很多创意的线条组合呢？咱们把它画下来吧！教师巡视，个别指导。 教师：将你们每个人的作品摆在一起拼一拼，看看又有什么新发现呢？ 拼成一个罐子。请组长找到你们相对应的罐子，并粘贴上去。 教师：然后请组长将作品送到展板上来。	思考 创作 观察	个别指导 启发	15分钟	给足学生创作时间，再进行小组探究，拼摆成新图像，促进学生观察力和合作探究的能力。
展示评价 交流学习成果	交流学习成果	**五、展示作品、评价作品** 1. 展示评价作品（自评） 教师：同学们，欢迎大家来到我们坛坛罐罐展览会！ 谁愿意来解读一下你们小组的作品呢？ 2. 互评：再找一找，你最喜欢哪组的作品？ 教师总结：这节课我们运用这些美丽的线条，让每个坛坛罐罐都散发出了独特的魅力。	思考 交流 倾听	启发 讲解 评价	5分钟	通过自评、互评及学习总结，让学生在分享交流中取长补短，提升本节课的学习与实践效益，让学生进一步巩固学习成果。
总结延伸 教学与实际相结合	思看总结	**六、总结延伸、拓展升华** 1. 教师：其实线条在我们的生活中得到了更为广泛的运用（抽问孩子在生活中见到的线条）。 2. 一起欣赏生活中的线。 3. 教师总结：线条是一种神奇的符号，老师相信，只要你有一双善于发现的眼睛，你就会发现身边处处都是美！ 下课。 组织学生有序离开教室。	观察 思考 交流 倾听	提问 启发 总结 拓展	3分钟	运用延伸内容来了解线条在生活中的运用，让学生感受美术与生活的紧密联系，提高学生在生活中的观察力和探究力。

（续表）

板书设计
线的表现力——坛坛罐罐的世界 平行排列　　　　　　　　　　作品展示 交叉排列　　　　　　　　　　1 2 3 4 5 6 放射排列　　　┌─────────────┐ 　　　　　　　│ 　　　　　　　│　　尝试画线区 　　　　　　　│ 　　　　　　　└─────────────┘

教学设计 22:

《盘泥条》教学设计

王丹　重庆市綦江区营盘山小学

课题	《盘泥条》	课业类别	造型·表现	课时	1
教材分析					
学生分析					
教学目标					

<table>
<tr><td>课题</td><td>《盘泥条》</td><td>课业类别</td><td>造型·表现</td><td>课时</td><td>1</td></tr>
<tr><td>教材分析</td><td colspan="5">　　本课是湖南美术出版社义务教育《美术》三年级上册第 12 课。属于美术四大学习领域中的"造型·表现"。该课是在一年级上册第 20 课《漂亮的铅笔头》（搓、揉泥、粘贴、装饰），第 22 课《小小食品店》（泥的搓、揉、压、捏、拼、团型、模拟活动），一年级下册第 13 课《彩泥连连看》（不同材料的特征和组合），第 20 课《我爱我家》（捏生活用品、组合、装饰），二年级下册第 20 课《小泥人》（泥塑人物造型设计），共计 5 课时对泥塑的学习实践基础上安排的又一堂泥塑课，主要学习实践用泥条盘筑形象，意在引导学生在前面 5 课学习的基础上，进一步学习泥条盘筑器皿等形象的方法。学生在学中玩、玩中学，在提高创造力的同时感受成功与喜悦，为后面的泥塑学习打下一定的基础。</td></tr>
<tr><td>学生分析</td><td colspan="5">　　本课面对的学生是三年级的学生，已经具备初步的图像识读、美术表现和审美判断能力，能够简单学习使用各种手工工具、体验不同材料进行创意实践，但"爱玩"是他们的天性，教师用引导的方式启发配上直观现代教学手段让学生自主体验、合作探究，并根据孩子们不同的喜好，独立创作自己喜欢的作品，定会大大激发他们在本课活动中的创作热情。</td></tr>
<tr><td>教学目标</td><td colspan="5">1. 感知陶泥的特性。
2. 掌握泥条盘筑的方法，用泥条创造性盘筑器皿等简单陶艺作品。
3. 增强美术学习的情境性，培养创新意识，感受成功与喜悦。</td></tr>
<tr><td>教学重点</td><td colspan="3">掌握泥条盘筑的方法，用泥条盘筑器皿等简单陶艺作品。</td><td>教学难点</td><td>泥条盘筑过程中的技巧学习。</td></tr>
<tr><td>设计思路</td><td colspan="5">　　"美术核心素养"着眼于"视觉形象"这一美术学科的"立科之本"，覆盖美术的基本活动方式：感知（观察、观赏）、理解（解读、阐释）、创造（表现）。本课要求学生通过体验（发现问题）、探究（掌握方法）、创造（美术表现），进行简单陶艺作品制作，进一步增强美术学习的情境性，体验玩陶的乐趣。基于实践教育、主体教育的思想，本课的教学设计以体验、探究、创新为核心，帮助学生学会发现、学会探究、学会创新。让学生在快乐学习的过程中，建立立体造型意识、加强审美意识。通过自主体验，引导学生发现问题，凸显美术学科的实践意义；在交流互动中，梳理出制作方法的要点；创设童话情境，激发学生的创作热情；在开放的学习环境中，让学生们收获成功与快乐。为此本课教学基本环节设计为"42233"教学环节。即：情境创设 激趣导入（情境创设–感知材料）——体验材料巩固旧知（试一试，比一比）——自主合作，实践创新（学习方法，自主"盘筑"）——发现问题，示范解决（小组合作，交流探索）——分享评价，审美升华（分享，评价，总结，延伸）。</td></tr>
<tr><td rowspan="2">教学准备</td><td>教师准备</td><td colspan="4">教材复印 40 套、课件、微课、范品若干、水杯、托盘。</td></tr>
<tr><td>学生准备</td><td colspan="4">陶泥及陶艺工具、围裙。</td></tr>
</table>

<table>
<tr><td colspan="8" align="center">教学流程</td></tr>
<tr><td>环节</td><td>内容</td><td>学生活动</td><td>教师活动</td><td>学法</td><td>教法</td><td>预时</td><td>设计意图</td></tr>
<tr>
<td>导入环节</td>
<td>情境创设

激趣导入</td>
<td>"老师您好!"全体向左转,"老师们好!谢谢老师!"

蔬菜、水果、铅笔、饼干

学生上台整理。

饼干放到盒子里,铅笔放到笔筒里,水果放到水果盘里,鲜花插入花瓶里……</td>
<td>**一、课前组织教学**

三(1)班的同学们,上午好!(敬礼)
哇!教室里来了这么多客人呀!
同学们听口令。全体起立,向左转,向我们尊敬的客人问好。
谢谢同学们,向右转,请坐。孩子们真乖!

二、导入

1.情境模拟
咦!这后面有个东西,里面藏了什么?
来,这位同学你高一点,来帮帮老师。我们一起揭开它神秘的面纱。
注意,请睁大你们的小眼睛,和老师一起倒数三、二、一。哇!这么多作品呀!看!都是些什么呢?
(拿起来给学生看)这些都是一二年级的小朋友自己做了送给老奶奶的礼物。
瞧!这却让老奶奶犯愁了,因为这么多礼物乱七八糟的一地,谁来帮她整理归类?(举手)你来。
整理了过后该用什么东西把它装起来更合适?铅笔用什么装?鲜花插在什么里面?饼干装在什么里面?蔬菜、水果呢?它们都是什么形状的?……
2.感知材料
这些礼物都是用什么材料做的?
(橡皮泥、超轻黏土、泥巴)都是用泥来做的。
咦!我们桌上正好有泥巴,那我们用泥来做盘子、笔筒、水果篮等等,这节课就让我们用泥做一些器皿,帮老奶奶把东西装起来,好吗?
同学们,向后转。请坐。第一组坐好了,加一面小红旗。</td>
<td>感知法</td>
<td>情境教学法</td>
<td>3分钟</td>
<td>通过一个有趣的生活情境创设,激发学生的学习兴趣。以期达到3个100%:100%学生注意力集中,100%学生知道本课要干什么,100%学生有兴趣。</td>
</tr>
</table>

（续表）

环节	内容	学生活动	教师活动	学法	教法	预时	设计意图
教学环节	体验材料 巩固旧知	体验材料"泥"：三角形、圆形、椭圆形、方形等。 搓泥条：用手掌搓、轻轻搓。	**三、试一试** 请同学们取出一小块泥，一起来，揉一揉、捏一捏，好黏，敲一敲，压一压，变形了（三角形、圆形、椭圆形、方形都可以），压好了就放到桌子中间。 小朋友真能干，老师知道你们一年级就会了。 **四、比一比** 1. 接下来，我们来一个小比赛：再取一小块泥，搓泥条，看谁搓得又细又长又均匀。开始，时间一分钟。 2. 好了，停。第三组已经停下来了，第5组坐得最端正，加一面小红旗。 我看这位孩子的泥条又细又长，来，给大家分享一下经验。 双手放板上，用手掌搓、轻轻搓，还可以合掌慢搓，真是个聪明的孩子，谢谢你的分享。 老师知道你们二年级就会了。	体验法	引导法	5分钟	让学生自主体验，熟悉陶泥的特性，巩固旧知（揉、捏、压、搓等基本方法）。
	自主合作 实践创新	看视频学方法 总结方法 自主盘筑喜欢的器皿	**五、学习方法，自主"盘筑"** 1. 学习方法 今天要学一种神奇的方法来做器皿，请看视频思考：视频中都用了哪些方法？ 视频中首先，取适量陶泥，用力压平，调整出你想要的底部形状，底部可以是三角形、圆形、方形等等，然后在底部刷一圈泥浆，这样让我们的泥条能更好连接，将事先做好的泥条按压在底盘上，沿着底盘边缘"盘"，一层一层的"筑"高，手指稍用力"压"，如泥条太干，可适量沾点水，这样能让泥条粘得更加牢固。泥条不够，加一根连接上，继续"筑"，直到满足器皿需要为止。	观察法 自主体验法	引导法	7分钟	用直观的微课展示盘泥条的方法，方便、快捷、易学，更好更快解决本课重点。 充分利用学生的兴趣自主实践做器皿，及时巩固练习盘泥条的方法。

（续表）

	内容 环节	学生活动	教师活动	学法	教法	预时	设计意图
教学环节	自主合作实践创新	看视频学方法 总结方法 自主盘筑喜欢的器皿	都用了哪些方法？（边问边板书：盘、筑、按、压） 来，我们再看一次视频。 2. 自主"盘筑" 好了，我发现好多孩子都已经按捺不住了，"光说不练假把式"，试试看：用你桌上的泥块和泥条，做一个你喜欢的器皿，送给老奶奶，开始吧！ 巡视辅导，找出问题。			7分钟	
	自主合作 实践创新		**六、发现问题，示范解决** 1. 发现问题 同学们，请暂时停下。第二组最先做好，第六组也做好了，各加一面小红旗，三组还有一个，我们都在等你哟。非常好。（全部停完才开始讲） 2. 示范解决 （拿两个做得不太完美的在手上）在做的过程中，有的同学发现：粘得不牢，要掉，怎么办呢？ 老师有绝招，看老师怎么做的(示范)先取少量泥放入杯中搅拌一下，让它变成泥浆，这就是胶水了，用手指蘸少许泥浆涂抹在接缝处，用两个手指在里面轻轻按压，直到粘紧为止。你们学会了吗？注意："用泥浆粘，用手指压。"（板书：泥浆 － 粘，手指 － 压）。 3. 继续创作 好了，同学们，继续！（巡回指导）。	发现法 讨论法	观察法 示范法 启发法	7分钟	在实践中发现问题，并通过教师示范来解决问题，从而突破本课难点。

环节 内容		学生活动	教师活动	学法	教法	预时	设计意图
教学环节	自主合作 实践创新	观察，总结，再次创作。 自学、讨论、装饰。	**七、小组合作，装饰美化** 同学们，暂停一下，第一组做好了，加一面小红旗，第六组也做好了，第四组还有一个同学没做好，都做好了。 1. 启发 好多同学都已经做好了，但总感觉还不完美。还差把手、差花纹等等。对，我们还可以给它装饰一下。 2. 自学讨论 请翻开书第35页，找一找都有些什么方法可以装饰（板书：装饰），同桌之间可以讨论一下，你的器皿怎样进行装饰才更好看一些。 3. 装饰 开始吧！（巡回指导） （走到展示台）好了，有同学已经做好了，把你的作品拿到这里来，还没有做完的同学也先放到这里来。 好了，同学们，听我口令，起立。现在请第一、二组到左边，第三、四组到右边，第五、六组到后边。 来，我们一起来分享一下我们的成果吧。	观察法 自主体验法	引导法 自主观察法	7 分钟	通过自主探索，小组合作交流，创造性装饰美化，发挥个人创造性思维，以期达到作品的与众不同。
结束环节	分享评价 审美升华	分享 评价 总结 延伸	**八、分享评价，审美升华** 1. 自评 哪位同学来介绍介绍你自己的作品？是什么？用来装什么的？是怎么做的？ 2. 互评 你最喜欢哪件作品？为什么？ 其实啊，老师认为，咱们全班小朋友都做得非常好，不仅泥均匀，造型也非常独特，而且做出了这么多与众不同的作品。你看，老奶奶开心地笑了。 看看，用泥可以创造这么多的艺术品，这就是我们本节课所学的"盘泥巴"（板书"盘"）。其实呀，我们的艺术大师们，已用泥做出了好多好多的作品，同学们看看（人物、动物、场景等等），老师这里还有一个要求：课后，你还能用泥做出一些其他形象吗？期待你们更多更好的作品哟！今天的课就上到这儿，今天开不开心？ 来，我们全班同学一起和我们的作品合个影，第一排蹲下。	发现法 讨论法	示范法 启发法	4 分钟	通过自评、互评，让同学们思考，从而拓宽思想和手工技巧；通过师评总结，再次巩固本课目标，并让美术融入生活情境，在培养创新意识的同时分享成功的喜悦；通过欣赏大师作品和老师的期望，让学生产生一种再创作的欲望。

（续表）

板书设计
盘泥条 盘、筑、按、压 泥浆－粘，手指－压 装饰

教学设计 23：

《这个地方有点怪》教学设计

古毓兰　重庆市綦江区丁山学校

课题	《这个地方有点怪》	课业类别	造型·表现	课时	1
教材分析	本课是湖南美术出版社义务教育《美术》四年级上册第 15 课，属于美术四大学习领域中的"造型·表现"。本课旨在引导学生探寻多种想象的途径，激发学生发散思维，构想奇妙、美妙、奇怪的世界。本课在"怪"上寻求打破事物的常态，从而产生有趣的想象。学生能在重建过程中感受想象的美妙和无拘无束，既有对事物外形的联想，更有应用组合、添加、夸张等方法进行的想象创造。通过本课学习，让学生思维能力得到训练提高。				
学生分析	本课教学对象是四年级的学生，他们已具备一定的观察分析能力及创造表现能力，又有一定的美术知识基础和表现技能。教师用启发的方式，配合直观教学手段，让学生自主体验感受、大胆想象、自由表现，画出形态各异、个性夸张、富有创意的作品，能在愉悦的氛围中无拘无束地展现自我。				
教学目标	1. 感受想象画的美感。 2. 学会运用想象绘画的表现方法，创作一张表现有趣世界的想象画。 3. 体验想象的魅力，激发好奇心和想象力。				
教学重点	学会运用想象绘画的表现方法，创作想象画。		教学难点	想象绘画表现方法的运用。	
设计思路	本课教学题材内容是想象画，这个题材较为广泛，需要找准一个切入点，要引导学生从现实中的情境出发，经过想象加工变得丰富有趣。本课教学过程设置如下：欣赏导入——观察联想——方法与应用——评述交流——总结延伸，通过这几个教学环节，能极大地激发学生想象绘画的热情和对生活的兴趣。				
教学准备	教师准备	课件、教材（每生一本）、绘画纸（每生两张）、勾线笔、吸铁石等。			
	学生准备	勾线笔、水彩笔、油画棒等绘画工具。			

教学流程					
环节 内容	学生活动	教师活动	学法	教法	设计意图
欣赏导入	1.课前组织教学。 2.欣赏图片。	1.课前组织，检查学生学具准备情况，学生代表发放教材等。 2.欣赏导入 （1）同学们，今天有三位小客人来到了我们班做客。我们用最热烈的掌声欢迎它们。他们分别是乌龟客人、鹦鹉客人和小狗客人。 （2）看看这三位客人会带我们去什么地方？ 这里有大如小山的花椰菜，有大如房子的彩色棒棒糖，还有拔地而起的胡萝卜…… （3）你能说一说这个地方给你什么样的感受吗？ 生答：…… 3.同学们说得非常棒，老师就用一个字来形容："怪"——引导学生齐读课题。	观察感知法	启发法	通过情境学习，让学生在对五颜六色的图片观察中产生兴趣。
观察联想 认识方法 应用练习	逐图观察分析	1.看看我们三位小客人是如何让这个地方变怪的吧！那我们猜得对不对呢？我们一起去看看。 2.三位小客人各有一门绝技，我们先来看乌龟客人给我们带来了什么绝技吧！ （1）小男孩加天鹅等于小男孩坐在天鹅上游玩，眼睛加地球等于眼中的地球，这种什么加什么的方法，我们把它叫作组合法。乌龟客人给我们带来的绝技是组合法（将原本不相关的事物结合起来，可以产生意想不到的效果）。 （2）小练习：现在，我们用乌龟客人的组合方法，在老师发的纸上画出自己想到的（画出简单的外形即可，不需要涂色等）。 （3）师简单讲评。		提问法 讲解法 演示法	

（续表）

内容 环节	学生活动	教师活动	学法	教法	设计意图
观察联想 认识方法 应用练习	1. 通过欣赏、观察，认识联想的方法。 2. 通过练习，加深对联想方法的认识。 3. 归纳总结联想方法。	3. 接下来我们看鹦鹉客人给我们带来的绝技！ （1）哇，羊驼背上居然有那么多驼峰，可以带很多很多的小朋友玩，接着我们再看大象，它居然可以飞上天，同学们觉得鹦鹉客人给我们带来的绝技是什么呀？ （2）不错，就是添加法（使用添加法会让物体变得与众不同）。 （3）小练习：现在，我们用鹦鹉客人的添加方法，在老师发的纸中画出自己想到的（画出简单的外形即可，不需要涂色等）。 （4）师简单讲评。 4. 最后一位小狗客人的绝技是什么？ （1）哇，那个阿姨的嘴巴好大啊，我们生活中的嘴巴没有这么大吧！你们看摩天轮居然到了人的手里。我们生活中的摩天轮大吧，现在居然变得比人的手都还小，同学们接着看原本生活在陆地上的鹿，现在和汽车奔跑、行驶在天空中，神不神奇。 （2）这么神奇，那我们的小狗客人是用什么绝技来表现的？ （3）摩天轮放在手中，把大变小，把小变大，从矮到高，我们不仅可以改变事物的大小、高矮、胖瘦，还有很多很多。这就是夸张法（用夸张法改变物体的大小、高矮、胖瘦，可以让它变得奇怪又有趣）。 （4）小练习：现在，我们用小狗客人的夸张方法，在老师发的纸中画出自己想到的（画出简单的外形即可，不需要涂色等）。 （5）师简单讲评。 5. 不管是组合法、添加法还是夸张法，其实都是联想（想象）的方法。同学们除了这三种方法，还有没有其他方法？	观察 思考 实践 总结	启发法 提问法	学生通过欣赏、观察、发现、小练习，自主总结出联想的方法，为创作更有故事情节、更有趣的作品做铺垫。

内容 环节	学生活动	教师活动	学法	教法	设计意图
创意实践 交流展示	1.观察示范。 2.自主想象。 3.自评、互评，巩固学习。	1.教师示范。 2.出示学习活动要求：发挥想象，构想一个奇怪有趣的世界，并把它画下来（注意：想法独特，构图饱满，色彩鲜艳）。 3.学生小组分享创作的想象画。 4.展示，评价。	观察 创作 讨论 表达	示范法 讲解法 指导法 启发法 评价法	以实践练习来提高理解与表现能力，在讨论分享中取长补短。
总结延伸	总结本课所学。	1.概括学生的总结语。 2.延伸：同学们，相信大家在生活中，在学习中，能够发挥更多的联想，表现出更加奇妙、有趣的世界。	倾听 表达 思考	概括法 启发法	激发创作意识，提高生活热情。

板书设计

这个地方有点怪

联想

组合　添加　夸张

教学设计24：

《蔬果的联想》教学设计

丁矜矜　重庆市綦江区营盘山小学

课题	《蔬果的联想》	课业类别	造型·表现	课时	1
教材分析	本课是湖南美术出版社义务教育《美术》四年级下册第5课，属于"造型·表现"学习领域。生活中的蔬果随处可见，它们还是天然的雕刻、塑造材料。本课选用这种取材方便、易于加工的材料进行活泼、有趣的立体造型。 　　教材借助主图设置情境，吸引学生进入教学活动。以示范蔬果组合的外形引导学生进行观察、分析，总结方法。"南瓜变青蛙"是引导学生巧妙运用蔬果的形状、颜色、纹理等进行联想的典型范例。				
学生分析	形状奇特的蔬果更容易引发学生的联想，更有利于启发学生选择合适的材料。对于触动学生的感知，激发他们的联想思维，发挥想象力起到了积极的推动作用，同时也容易让学生进入下面的学习活动。				
教学目标	1．学习简单的雕刻、塑造基本方法。 　　2．利用想象，以蔬果为素材创作艺术作品。 　　3．增强学生对自然和生活的热爱。				
教学重点	抓住蔬果的主要特征：颜色、纹理、形状；掌握挖、切、组合、插接等造型方法。	教学难点		制作一件生动有趣的蔬果作品。	
设计思路	本课教学过程设置如下： 　　创设情境，激趣导入；示范蔬果外形，总结方法（挖、切、组合、插接等）；分析蔬果的特征（颜色、纹理、形状等）；玩游戏，思维拓展（游戏："脑洞大开"）；蔬果创作，活动交流；拓展升华。				
教学准备	教师准备	课件、教材、水果刀、蔬果等。			
	学生准备	搜集形状、色泽、纹理奇特和有质感的蔬果，并注意大小的搭配。牙签、水果刀、塑料口袋等（强调安全教育）。			

<table>
<tr><td colspan="7" align="center">教学流程</td></tr>
<tr><td>环节 \ 内容</td><td>学生活动</td><td>教师活动</td><td>学法</td><td>教法</td><td>预时</td><td>设计意图</td></tr>
<tr>
<td>创设情境
激趣导入</td>
<td>看视频。</td>
<td>　　课前组织，检查学生的学具准备情况，学生代表发放教材，准备授课。

一、创设情境，激趣导入

　　1.今天老师要带你们去一个神秘的地方，想去吗？（视频播放：蔬果乐园）
　　师：蔬果乐园里的水果形象非常有趣，今天我们一起来学习打扮它们吧！孩子们，平凡的蔬菜水果通过联想可以创作出有趣好玩的形象。今天我们一起学习。
　　2.板书课题：蔬果的联想</td>
<td>观察

感知</td>
<td>情境
教学

启发</td>
<td>2
分钟</td>
<td>　　针对儿童身心特点，采用情境导入法，增强感官冲击力，让学生不知不觉进入本课学习。</td>
</tr>
<tr>
<td>蔬果示范
总结方法</td>
<td>学生观察学习，并总结方法。</td>
<td>**二、蔬果示范，总结方法**

　　1.师生合作：《扎着朝天辫的小女孩》。

　　提问：这件作品是运用了哪些方法完成的呢？
　　2.方法总结：挖、切、组合、插接等方法。板书。</td>
<td>观察

思考

回答</td>
<td>演示

启发
提问

总结</td>
<td>4
分钟</td>
<td>　　引领学生观察、欣赏、分析，并总结《扎着朝天辫的女孩》所运用的制作方法。</td>
</tr>
<tr>
<td>分析蔬果
奇妙之处</td>
<td>善于观察学习</td>
<td>**三、分析蔬果的特点**

　　1.师：有趣好玩的蔬果形象也有它的奇妙之处。
　　图片：《池塘里的小青蛙》
　　师：南瓜变青蛙，妙不妙，妙在哪里？
　　形状：圆鼓鼓。
　　色彩：黄绿色。
　　纹理：黄绿相间的条状花纹。
　　2.总结特点：形状，颜色，纹理等相似。板书。</td>
<td>观察

探究
思考

总结</td>
<td>引导

提问

总结</td>
<td>4
分钟</td>
<td>　　通过作品《池塘里的小青蛙》，引发学生的联想，"南瓜变青蛙"，是通过它的形状、颜色、纹理等特征进行巧妙变化。</td>
</tr>
</table>

（续表）

环节 \ 内容	学生活动	教师活动	学法	教法	预时	设计意图
游戏"脑洞大开"	巧妙联想大胆尝试，回答问题。	**四、玩一玩游戏"脑洞大开"** 1. 游戏规则：看一看这些水果，你想到了什么？你会把它做成什么？老师随机出示不同种类的蔬果。 2. 同学们积极展开联想，创造了很多丰富有趣的形象，让我们的脑洞再一次大开，接下来我们欣赏学生作品。 乖巧可爱的"番茄牛魔王"；霸气外露的"苹果肌肉男"；好朋友"黄椒小大人"也来啦！ 动物类：绵羊、小海龟、鱼、勺鼠、猪八戒、鸭子； 其他类：荷花、车。	观察 尝试 创作	情境教学引导	6分钟	情境教学，再一次让学生进行联想，大胆尝试创作。学生的想象力进一步得到了提升。
蔬果创作活动交流	交流学习成果 提升美术核心素养	**五、蔬果创作，活动交流** 1. 活动要求：根据各种蔬果的形状、色泽、纹理和质感进行联想，制作出有趣的作品。 安全提示：正确使用道具，注意安全哦！ 2. 播放音乐，学生创作，教师巡回辅导。 3. 作品展示。 4. 学生自评、互评、教师点评。	交流 倾听	启发	20分钟	进行自评、互评及学习总结，让学生在分享交流中取长补短，提升本节课的学习与实践效益，让学生进一步巩固蔬果在生活中的运用。
拓展升华	欣赏 体验	**六、课外拓展** 1. 石头创意作品：可爱的蜗牛、穿戴时尚的石头人。 2. 竹筒小女孩。 3. 用模型做的工艺品。 4. 教师小结： 同学们，艺术源于生活，在我们的生活中还有很多好玩的事物需要我们去发现和观察！	观察 思考	总结 拓展	4分钟	通过作品欣赏，开拓孩子的眼界。

（续表）

板书设计
蔬果的联想 学生作品展示台　　　　　方法：挖、切、组合、插接等　　小组评议 　　　　　　　　　　　　特征：颜色、纹理、形状　　　　１２３４５６

教学设计 25：

《蔬果的联想》教学设计

田甜　重庆市綦江区沙溪小学

课题	《蔬果的联想》	课业类别	设计·应用	课时	1

教材分析	本课是湖南美术出版社义务教育《美术》四年级下册第 5 课，属于"造型·表现"学习领域。它利用生活中取材方便、利于加工的蔬菜、瓜果，作为天然的雕刻、塑造材料，让学生进行活泼、有趣的立体造型活动，宗旨在于让学生感知生活中的"美"，从而提高学生创新意识和动手能力，增强学生对大自然和生活的热爱。
学生分析	小学四年级学生特别活泼好动，好奇心强，同时有较高的创新意识。该年龄段学生能较好地表现平面形象、立体造型，并能大胆地发挥想象，动手能力也不错，因此作品内容丰富，富有生活情趣。
教学目标	1. 了解各种蔬果的形状、色泽、纹理和质感。 2. 学习简单的雕刻、塑造的基本方法，制作一件美术作品。 3. 通过观察、联想，培养学生细致、敏锐的观察力和奇妙、独特的想象力。

教学重点	学习简单的蔬果雕刻、塑造的基本方法。	教学难点	合理巧妙地利用蔬果恰当地进行联想创作。

设计思路	《义务教育美术课程标准》（2011 年版）"造型·表现"学习领域注重观察、认识与理解线条、形状、色彩、空间、明暗、肌理等基本造型元素，运用对称、变化等形式原理进行造型活动，增进想象力和创新意识。本课运用蔬果等自然材料进行联想、造型与制作，教会学生学习雕刻、塑造的基本方法和技能，引导学生发挥想象力和创造力。本课的教学基本环节设计为：情境演绎，激发兴趣——深入感知，巧妙联想——尝试表现，探究方法——赏析作品，创造表现——教学评价与延伸。

教学准备	教师准备	课件、导入视频、教材（每生一本），隔板，剪刀、刀子、各种水果蔬菜、牙签、橡皮泥，切挖工具，垃圾收纳盒。
	学生准备	各种蔬果、切挖工具、牙签、橡皮泥等。

教学流程

环节 \\ 内容	学生活动	教师活动	学法	教法	预时	设计意图
课前导入，激发兴趣	课前体验	**一、课前游戏** 师：同学们，上课之前我们一起来玩一个游戏，老师带来了几个神秘的箱子，我要邀请几个勇敢的同学来摸一摸。 我来采访一下，你来说说你摸到的东西是什么质感？我们一起来揭晓答案，其实这些水果不仅仅味美，造型也很美，今天就跟着老师一起走进蔬菜和瓜果的世界吧。 （板书：蔬果的联想）。	观察 感知	谈话 情境 教学 启发 提问	3分钟	让学生感受蔬果并引发联想，激发学生的学习兴趣。
深入感知，巧妙联想	感受不同蔬果变形	**二、讲授新课** 师：听！（播放声音）"嘎嘎嘎嘎"，咦，怎么农场里的小鸭跑到教室来了，用小鸭引起学生的注意，并说出小鸭是由什么蔬果做成的。 生：土豆。 师：为什么会从土豆联想到这只鸭子？出示土豆图片及联想过程。 师：在生活当中有些蔬果本身就有很明显的外形特征，我们可以直接利用它的外形展开联想。 师：那黄瓜可以联想到什么呢（出示图片及联想过程）？ 师：在我们的生活里有着形形色色的蔬果，它们的色彩、纹理、颜色都不相同，请大家掀开白色的纸，观察桌上的蔬果。通过刚才的学习，桌上的这些蔬果你又可以联想到什么呢？	观察 思考 总结 提炼	展示 启发 提问 总结	6分钟	引导学生掌握对物象特征进行整体感知，以形造型，展开联想。

（续表）

内容 / 环节	学生活动	教师活动	学法	教法	预时	设计意图
尝试表现，探究方法	总结制作方法并运用	**三、感知联想，探究欣赏** 师：瞧，老师通过刚才的学习，用橘子联想到了"小冠状病毒"（播放图片），请同学们翻开书第16—17页，认真观察书上的内容，小组内讨论这只"小冠状病毒"运用了哪些制作方法？请小组代表发言。 生：分别是切、割、剪、挖、插、接、画、镂空。 掌声送给答对的孩子，老师给你们点赞。播放图片板书。 师：哇，原来要想将蔬果们变成各种有趣的造型可以有这么多方法啊！那谁愿意来给我们演示一下这些方法呢？播放图片。 师：现在请2名同学到前面来选择1—2种给我们示范一下操作时的动作。 生示范。 师：（播放PPT）我们可以在蔬果原有的外形基础上，经过切、挖、削等方法进行加工，再用竹签、软陶、胶棒等作为辅助工具，把材料组合起来就可以表现我们想要的形象了。	阅读 思考 探究 倾听 观察	组织 提问 总结 讲解 演示	6分钟	尊重学生的主体地位，让学生成为学习的主人，引导学生自行探究蔬果的制作方法。
赏析作品，创造表现	作品赏析，分组创作。	**四、作品赏析创作表现** 师：老师也迫不及待地想做一做了，那到底应该怎么来操作呢？我们一起来看一段视频（播放制作视频）。 师：看了视频，同学们是不是也想来尝试一下呢？我们一起来看看作业要求。 作业要求：利用各种蔬果的形状、纹理、色彩、质感展开丰富联想，制作有趣的作品。 学生进行创作，教师巡视辅导，播放学生操作音乐和PPT。	思考 回答 倾听	提问 总结 讲解 演示	20分钟	引导学生在观察、联想、欣赏中培养细致、敏锐的观察能力和奇妙、独特的想象力，促使学生创作出更多与众不同的作品。

内容\环节	学生活动	教师活动	学法	教法	预时	设计意图
教学评价与延伸	交流学习成果	**五、作业展评及延伸** 学生把制作好的作品带到讲台，开展自评、互评、师评环节。 1. 自评：你的作品做得这么精致，你用了什么方法呢？（1—2名学生） 2. 互评：你最喜欢哪一幅作品呢？为什么？请用今天所学的知识进行点评。（1—2名学生） 3. 师评：这节课你都学了什么，最大的收获是什么？同学们利用蔬果形状联想，制作出漂亮有趣的造型，让老师大开眼界。真棒！ 4. 师：同学们你们知道吗？摄影师也用各种植物、树叶、水果、蔬菜组成了一些人物肖像。下课后你可以回家和爸爸妈妈一起用今天学习的制作方法，制作一个有趣的造型，再和老师一起来分享。	思考实践	启发讲解	5分钟	引导学生欣赏评价完成的作品，进一步提高学生的审美能力。

板书设计

蔬果的联想

外形　颜色　纹理

| 图片 | 图片 |

| 图片 | 图片 |

| 图片 | 图片 |

| 图片 | 图片 |

| 图片 | 图片 |

组评
1 2 3 4

教学设计 26：

《剪纸故事》教学设计

缪瑞丽　重庆市綦江区桥河小学

课题	《剪纸故事》	课业类别	设计·应用	课时	1
教材分析					

课题	《剪纸故事》	课业类别	设计·应用	课时	1
教材分析	本课是湖南美术出版社义务教育《美术》四年级下册第7课，属于美术四大学习领域中的"设计·应用"。剪纸是我国最古老的民间艺术之一，剪纸在纸平面性的限制上，用点线来表现物象，具有装饰美感。这是一节融剪、刻、说为一体的剪纸课，表现内容大多贴近生活，以人物为主。要求学生先编一个故事，然后大胆剪出故事中的人物外形，用刀刻出人物细节，最后将剪、刻完成的人物形象组合在一起，说一说故事情节，借以抒发内在蕴含的情态，表达对生活的热爱。				
学生分析	小学四年级的学生大部分能较好地表现平面形象与立体造型，并能大胆发挥想象。虽然传统剪纸对学生来讲较陌生，但教材以故事为线索安排教学内容，增加了学习的趣味性。作品内容丰富，富有生活情趣，以儿童喜闻乐见的故事融入剪纸的形式，可以激发学生的学习兴趣。但还有一部分学生空间感较弱，线条的运用较差，有待进一步提高。				
教学目标	1.了解剪纸文化，感受剪纸艺术的美。 　　2.掌握剪纸的基本方法和步骤，能剪出人物形象。 　　3.说说剪纸表现的故事，培养语言组织能力和口头表达能力，激发对传统民间艺术的热爱之情。				
教学重点	学习剪纸的方法，能剪出人物动态。	教学难点	所剪人物形象自然、流畅。		
设计思路	《义务教育美术课程标准》（2011年版）中"设计·应用"学习领域注重设计活动的体验，贯穿设计想象能力的培养，随着学段升高，由设计与自然、设计与生活，逐步上升到设计与运用美术图像的识读体验，通过联想与想象能力的培养，让学生学会图形创意的一般手法，从而运用美术的形象化语言，来表达情感，提高学生美术核心素养和思想道德水平。本课要求学生通过读图、归纳、联想、想象、创造等方法，展开对剪纸故事的深入认识、图形创意的创造体验，制作简单的剪纸故事。基于情境教育、启发教育的思想，本课的教学设计以理解、想象、创新为核心，帮助学生提高读图、联想、创新能力。在剪纸过程中，认识剪纸；在图像解读互动中，了解图形创意手法；在图形创意与剪纸设计中，手随心动，随意剪出人物的形象，体验创新设计的快乐。本课教学基本环节设计为：创设情境，激发剪纸兴趣——作品欣赏，了解剪纸方法——示范剪纸方法——小组合作创造——体验剪纸故事设计乐趣——展评交流，提升剪纸设计能力。				
教学准备	教师准备	课件、教材（每生一本）、彩色纸。			
	学生准备	剪刀、胶水、刻刀。			

		教学流程				
环节 \ 内容	学生活动	教师活动	学法	教法	预时	设计意图
故事导入 激发兴趣	学生代表发放教材。 听剪纸故事。 欣赏剪纸。 明确学习任务。	**一、故事导入** 1.组织教学，检查学生学具准备情况。 2.老师今天给大家带来了许多故事，大家来听听，看看是什么故事呢？老师边出示剪纸《喂小松鼠》边讲述故事。 3.请你说一说，这个故事有什么特别的呢？ 生活中有许多地方也是这样，不需要过多的语言，就一个动作我们也能明白是什么。如这是什么？出示剪纸：抓坏蛋。 这个呢？剪纸：放风筝。 这个呢？剪纸：打篮球。 4.引出课题： 今天，我们就来学习第7课《剪纸故事》，学习用剪刀和纸来记录我们身边的故事。	回忆 观察 感知	谈话 情境教学 启发	2分钟	通过情境体验，让学生进入剪纸故事，激发学习兴趣。
认识剪纸故事	认识常用花纹：月牙纹和锯齿纹。 看示范。 学生尝试剪出月牙纹和锯齿纹并展示。 学生认真观察，说一说自己看到的故事内容。	**二、认识剪纸故事** 1.剪纸是我国民间最普遍的传统装饰艺术之一，具有很强的实用价值和欣赏价值，一把剪刀，一张彩纸，一双巧手就可剪出各种美丽的花样图案，下面就让我们一起来看看吧。 随后附上课前老师剪出的花纹图案：月牙纹和锯齿纹。 2.示范：剪月牙纹和锯齿纹。 师出示剪纸作品(1)《课间活动》(2)《帮助老奶奶》。 抽孩子来简单地说说这两个故事。 3.教师小结： 剪纸故事不单单是一个或者两个人物，主要是要有一个具体的场景。	观察 思考 总结 提问	展示 启发 提问 总结	5分钟	通过欣赏《课间活动》《帮助老奶奶》，进一步了解剪纸故事的表现形式和特点，加深学生对剪纸故事的认识。

（续表）

环节 \ 内容	学生活动	教师活动	学法	教法	预时	设计意图
图形创意理解实践	观察老师出示的两张图片。 学生口述剪对称娃娃的方法。 看剪对称娃娃示范。 看到剪纸娃娃断开两半。 找出错误。	**三、创意实践** 1. 让同学们一起看一看这两张图片有什么不一样： 左边的图片不对称，右边的对称。 2. 同学们观察得真仔细，现在我们来学习一下对称剪纸。 老师现在非常想动手做一做这个对称剪纸，有没有同学能教教老师有什么好的方法？ 噢！这个同学的方法非常好！先对折，再画，最后剪。 3. 老师现在迫不及待地想开始做了。用展示台快速示范，剪的时候让学生数数，调节气氛吸引学生注意力。 4. 老师剪好了，我们一起来看一下好不好？ 教师喊1——2——3开始！ 咦！怎么变成这样？老师是按照同学们的方法啊！哪里错了？ 老师画错了，应该画在折痕那边，而不是开口那边。 5. 噢！原来是老师太粗心了，犯了这么一个看似小却很致命的错误！那同学们能不能再给老师一次机会？老师一定好好表现！吸引学生认真看教师示范，强调要画在对折那边。示范的时候一个步骤一个步骤慢慢示范，要学生注意画的时候要画一个眼睛，半个鼻子，半个嘴巴。	观察 思考 讨论 探究 倾听 实践	组织 提问 总结 讲解 演示 展评	6分钟	由是否对称的两幅图画引起学生思考，启发学生由浅入深学习对称剪纸，再给剪好的娃娃打扮一下，特别要把它放在一个具体的场景中。

（续表）

环节 内容	学生活动	教师活动	学法	教法	预时	设计意图
图形创意理解实践	看老师的正确示范。 听如何让娃娃变得更漂亮。 动手剪娃娃，给娃娃打扮一下。 把剪好的娃娃贴到老师准备的场景中。	6.哎呀，经过同学们的帮忙，老师终于把这个剪纸娃娃剪好了，我们一起来看看好不好？ 同学们觉得漂亮吗？ 但是老师觉得她不够漂亮，你们能有什么办法让她变得更加漂亮吗？想一想。（激发学生的想象力） 可以在裙子上加花纹，可以在鞋子上加花纹，可以在手上拿小花朵。 7.同学真聪明，那看看老师怎么样把她变得更加漂亮好不好？出示一张剪好的示范剪纸，然后贴在用卡纸做成的草地场景上。 8.同学们是不是也迫不及待想要动手自己做啦？那我们现在开始动手吧！要小心剪刀，剪的时候注意安全！同学们剪好后举手上来展示一下，然后贴在老师准备的场景中。	观察 思考 讨论 探究 倾听 实践	组织 提问 总结 讲解· 演示 展评	8分钟	由识图进入创意方法的学习，充分体现美术学科的学习特点，既有方法层面的习得，也有语言表达方面的训练，两相促进，对学生学习兴趣的提高产生促进作用。
体验设计乐趣	看老师示范补充作品。 小组交流。 创作。 展示成果。	四、实践体验 1.教师示范补充作品《抓坏蛋》。 （1）剪出"坏蛋"外形； （2）挖刻细节； （3）补充背景； （4）粘贴； （5）说故事。 2.交流内容：准备剪什么故事？谁来说故事？ 温馨提示：剪纸时要注意安全。 3.巡视指导。	观察 思考 回答 倾听	提问 总结 讲解	15分钟	通过教师的示范，制作剪纸故事的过程清晰地展现在孩子眼前。在讨论的过程中促进了孩子语言表达能力的训练。让学生动手创作，学以致用。

（续表）

环节 内容	学生活动	教师活动	学法	教法	预时	设计意图
展评交流	将初稿张贴到黑板上。 说说剪纸故事。 互评作品。 谈收获。	**五、展评交流** 1. 让学生将基本完成的作品初稿张贴到黑板上。 2. 请学生给大家说一说自己的设计——剪纸故事（1—2名学生）。 3. 让学生说说最喜欢哪幅初稿，用本节课学习的知识，说说理由（1—2名学生）。 4. 提问：这节课你都学了什么，最大的收获是什么？ 5. 教师总结。	思考 实践	启发 讲解 个别指导	3分钟	通过自评、互评及学习总结，让学生在分享交流中取长补短，提升本节课的学习与实践效益，让学生进一步巩固重点。
提升设计能力	听老师总结。 课后延伸。	**六、拓展延伸** 1. 总结语：这节课，大家学习得很认真，而且还设计了很多非常有趣的剪纸故事，值得表扬。大家下课以后，可以为你的剪纸故事添加恰当的文字，变成一幅人们更易直观理解的完整的绘本故事，用美术的方法为我们的美好生活贡献自己的力量。 2. 下课。 组织学生有序离开教室。	倾听	总结 拓展	1分钟	运用延伸语来回顾剪纸故事的特点，与学生生活紧密结合，提高学生的语言表达能力和美术创作欲望。

板书设计

剪纸故事

人物　场景
学生作品展示

教学设计 27：

《中国龙》教学设计

李琳　重庆市綦江区陵园小学

课题	《中国龙》	课业类别	设计·应用	课时	1
教材分析					
学生分析					
教学目标					
教学重点	掌握龙的造型特点及邮票的设计方法。	教学难点	龙的造型特点及其表现。		
设计思路					
教学准备	教师准备	课件、微课、龙头道具、范画、彩色作业纸。			
	学生准备	绘画工具，彩色手工纸等。			

教材分析：　　本课是湖南美术出版社义务教育《美术》四年级下册第10课，在教材中，本课一共安排了两个教学活动，活动一突出邮票主题，围绕龙的形象塑造展开设计，活动二定位于立体纸工的造型表现。两个活动各有侧重，又互相交融、紧密相关，形成一个具有开放性的美术课程结构。活动一主要以"设计·应用"活动的实施为主，本课以设计与应用为主，融"欣赏与评述""造型与表现"于一体。《龙的传人》的歌词，把学生注意力从"龙的传人"转到中国龙的形象上来。经典的《墨龙图》和山西大同九龙壁图，让学生在图片赏析中转入交流，感受中国龙的历史地位及其形象，让学生认识、了解中国龙的历史文化及造型特点。通过欣赏新中国生肖邮票中的龙年生肖邮票，分析票面结构，让学生了解邮票设计的基本常识。两幅学生作品的展示，让学生了解学习任务，以加深感受和体验。

学生分析：　　四年级学生对美术课兴趣浓厚，在学习行为上已具有了一定的稳定性，思维更活跃、更宽广。结合学生身心、认知特点，以情境创设等手段，以小组合作、探究的方式，调动学生的感观，增强学生的感受，启发学生思考、增强学生的参与和体验，从而达到提升学生欣赏美的能力，陶冶学生的审美情操。

教学目标：　　1. 在欣赏龙作品的过程中，了解龙的文化，感受龙的精神。
2. 认真观察龙的形象，基本掌握龙的造型特点，能够画出龙的简单形象。
3. 知道邮票的基本常识，能够做一枚以龙为图案内容的邮票。

设计思路：　　本课活动一属于"欣赏·评述"和"设计·应用"学习领域，借助邮票的文化元素表现龙的造型特点和神韵，促进学生的求知欲，提高学生的民族自豪感和艺术修养。依据新课标的教学理念，针对四年级学生的特点，本课的教学以表现龙为情境激发点，将学生对中国传统文化的情感融入绘画表现——邮票绘制中。这一课的活动设置突出邮票的主题，围绕龙的形象塑造展开设计。

		教学流程				
环节＼内容	学生活动	教师活动	学法	教法	预时	设计意图
视频导入 创设情境	看 想 猜 感受	**一、播放"习爷爷给儿童回信"新闻视频，引出书信** 教师小结：从习爷爷给孩子们的回信中，流露出他对少年儿童浓浓的关怀与期盼。 **二、出示大信封道具，引出大龙邮票，板书课题《中国龙》** 教师小结：这是我国发行得最早的一套邮票，可以说它是我们中国邮票的祖先。上面之所以会印有龙的图案，那是因为龙是我们中华民族的象征，我们是龙的传人，今天就让我们走近中国龙，一起领略龙的文化，感受龙的精神！板书课题。	回答法 观察法	情境导入法 提问法 总结法	3分钟	这一教学环节让学生了解书信是人们日常生活中交流思想、表达情意的工具之一，又让学生感受到了习爷爷对少年儿童浓浓的关怀与期盼。通过展示大信封，引出邮票，让学生了解邮票的作用。从而自然过渡到第一张龙邮票，了解了龙在中国历史上的地位，激发学生的爱国主义情怀。
赏龙	看 思 答 总结	**三、回忆、观察，了解龙的知识** 1. 提问：龙在我们的心中，具有特殊的意义，你在哪里见过龙的形象？ 2. 课件出示： 老师也搜集了一些生活中龙的形象，请看课件：九龙壁、元宵节龙灯、端午节龙舟……请同学们在欣赏的过程中思考，龙的形象有什么特殊意义呢？ 小结：古代的龙象征着皇权。在古代，龙的形象是只有皇族才可以使用的，但是到了现在，龙的形象已经走进千家万户，走进我们的生活（威武、吉祥、幸福）。	观察法 思考法 总结法	谈话法 提问法 总结法	4分钟	引领学生回忆、观察、了解龙的知识以及龙形象的特殊意义。让学生说生活中看到的龙的形象，了解龙的象征意义和龙在心目中的地位，增强民族自豪感。

（续表）

环节 内容	学生活动	教师活动	学法	教法	预时	设计意图
识龙	看 思 答	**四、自主观察，找出特征，突出重点** 1. 出示一张"龙"的线描造型。 龙之所以这么威武，是因为它身上集中了许多动物的特点，请你仔细观察，龙由哪几部分组成？身上都有哪些动物的特征呢？小组讨论。 龙主要由龙头、龙身、龙尾、龙脚四大部分组成。出示龙头道具让学生直观感受，然后再去局部观察，龙头中有龙角、龙眼、龙耳、龙鼻、龙嘴、龙须等。 **小结**：看来，同学们都养成了从整体到局部的观察习惯，老师为你们点赞！（边听学生回答，边板书） 2. 在中国的神话与传说中，龙是一种神异动物，身体长，有鳞，有角，有脚，能飞，能游泳，能兴云作雨。 提问：像这样将鹿角、蛇身、虎嘴等许多动物的局部，重新组合成一个新形象的方法，在美术里有一个专业名词叫什么呢？ 教师小结：局部重组。	比较法 思考法 讨论法 回答法	引导法 提问法 展示法 总结法	8分钟	学生通过小组讨论，总结出龙的造型特征，让学生经历自行获取知识的过程。通过观察龙图片和动物的局部，复习局部重组方法。培养学生从整体到局部再回到整体的识读图案的习惯和能力。
画龙	看 思	**五、微课展示，突破难点** 下面，我们来看一看，怎么运用局部重组的方法来画龙。 师边播放微课边讲解：可以从龙头的任意一个部位开始描绘，龙鼻、龙嘴、龙须、龙眼、龙耳、龙角，但如果没有它灵动的身体也体现不出它的威武，接下来用单线画出龙的动态，再画一条线表现龙的立体感。最后添画龙鳍、龙鳞、龙尾和龙爪。	观察法	引导法	4分钟	通过教师的微课示范讲解，让学生掌握画龙的方法并进行归纳总结，从而突破本课的教学难点。

内容 环节	学生活动	教师活动	学法	教法	预时	设计意图
画龙	观察 总结 练习	**六、尝试练习，凸显特点** 你能设计出什么样的龙呢？接下来就让我们用自己的画笔描绘一条造型独特、形象夸张的龙。 注意：形象要大、特征要鲜明。开始吧！	思考法 实践法	启发法 讲解法 指导法	8分钟	通过教师的引导，尝试描绘龙的形象，并凸显造型独特、形象夸张的特点。
制作龙邮票	观察 分析 总结这节课的收获。 自主创作	**七、课件展示，分析邮票要素** 1.展示龙生肖邮票：龙的形象不断演变，这是1988年的龙生肖邮票。 2.分析邮票要素：要制作一枚这样的龙邮票，除了有龙的图案以外，我们还要添加一些什么呢？请快速地在书中找到答案吧！ 3.出示邮票的要素：铭记、齿孔、图案、面值和志号。 4.师：这节课你都学了什么，最大的收获是什么？ **八、明确任务，自主创作** 1.我们分析了这么多，你想不想也来设计一枚限量版的以中国龙为主题的邮票呢？接下来请同学们接着刚才的画，将我们的这枚以中国龙为主题的邮票补充完整，注意主题突出、形象生动、构图饱满，赶快拿出你们的美术工具，尽情表现吧！ 2.播放优秀学生作品，巡视指导。	观察法 回答法 比较法 回答法	展示法 提问法 总结法 引导法 提问法	8分钟	通过图片展示，让学生自主学习了解邮票的要素，充分体现学生的主体地位。引导学生在之前龙图案的基础上将邮票要素补充完整，以邮票为载体传承中国传统文化，弘扬民族精神。

（续表）

内容 环节	学生活动	教师活动	学法	教法	预时	设计意图
展评邮票 拓展延伸	自评：主要从怎样产生画面的想法和绘画过程进行评价。 互评：从构思、构图、主体形象刻画、色彩等几个方面进行评价。	**九、评价总结** 以"中国龙"主题邮票展为契机，展示学生作品。 　1. 自评：谁来介绍一下自己的邮票？ 　让学生对于自己画的邮票进行自评。 　2. 互评：你最喜欢其中的哪枚邮票？说说你的理由。 　引导学生评价作品，主要以构思、构图、主体形象刻画、色彩等几个方面进行评价。 　3. 师评：以鼓励为主，点评学生作品的优点及不足。 　4. 总结：刚才我们知道了龙的造型特点，通过合作学习掌握了以龙为内容的邮票设计，而且制作出那么多精美的以中国龙为主题的邮票，老师为你们骄傲！来，给自己来点掌声！ **十、拓展延伸** 我们把邮票修改得更精细，把我们想给外国小朋友说的话通过印有中国龙邮票的信封寄出去，让世界更多的小朋友了解中国，了解我们的学校，了解我们的生活，共同实现我们心中的中国梦。播放背景音乐《龙的传人》，背景为长城、长江、黄河、舞龙、划龙舟等视频，师生一起哼唱结束本课。	交流法 评价法 回答法	展示法 提问法 总结法	5分钟	在生活情境中进行美术评价活动，发展评价能力，建立成就感，提高审美水平。通过展示长城图片，将本课进行一个升华，激发学生对祖国和龙的热爱之情。最后在歌声中结束本课，首尾呼应。

板书设计

中国龙

学生作品展示

教学设计 28：

《能干的帮手》教学设计

陈明　重庆市綦江区长乐小学

课题	《能干的帮手》	课业类别	综合·探索	课时	1
教材分析	本课是湖南美术出版社义务教育《美术》五年级下册第 3 课，属于"综合·探索"学习领域。随着人类经济的发展和基础设施建设的加快，以及生存需要的不断增长，使得工具制造技术不断提高和改善，日益精细，不断创新。而今社会，人们的生活和社会的发展已经完全离不开机械的存在。本课就是以"工程车"为介入点，指导学生进行工程车辆的绘制练习。通过教材和课件呈现的一些不同造型、不同功能的工程车，让学生了解它们在生活中的运用和大体结构，同时结合相应的范画让本课的教学内容进一步深入。				
学生分析	五年级的学生通过前期的美术学习，已经具备一定的美术绘画表现技能，但较少进行关于机械的绘画创作。因此在教学过程中，教师要注意引导学生的兴趣。在描绘环节要充分调动学生的积极性，引导学生掌握正确的观察方法，抓住事物的姿态特征，大胆描画。为了避免学生的畏难情绪，教师示范要慢，要有耐心，在活动中发挥学生的创造性，通过各种方式让学生进行观察、分析和实践，最终完成艺术创作。				
教学目标	1. 使学生认识各种工程机械，了解它们不同的外形特点和功能用途。 　　2. 发挥学生的空间想象力，初步形成设计应用意识。 　　3. 在绘制和制作过程中，培养学生对设计与创作的兴趣和热情。				
教学重点	用绘画的形式表现各种工程车。	教学难点	抓住工程车的外形结构和特点。		
设计思路	为更好地实现本课时的教学目标，我设计了以下教学环节：创设情境，激趣导入——新课学习，初步探究——观察分析，抓住特征——技法探讨，自主表现——评价拓展，审美升华。				
教学准备	教师准备	课件、范画、教材（每生一本）、美术用具。			
	学生准备	绘画纸 2 张、铅笔、勾线笔等。			

教学流程						
内容 环节	学生活动	教师活动	学法	教法	预时	教学意图
创设 情境 激趣 导入	听同学讲述《愚公移山》的故事。明确本节课学习内容。	1. 讲故事，导入新课。 同学们，你们听过《愚公移山》的故事吗？请一位同学来讲一讲这个故事。 2. 揭示课题。 愚公不畏艰难、坚持不懈的精神，值得我们学习，但是随着社会的发展，这样单纯依靠人力的方法太慢了，科技在发展，人类制造了许多帮手。今天，咱们这节课就一起来认识一下这些能干的帮手吧（板书）。	谈话法 故事引入法	情境导入法	3分钟	针对学生的身心特点，采用讲故事的方法导入，通过同学们熟悉的故事，让学生产生兴趣，让学生带着兴趣进入本课。
新课 学习 初步 探究	学生欣赏教师出示的工地场景图，思考、辨认自己认识的工程车，并举手回答。 在老师的引导下，认识不同种类的工程车，了解其结构和功能。 学生举手回答，在做这些事情时，会用到哪些工程车。进一步认识和了解工程车的功用和造型结构。	1. 课件出示一幅工地的场景，认识不同种类的工程车。 师：现在，同学们跟着老师来到一片忙碌的工地，我们可以看到里面就有一些工程车，你能说说你认识哪些吗？ 生：推土机、挖掘机、压路机、搅拌机等。 2. 介绍工程车不同的结构和功能。 推土机靠前面的铲子将土推平，轮胎为履带结构。 挖掘机能够通过铲斗，将大量的沙土清理。 3. 我们来看看做下面这些事，需要用到哪些工程车？并结合相应车辆工作场景进行认识、学习。 砌一面水泥墙， 挖一个填埋垃圾的废坑， 压平道路， 修8米高的电线杆， ……	观察法 比较法 思考法 谈话法	引导法 提问法 启发谈话法 示范法	5分钟	尊重学生的兴趣、爱好和需要，运用学生现有的知识储备，引领学生观察、欣赏、分析，让学生认识到工程车的外形和功能，对工程车等机械设备有初步了解。

（续表）

内容环节	学生活动	教师活动	学法	教法	预时	教学意图
观察分析 抓住特征	学生进行游戏活动"看局部特征，猜工程车"，学生举手回答后，逐步认识挖掘机的组成。 学生在工程车绘制过程中可能遇到的困难。 在老师的引导下，寻找解决办法，尝试学习工程车的绘制小秘诀。	1. 小游戏："看局部特征，猜工程车"，通过观看工程车局部图片的逐步展示，猜工程车的类型，认识工程车的组成，了解不同类型的工程车拥有不同的特征。 2. 咱们的工程车种类多，作用大，孩子们，如果让你画一辆工程车，你会遇到哪些困难？ 引导学生思考、回答，并对绘制过程中可能遇到的困难进行小结。 3. 找到困难，咱们就来解决问题，引出工程车绘制的小秘诀。 （1）多观察，把工程车各部分看作简单的形状。 （2）用流畅的线条。 （3）偶尔的错误——将错就错。 （4）耐心描绘细节。	讨论法 谈话法 尝试法 观察法	引导法 提问法 总结法	8分钟	通过"看局部特征，猜工程车"的游戏活动，让学生认识到不同类型的工程车拥有不同的特征。 教师引导学生通过小组讨论的方式，总结可能在工程车绘制过程中遇到的困难，再引出工程车的绘制小秘诀，帮助学生解决可能出现的困难。
技法探讨	观察学习工程车的绘画方法。	1. 学习描绘工程车的方法（以挖掘机为例）。 （1）让学生观察挖掘机图片后，思考绘制工程车时，可能遇到的困难。 （2）找到困难后，老师讲解描绘工程车的方法（板书）： 开始绘制以前，先要考虑构图，挖掘机绘画要考虑机械臂的位置，因此车身不可放在画面的正中间，可在偏左或偏右的位置。 第一步，画出车身的外形。将车身的不同部位，用几何外形进行概括，可帮助我们比较准确地完成外形的绘制。 第二步，添画车身的细节。注意车窗、栏杆等细节描绘。 第三步，添加机械臂。 第四步，添加铲斗。 第五步，可适当添加背景。	观察法 欣赏法 创作法	示范法 情境教学法 指导法	10分钟	通过对绘制方法困难点的分析，进行示范讲解，让学生明确工程车的绘画技法及步骤。

（续表）

内容\环节	学生活动	教师活动	学法	教法	预时	教学意图
自主表现	思考讨论教师出示的两组图片的对比，并举手表达自己的意见和看法。 学生欣赏优秀学生作品，学习别人是如何绘制不同种类工程车的。根据作业要求，自主创作。	2. 师出示两组相同工程车的不同绘制图片对比，讨论画面优缺点。 3. 教师听取学生见解，并给予肯定和鼓励，同时引导学生更加全面地进行分析、小结。 4. 课件出示优秀学生作品，引导学生进行观察、学习。 5. 教师出示作业要求，学生创作，教师巡回指导。 作业要求：选择书中任意一辆工程车进行绘制，注意线条流畅和细节表现，可适当添加背景。	观察法 欣赏法 创作法	示范法 情境教学法 指导法	10分钟	对比不同作品，让学生的思维得到发散，避免画面中缺点的出现。提高和激发学生创作欲望。 学生根据教师的作业要求自主创作，培养学生绘制机器的能力，提高机械设计意识。
评价拓展 审美升华	展示作业。 介绍自己的作品。 评自己最喜欢的画。 听老师评价和总结。 课外拓展。 回家收集适合制作工程车的材料（如纸盒、纸板、木板等），进行工程车的设计与制作。	1. 组织学生展示作业。 2. 学生介绍自己的画。 3. 听学生评自己喜欢的画。 4. 师评。 总结：同学们真能干，已经学会了用去掉细节、概括外形、找与众不同和抓特征的方法描画工程车。创作出了这么多造型独特的工程车。你们真棒！ 5. 课外拓展——课后收集合适的材料，将自己的绘画作品制作成工程车模型。 需要注意的地方： （1）观察分析某一工程车的外形轮廓； （2）抓住该车的造型特点； （3）巧妙运用材料的特性； （4）兼顾色彩和质感。遵守行业标准和用色规范：工程机械常用鲜艳的颜色：红、黄、蓝。 6. 上交作品的方式：可拍照，亦可将模型带进教室交流学习。鼓励作品的多样性。	评价法	组织法 评价法 谈话法	4分钟	通过学生自评、互评，提高学生审美判断能力。

（续表）

板书设计

能干的帮手

一、工程车的种类：推土机、挖掘机、压路机、搅拌机等
二、描绘工程车的方法：第一步，画出车身的外形。

第二步，添画车身的细节。

第三步，添加机械臂。

第四步，添加铲斗。

第五步，可适当添加背景。

教学设计 29:

《图画文章》教学设计

王倩 重庆市綦江区康德城第一小学

课题	《图画文章》	课业类别	造型·表现	课时	1
教材分析	本课是湖南美术出版社义务教育《美术》五年级下册第5课，属于美术四大学习领域中的"造型·表现"。在教材编排上，主图是同学们正围在一起看运动会海报，海报呈现方式即为本课作业的方式，既具有趣味性和可读性，又有方法提示的作用。教材还呈现了徐冰的《地书》。《地书》由各类标示和符号完成，无论国籍、年龄、文化、教育背景如何，只要身处于现代生活环境中，就完全可以读懂它。				
学生分析	五年级学生具备对文字的欣赏能力，具有一定的想象力和创造力。在现代生活中，人们常常用图文结合的方式来表现生活，表达自己的情感。图文结合的文章更加有个性，能烘托气氛，增加乐趣。本课主要学习用小图形代替部分文字，增强学习的趣味性，让学生能够在学习中不断突破、挑战，从而创作一幅图画文章。但小学高段的学生对于很多想表现的事物不敢画，怕画不好，"眼高手低"是其最典型的特点，常常用最简单的几笔代替，教师要鼓励和引导学生大胆进行表现。				
教学目标	1. 让学生学习用图画美化文章。 2. 让学生大胆运用已知美术技能进行绘画表现。 3. 让学生在美术活动中感受文字的魅力，提高对文字的欣赏能力。				
教学重点	用图画美化文章。		教学难点	图画替代文字要恰当准确。	
设计思路	本课活动属于"造型·表现"领域。根据《义务教育美术课程标准》（2011年版），阐述，教师应注重培养学生体验课堂活动的乐趣，产生对美术学习持久的兴趣，给学生创设良好的学习环境。根据新课标的教学理念，针对五年级的学生特点，本课突出教师的引导作用，大部分的时间还给学生，让学生来完成。指导环节则对"美化文字"进行深入指导，在这里选取了对比法，使学生学会图案大小合适、文字书写工整，周围可适当添画的原则和方法。本课的教学流程是：猜谜游戏——引出最原始的象形文字——现代文字符号的表达——图示、图标更引人注意——生尝试练习"字变图形"——对比欣赏（传统的海报、图文结合）教师范画——范画欣赏——制作贺卡（父亲节，给父亲说说心里话）——展评贺卡——拓展（回忆印象最深刻的片段，用图画形式表现出来）。				
教学准备	教师准备	课件、导入视频、教材（每生一本）、范画。			
	学生准备	绘画纸1张、卡片1张、水彩笔、钢笔。			

			教学流程				
内容 环节	学生活动	教师活动		学法	教法	预时	设计意图
创设 情境 激发 兴趣	情境体验 听 看 想 感受	课前检查学生学具准备情况，学生代表发放教材。 **一、创设情境** 1. 播放"象形文字"动画视频。 2. 视频里出现的图形符号你认识吗？ 3. 引出课题：看来你对我们中国的文字符号有一定的了解，甲骨文距今已经有四五千年的历史，那时候人们就是用这些图形符号来表现他们的劳动生活。那么，大家知道我们现在又是用怎样的形式来记录我们的生活吗？板书课题：图画文章。		回忆 观察 感知	谈话 情境教学 启发 提问	3分钟	通过情境体验，进入图画文章的学习，激发学生的学习兴趣，初步体验图画文章的社会价值，起到知识初步建构的作用。
认识 不同 时期 图形 符号	认识不同 时期图形 符号	**二、认识不同时期的图形符号** 最近老师发现一本奇书，那里面没有一个文字，可老师却读懂它了。孩子们想试一试吗？ 第17页，请同学们读一读，看谁能够在第一时间读懂它（《地书》系列之一）。 谁来说说第三排的图形符号，它告诉了我们什么故事？ 师小结：这本书巧妙地利用图画和图标表达了文字的意思，原来图画也能成为我们生活中的语言。		观察 思考 总结	展示 启发 提问 总结	3分钟	通过欣赏《地书》进一步了解图形符号特点，加深学生对图画文章的认识，形成大美术概念，帮助学生美术知识的学习和核心素养的形成。

（续表）

内容环节	学生活动	教师活动	学法	教法	预时	设计意图
图形识读 图形创意理解实践	有奖竞猜 看图猜成语	**三、有奖竞猜** 看来这些对于大家来说都太简单了，那我们就一起来闯闯关，看大家还能不能够轻松过关。准备好了吗？ 那如果反过来，把文字替换成图形，你们还行吗？	思考 讨论 探究 观察 实践	组织 提问 总结 讲解 演示 展评	5分钟	引入创意图形竞猜，激发学生的学习兴趣，让学生自行体会图形符号代表的意义。两相促进，提高学生的学习兴趣。
延展识读	文到图的练习	**四、学习图画文章的制作** 1. 自主练习 看范图，选择合适的字或者词替换下列词语，注意不改变语意。 例：光阴似箭　光阴似 提问：为什么变化箭？ 总结：特征明显（板书）。 2. 分享作品 风吹日晒　望眼欲穿 你选择了哪个字进行变化？为什么？ 小结：整体变化、局部变化（板书） 3. 现在我们掌握了文字到图形的变化，那在一篇文章里面，我们究竟该怎样进行替换？ 请一位同学读PPT上的内容，其他同学思考：哪些字或者词可以用图形进行替换？ 学生发言总结：特征明显。 3. 教师示范： 例：我去山上玩。 "我""山"特征明显，图形比我们的文字稍微大一点，这样更突出，在画第二个图形的时候和第一个图形进行比较，图形大小要一致，这样，一句话就变化好了。最后别忘记给变化好的图形涂上漂亮的颜色，进行打扮。	阅读 思考 回答 倾听 实践操作	提问 总结 讲解 演示	6分钟	通过自主观察、练习，总结选择替换文字的明显特征，突出学生的主体性。

内容环节	学生活动	教师活动	学法	教法	预时	设计意图
理解图画文章特点	看 听 想 阅读总结	4.有两位同学已经对这封信进行了替换，我们一起来看一看。你觉得哪一幅更美观？ 文字书写工整（你真是一个注重书写的孩子）。 图形大小适中、一致（你对图形的感觉真敏感）。 不改变语意（看来你听得很认真）。 周边背景适当添画（看来你特别注重整体效果）。	阅读 思考 回答 倾听 实践操作	提问 总结 讲解 演示	3分钟	在学生小结后，对已变化好的文章进行分析，怎样的图画文章效果更好？让学生通过讨论自主发现问题，师做引导提问。
实践体验乐趣	图形变化	**五、开展图画文章练习** 师：既然大家都总结得如此到位，那我们赶紧进入终极挑战： 父亲节就要到了，向你的爸爸送上你的节日祝福，文字内容不超过50个字。 要求：选择合适的字或者词进行替换，创作一幅"图画文章"。 要求： 1.文字书写工整； 2.图形大小适中、一致； 3.不改变语意； 4.周边适当添画背景。	思考 实践	启发 讲解 个别指导	15分钟	以父亲节为契机，让学生给父亲写几句话，并用图画文章的形式表现出来。

内容环节	学生活动	教师活动	学法	教法	预时	设计意图
展评交流 提升设计能力	交流学习成果 提升美术核心素养 看 思 说 听 体验	**六、作业展评与总结** 1. 自评：谁来读一读自己的贺卡？ 让学生对于自己的画面进行自评，主要从画面中哪些文字进行了变化进行评价。 2. 互评：你最喜欢谁的作品？为什么？说说你的理由。 引导学生评价作品，主要从构思、图形变化等几个方面进行评价。 3. 师评：以鼓励为主，点评学生作品的优点及不足。 4. 总结：刚才我们知道了制作贺卡可以用图案代替文字的形式进行表达，让我们的作品更生动、有趣，孩子们写给父亲的话语也深深感动着老师，为你们今天的创作点赞。 **七、教师总结与延伸** 许愿树上挂满了我们对爸爸想说的话和祝福，爸爸一天天变老，而我们也在一天天长大。那么，在我们成长的过程中，还有哪些片段或场景同学们印象深刻呢？课后，请同学们把你印象最深的片段写一写，画一画，用图文结合的方式，留住那最美好的记忆。 下课。 组织学生有序离开教室。	观察 思考 交流 倾听	提问 启发 总结 拓展	5分钟	通过自评、互评及学习总结，让学生在分享交流中取长补短，提升本节课的学习与实践效益，运用延伸语来回顾图画文章特点与作用，与学生生活紧密结合，提高学生创作欲望。

板书设计

图画文章

学生作品展示　　　特征明显　　整体变化
局部变化　　　　　　学生作品展示

　　　　去　　　　上玩

教学设计 30：

《飞天畅想》教学设计

喻洪亚　重庆市綦江区大罗学校

课题	《飞天畅想》	课业类别	造型·表现	课时	1
教材分析					

课题	《飞天畅想》	课业类别	造型·表现	课时	1

教材分析	本课是湖南美术出版社义务教育《美术》五年级下册第 7 课，属于美术四大学习领域中的"造型·表现"。该课紧扣小学五年级这个年龄阶段的少年儿童比较喜爱的题材和富于幻想的特征，进行绘画创作、造型表现方面的训练，借以培养学生丰富的想象力和表现能力，激发他们对科学技术和美好未来的追求与探索。
学生分析	五年级的学生是想象力与创造力非常丰富和活跃的时期，能客观地理解并表现事物。他们兴趣广泛，思维活跃，但形象思维仍占据主导地位。因此在教学过程中注重引导性和延伸性，提高学生发现问题、解决问题的能力，培养学生的审美素养。
教学目标	1.激发学生探索太空奥秘的浓厚兴趣。 2.启发学生大胆想象，描绘未来世界人类去太空旅行或探索的情境。 3.培养学生丰富的想象力，激发学生对航天事业的兴趣和热爱科学的精神。

教学重点	培养学生丰富的想象力，激发学生对航天事业的兴趣和热爱科学的精神。	教学难点	通过想象描绘人类去太空的景象。

设计思路	学习领域注重创作活动的体验，注重想象能力的培养，通过直观体验与想象能力的培养，提高学生美术核心素养和思想道德水平。本课要求学生通过读图、辨识、归纳、联想、想象、创作等方法，进行对太空遨游的深入认识，结合想象绘画出遨游太空的景象。基于情境教育、启发教育、主体教育的思想，本课的教学设计以理解、想象、创新为核心，帮助学生提高读图、联想、创新能力。本课教学中，学生在对宇宙、卫星、航天发射中心、外星人、太空城市等欣赏的过程中认识太空，在图像解读互动中，了解绘画手法，体验大胆创作的快乐。 　　本课教学基本环节设计为：创设情境，激发兴趣——作品欣赏，认识太空景象——想象遨游太空景象——大胆创作——展评交流。

教学准备	教师准备	课件、导入视频、教材（每生一本）。
	学生准备	绘画纸 2 张、铅笔、水彩笔、油画棒。

<table>
<tr><td colspan="7" align="center">教学流程</td></tr>
<tr>
<td>内容
环节</td>
<td>学生活动</td>
<td>教师活动</td>
<td>学法</td>
<td>教法</td>
<td>预时</td>
<td>设计意图</td>
</tr>
<tr>
<td>导入环节</td>
<td>情境体验
激发兴趣</td>
<td>课前检查学生学具准备情况，学生代表发放教材。

一、创设情境

1.师：同学们，古有嫦娥奔月的美丽传说，今有神州揽月的惊天壮举，太空是一个无限而飘渺的空间，它充满了无穷无尽的奥秘，认识和征服宇宙是我们全人类的梦想，这节课就让我们一起走进神秘的太空去看一看。
图片：美丽的太空景象，卫星美景。
板书课题。
2.师：同学们通过欣赏图片，谈谈你看到了什么？它是什么形状的，是什么颜色的？</td>
<td>回忆
观察
感知</td>
<td>谈话
情境教学
启发提问</td>
<td>2分钟</td>
<td>通过对卫星、太空世界的展现，开拓学生的视野，培养学生的发散性思维，提高学生的审美素养，并为学生大胆构思做好了铺垫。</td>
</tr>
<tr>
<td>教学环节</td>
<td>交流讨论
欣赏
自主回答
讨论交流
小组小结</td>
<td>**二、交流讨论**

1. 图片展现
师：请同学们欣赏视频，说一说你看到了什么？感受如何？
视频：聂海胜、刘伯明、汤洪波等。
学生自主学习回答。
根据学生回答小结，要点：
（1）有一颗爱国的心；
（2）有自己的梦想，向着目标前进。
2. 资料交流
师：请大家把你们课前收集的神州飞船、宇航员、探测器等图片和资料拿出来，小组内介绍你收集的资料。
小组内代表逐个发言（学生主动探究）。
小结：赞美学生收集太空资料的丰富性，以及整理信息的好习惯。</td>
<td>观察
思考
讨论
总结
提炼</td>
<td>展示
启发
提问
总结</td>
<td>3分钟</td>
<td>通过欣赏，提高学生的爱国主义热情和热爱科学的意识，渗透德育教育，激发学生的创作欲望。</td>
</tr>
</table>

（续表）

内容 环节	学生活动	教师活动	学法	教法	预时	设计意图
教学环节	交流 讨论 欣赏 自主回答 讨论 交流 小组小结	3．小组合作讨论： （1）飞行器怎么进入太空？ 图片：我国有三个航天中心，分别是甘肃省酒泉发射中心、山西太原卫星发射中心、西昌航天发射中心。 （2）宇航员需要哪些装备进入太空？ （3）宇航员在太空怎样行走？ （板书：失重、漂浮） 图片： 因为没有地球的吸引力，没有氧气，在太空中会飘来飘去。 4．假如我们飞上太空，你想看到些什么？或者你希望能看到什么？ 提示：五颜六色的星星，各种人造卫星，无边无际的宇宙，美丽的城市，可爱的外星动物，儿童乐园，高速公路…… 学生自由回答。	观察 思考 讨论 总结 提炼	展示 启发 提问 总结	4分钟	通过欣赏，提高学生的爱国主义热情和热爱科学的意识，渗透德育教育，激发学生的创作欲望。
识读环节	欣赏学习 强化创作欲望．	三、欣赏作品，评价学习 1.出示图片，师：同学们请看，他们画的是什么内容？ 2.你有什么感想和感受，他们用的是哪些绘画材料和工具，说说他们的绘画技法（小组合作讨论）。 小组开始积极交流，派代表发言。 师评：你们的想象力很丰富，创作就需要我们能大胆想象构思。 师：其实呀，这些小朋友和你们的年龄一样大，他们发挥了自己的聪明才智，大胆构思，运用了不同材料和绘画技法展现了自己的飞天畅想，向你们证实了他们能行，那么你们想不想超越他们，也向更多的人来展现自己的飞天畅想呢？ 生：想！	观察 思考 讨论 探究	组织 提问 总结 讲解	3分钟	通过欣赏同龄人的作品，缩小差距，让学生认识到"他行，我也能行！"产生比一比、赛一赛的动力，并进一步强化学生的创作欲望。

环节 内容	学生活动	教师活动	学法	教法	预时	设计意图
创作环节	想象创作 大胆想象 自主表现	**四、学生想象创作，教师巡视辅导** 出示太空飞船、火箭等图片。 出示作业实践要求： 大胆设计造型独特的航天飞行器、奇异的外星人和壮观的太空城市，描绘出一幅未来人类在神秘太空世界进行探索、旅行的图片。 要求： 1.注意画面的构图（主体物应该大一些）； 2.添画其他物体(注意疏密、大小变化)； 3.涂色时，主体物色彩和背景要有区别，用色上区分开宇航员和太空。 播放 PPT，教师巡回指导。 通过课件播放音乐。	思考 实践	个别指导 演示	20分钟	通过学习感知，学以致用。
展评环节	交流学习成果 提升美术核心素养	**五、作品展示，共同评价** 谁愿意展示自己的作品？谈谈你的飞天畅想，说出你作品的内容、所用工具、绘画技法、优点与不足。 学生发表自己的见解。 自评：请学生上台说说自己的画，画了些什么，都有什么有趣的故事(1—2名学生)。 互评：你最喜欢谁的作品，说说理由(1—2名学生)。 师评：同学们，你们用你们的大胆设计、无限创意描绘了一幅幅未来人类在神秘太空探索、旅行的壮观场景，让老师和其他同学领略了你们的奇思妙想。课后，请同学们把自己的作品带回家，请你们的父母来评一评。 学生总结：这节课你都学了什么，最大的收获是什么？	观察 思考 交流 倾听	指导 展评 启发 讲解	5分钟	通过学生自评，互评，师评，体现了多种多样的评价方法，让学生在分享交流中取长补短，提升本节课的学习与实践效益，有助于提高学生的整体素质。

内容 环节	学生活动	教师活动	学法	教法	预时	设计意图
总结环节	拓展延伸 提升综合素质	**六、教师总结与延伸** 1.随着科技的发展，人类一步步展开了对太空的探索，但是正是这探索也在太空留下了大量的太空垃圾。 别小看了这些零零碎碎的太空垃圾，它们或可"杀死"航天器。太空垃圾不仅给航天事业带来巨大隐患，还污染了宇宙空间，给人类带来灾难，尤其是核动力发动机脱落，会造成放射性污染。 图片： 对于希望在太空中生活和工作的下一代人类而言，太空垃圾是不容小觑的问题。清理太空轨道上垃圾的技术需要几年时间才能实现，需要工程师、科学家、律师和经济学家的共同合作。 2.总结：同学们，你们是祖国的未来，科技的未来，希望你们能把握现在，努力学习科学文化知识，将来不仅能完成人类的飞天探索，更能解决这类难题，不仅给我国，更能给全人类的航天事业带来福音！同时，可以用美术的方法为我们的美好生活贡献自己的力量。 下课。 同学们，再见。	倾听	启发 总结 拓展	3分钟	通过课后延伸，培养学生知识运用能力。提高综合素质。

板书设计

飞天畅想

示范区   失重   作品展示

漂浮

教学设计 31：

《团扇》教学设计

王孝英　重庆市綦江区营盘山小学

课题	《团扇》	课业类别	设计·应用	课时	1
教材分析					

课题	《团扇》	课业类别	设计·应用	课时	1
教材分析	本课是湖南美术出版社义务教育《美术》五年级下册第 9 课，属于美术四大学习领域中的"设计·应用"。这是一堂以绘画、剪贴、装饰团扇为主要内容的综合制作课。扇子虽然是我们夏季日常纳凉的用具，但却有着丰富的种类与艺术形式，特别是在我国的古代，扇子更是以其独特的造型和与诗书画的巧妙结合而成为一种艺术品。这种把实用与艺术结合的方式也是我们中华民族的伟大创造，并具有深厚的文化内涵。本课以凝聚了古今工艺美术精华的团扇为学习内容，进行欣赏、评述、设计等活动。本课前半部分展现了古今不同风格、不同题材的团扇作品，有《妆靓仕女图》《梅竹寒禽图》《书法团扇》《瑶宫秋扇图》《墨石水仙》《荷花》等团扇。本课的后半部分呈现了两把物象相同、造型、布局、色彩各异的团扇，分别具有对称和均衡的美感，接着呈现了两种不同形式、不同材料的团扇制作过程。				
学生分析	五年级学生正处于小学中高年级的客观写实期，进入了提升观察写实能力的关键期，心理发展呈现半幼稚、半成熟的过渡阶段特点，独立意识、批判意识明显增强，美术学习处于分化阶段，观察能力、分析能力、创造意识、表现欲望明显增强，但思维单一、不考虑物象之间的有机联系，"眼高手低"是其最典型的特点，部分学生动手绘画、制作能力增强，部分学生具有不敢画、不想画的倾向。				
教学目标	1. 初步了解团扇的制作工艺及其特点。 2. 欣赏团扇扇面画，绘制扇面，提高绘画表现能力与动手实践能力。 3. 培养学生热爱中华民族传统文化的感情。				

教学重点	掌握绘画、剪贴两种方法表现扇面，绘制或制作团扇。	教学难点	掌握扇面绘制方法，合理装饰布局。

设计思路	通过谜语的形式引入，出示老师制作的扇子，了解扇子的作用及历史，从而引入课题，通过多媒体课件展示大量古今中外团扇，冲击学生的视觉感官，领略扇面的艺术魅力，让学生从欣赏中发现团扇的美，感受和了解中华民族文化和艺术魅力，激发学生热爱中华民族传统文化的思想情感和传承优秀传统文化的欲望。然后通过老师的范画以及实物进行探讨，分析团扇的构成、形状、题材、制作方法、表现形式、表现方法，以及扇面的构图布局等。通过取景框的形式，启发学生题材的选择要有主次取舍，主体要突出，构图要合理，注意画面均衡。本环节主要是想通过学生的视觉、触觉等多种感官的体验，让学生进一步发现和感受团扇的美，实现审美能力的提高。实践环节，学生根据实际情况选择喜欢的方式装饰扇面，完成一把完整的团扇。最后采用自评和互评的方式进行评价。

教学准备	教师准备	课件、团扇示范品、范画、教材（每生一本）。
	学生准备	绘画纸 2 张、水彩笔、剪刀、粘胶等。

教学流程

环节＼内容	学生活动	教师活动	学法	教法	预时	设计意图
猜谜语，示实物，引入课题。	猜谜 听 看 想 感受	**一、谜语导入** 1.师生谈话：同学们好！今天老师给你们带来了一件东西，我们先猜一个谜语"有风它不动，一动就有风。人间不用我，要等起秋风。"猜猜是什么？对了，是扇子。 2.生活中的扇子用来做什么呢？ 生：扇风取凉、驱赶蚊虫、引火加热、拍打灰尘。 3.引出课题：团扇的来历。 最早的扇子叫五名扇，又称仪仗扇，是由侍者手持长柄扇，为帝王贵妃障风遮日用。后来出现了手摇生风的短柄扇，用羽毛做的，所以扇子的"扇"字里，有个羽毛的"羽"字。到了汉代，由于丝绸业的发展，出现了纨扇，就是用洁白的丝、绢、绫罗制作而成。因为最先为宫中女子使用，所以又叫绢宫扇，又因其形状"团团如明月"，所以又叫团扇。这种团扇深受古代女子喜爱，我们从很多古代绘画名家的作品中可以看得出来。	回答 观察 倾听 感知	谈话 情境教学 启发 提问 讲述	2分钟	通过猜谜语、展示实物，激发学习兴趣。 通过提问启发学生回忆扇子的作用，从而带领学生了解扇子的历史，引入今天的课题，了解团扇的来历。
作品欣赏 认识团扇的构成，过渡到下一个环节。	欣赏认识团扇 看 思 答 听	**二、感受团扇结构美** 1.通过PPT展示团扇，同时教师出示团扇。 （1）首先我们来看团扇的结构包括哪些部分呢？ （2）我们看团扇扇面都有些什么形状？ 根据学生回答小结，小结要点： 团扇包括扇面、扇骨、扇柄。引导学生看图看实物。 团扇扇面的形状：圆形、方圆形、扁圆形、马蹄形、腰形、瓜棱形。 2.观察这些形状有什么特点。 回答：都是对称形。 小结示范方法：剪对称扇面——纸张对折剪马蹄形，引导剪其他形状。 3.扇面的形状有了，但是没有装饰的扇面好看吗？ 教师讲故事：扇子不仅可以消暑纳凉，还可以在上面题诗作画。今天，老师给大家讲一个王羲之画扇子的故事吧。	观察 思考 回答 总结 倾听	展示 演示 启发 提问 总结 谈话	4分钟	通过PPT展示，让学生了解团扇的构成和形状，加深学生对团扇的的认识。 通过讲故事，让学生了解扇面装饰的艺术价值和文化价值。

（续表）

环节 / 内容	学生活动	教师活动	学法	教法	预时	设计意图
扇面的装饰题材，布局探究。	欣赏各种题材扇面，了解题材的多样性。 看 思 听 看 讨论 探究 尝试 实践	**三、欣赏扇面的装饰美** 很多艺术大师比如现代的张大千、齐白石、徐悲鸿等，都曾经绘制过精美的扇面，这些扇面都具有很高的艺术价值，课件中团扇的美主要体现在哪里呢？ 1. 怎么装饰扇面呢？ 2. 我们可以在扇面上画什么呢？ 学生回答。 先通过PPT欣赏《妆靓仕女图》《梅竹寒禽图》《书法团扇》《墨石水仙》等，根据学生开放式的回答简要小结，团扇的装饰题材非常广泛，人物故事、神话传说、花鸟虫鱼、亭台楼阁、才子佳人、民间风俗、家乡美景、书法作品等都可以进入小小的扇面。 3. 通过欣赏精美的扇面，我们看出扇面画与普通的画有什么区别吗？ 根据学生回答小结：通常书画作品都是方形，而团扇的形状都是圆形或接近圆形，有一种典雅精致的艺术美。 4.出示范画。老师的画是一张大大的方形，而团扇是小小的圆形。老师这幅画上有花鸟，有大树，有小河，还有农舍房屋，是一幅很有乡村气息的画面。这些都是我们家乡的美景。 可是我们的扇面却比较小，怎么办呢？ 学生回答：把想画的缩小或减少。 5. 教师出示团扇的取景框，引导学生观察。 请学生上台来取景，同学们判断是否合适，并说出理由。 根据学生的回答，小结，强调突出主体，主题突出。也就是可以选择一种景物为主，不要杂乱，注意取舍。 6. 引导学生分析团扇构图。 PPT图片对比观察，哪个团扇更美，为什么？ 学生回答。 根据回答小结：构图要饱满，大小要合适，所画的物象要适合团扇的形状。	感知 思考 讨论 倾听 观察 尝试 回答	谈话 提问 总结 讲解 演示 引导 观察	10分钟	通过对大量优秀经典团扇的欣赏，分析团扇扇面的题材、内容，拓展学生的思路，开阔学生的视野，了解团扇的装饰艺术美感，以及感知团扇悠久的历史和文化。 通过学生构图的取景练习，让学生知道构图的重要性，思考内容的取舍，形成知识与能力的建构，两相促进，提高学生学习兴趣。 通过对比观察，引导学生明白构图的大小关系，以及图与形的适合关系。

（续表）

环节 / 内容	学生活动	教师活动	学法	教法	预时	设计意图
制作团扇方法探究	了解团扇的具体制作方法。 看 听 想	**四、引导学习制作方法** 再次展示欣赏各种形式不一的团扇，看看这些团扇跟之前欣赏的相同吗？ 学生回答。 1. 有什么地方不相同？ 根据学生的回答小结：这几把团扇制作的材料、色彩、方法都不一样，有的是剪贴的，有的是绘画的，还有的是穿编的。所以制作方法有：剪贴法、绘画法、编织法等。 2. 教师手绘演示绘制扇面，学生认真观察。 绘制过程：构思——构图——绘制 3. 整体制作团扇步骤：设计剪扇面。	观察 思考 回答 倾听 观察	展示 提问 对比 总结 视频演示	4分钟	通过欣赏不同的团扇，进行对比分析，了解团扇制作的不同方法和表现形式。 通过微课演示，让学生直观感受绘制团扇的过程。
设计实践 体验设计制作乐趣	团扇制作。 体验绘制或制作乐趣。	**五、团扇的设计绘制** 由谈话进入团扇绘制实践：同学们，我们已经学习了团扇的绘画和制作方法，请你在已经剪好的扇面上用自己喜欢的方式设计装饰吧。 实践要求： 1. 图形题材有创意，视觉效果好；注意构图合适、饱满。 2. 可以涂上鲜明的色彩。 3. 剪贴的同学注意用剪刀的安全。	思考 实践	启发 讲解 个别指导	16分钟	引入创设实践活动，明确三个实践要求，给足学生创作的时间，促进学生美术核心素养的形成。
展示评论	自评 互评 总结	**六、作业展评** 学生将基本完成的扇面粘贴好扇柄，自己体验一下团扇的凉爽，然后到教师讲台上展示。 教师通过PPT分步展示问题，开展自评、互评，学生总结。 1. 自评：说一说自己的设计思路、内容、方法和不足（1—2名学生）。 2. 互评：你最喜欢哪一把团扇，用本节课学习的知识，说说你的理由（1—2名学生）。 3. 学生总结：这节课你都学了什么，最大的收获是什么？	评价 总结	展示 引导	3分钟	通过体验团扇，感受制作成功的乐趣。 通过自评、互评让学生在分享交流中取长补短，提升审美能力。 让学生进一步巩固团扇知识的学习和制作。

内容 环节	学生活动	教师活动	学法	教法	预时	设计意图
展评交流 提升设计能力 拓展小结	交流学习成果 提升美术核心素养 看 思 说 听 体验	**七、总结延伸** 　　总结语：同学们，扇子发展了几千年，现在人们已经有了电扇、空调，为什么我们还要学习制作团扇呢？我们今天学习这课《团扇》，就是希望同学们传承中华民族优秀的扇文化，把祖国的优秀文化遗产继续发扬光大。 　　下课。	倾听	提问 启发 总结 拓展	1分钟	运用延伸语来加深学生对团扇的认识，加强学生传承祖国优秀文化的情感和责任感。

板书设计
团扇 结构美　扇柄　扇骨　扇面 形状美　圆形　马蹄形　方圆形　扁圆形　腰形　（贴形状） 装饰美　题材丰富　构图（主体突出　大小合适）　色彩（鲜明） 制作方法　绘画法　剪贴法　编织法

教学设计 32：

《形色协奏曲》教学设计

黎清　重庆市綦江区瀛山学校

课题	《形色协奏曲》	课业类别	欣赏·评述	课时	1
教材分析	\multicolumn{5}{l}{　　本课是湖南美术出版社义务教育《美术》六年级上册第 1 课，本课跨越"造型·表现"和"欣赏·评述"两个领域。学习内容以欣赏艺术家运用色彩、线条、形块等美术语言，品味形色在理性构成、激情协奏中展现的抽象美为主。本节课以康定斯基等抽象画家的抽象画领航，在抒情抽象的基调中，进入更纯粹的艺术殿堂——抛开对客观现实世界的表现和说明，完全通过线条和色彩表达秩序、节奏、韵律、情绪等，在这种音乐般的视角中，我们可以感受气氛，产生联想。}				
学生分析	\multicolumn{5}{l}{　　抽象画对六年级学生来说是一个全新的概念，如何欣赏抽象画、如何抓住事物的特征画抽象画是一个难点。}				
教学目标	\multicolumn{5}{l}{　　1. 欣赏抽象画，品味形式美、意象美、抽象美，了解并尝试抽象的表现手法。 　　2. 通过关注抽象艺术，实践抽象画创作过程，获得对形色元素和原理的进一步认识与运用，发展学生的审美能力和艺术表现力。 　　3. 探索艺术创作的新天地，增进美术学习的兴趣。}				
教学重点	\multicolumn{2}{l}{　　感受形色在画面中的和谐美。}		教学难点	\multicolumn{2}{l}{能够掌握欣赏抽象画的方法。}	
设计思路	\multicolumn{5}{l}{　　《义务教育美术课程标准》（2011 年版）"造型·表现"和"欣赏·评述"学习领域要求学生通过对自然美、美术作品和美术现象等进行观察、描述和分析，逐步形成审美趣味和美术欣赏能力，并用线条、形状、色彩、肌理等多种造型元素表达自己的感受与认识。本课主要通过欣赏、观察、感知、思考、讨论、探究、倾听、创造等方法，进行抽象画的深入认识、体验创造的乐趣，创作出新颖的抽象画。基于情境教育、启发教育、主体教育的思想，本课的教学设计以理解、想象、创新为核心，帮助学生提高欣赏、联想、创新能力，认识抽象画，创作抽象画，掌握湿画手法，体验创新过程的快乐，提高美术学习兴趣。本课教学基本环节设计为：创设情境、激趣导入——作品欣赏、认识抽象画概念——图形识读、图形创意理解实践——延展识读、赏析抽象画的特点——创造实践、体验实践乐趣——展评交流、提升创造能力。}				
教学准备	教师准备	\multicolumn{4}{l}{课件、水彩颜料、水彩纸、调色盘、板刷、笔洗等。}			
	学生准备	\multicolumn{4}{l}{水彩颜料、水彩纸、调色盘、板刷、笔洗等。}			

<table>
<tr><td colspan="7" align="center">教学流程</td></tr>
<tr>
<td>内容
环节</td>
<td>学生活动</td>
<td>教师活动</td>
<td>学法</td>
<td>教法</td>
<td>预时</td>
<td>设计意图</td>
</tr>
<tr>
<td>创设情境
激趣导课</td>
<td>情境体验
听
看
感受</td>
<td>课前检查学生的学具准备情况，学生代表发放教材。

一、创设情境

1. 黑板上板书"形色协奏曲"，电子白板显示阎振铎的抽象作品并配"协奏曲"文字。用设问法引导学生明了：协奏曲让人想到音乐课，而美术课怎么会出现协奏曲呢？

2. 音乐由节奏、音律等构成了协奏曲，而美术中绘画的协奏曲也就是要研究绘画的构成，本节课让我们来探究一下这一方面的内容。</td>
<td>观察
感知</td>
<td>谈话
情境教学
启发提问</td>
<td>2分钟</td>
<td>用设疑的方法能最有效地将学生思维带入课堂。

以协奏曲为切入点，明确本课时学习内容就是研究绘画的构成。</td>
</tr>
<tr>
<td>作品欣赏
认识抽象
画概念</td>
<td>认识抽象画</td>
<td>**二、初步认识**

1. 打破学生常规欣赏方法"像与不像"。出示蒙德里安的《树》系列作品，利用电子白板遮幕功能先出示第一幅（最抽象的）让学生欣赏并说说感受，再逐渐出示第二幅（较抽象）和第三幅（较写实）。

2. 运用文字的形式给出抽象画的具体概念，让学生齐读。

抽象画概念：抽象画就是与自然物象极少或完全没有相近之处，而又具强烈的形式构成面貌的绘画。

3. 小故事加深学生认识抽象画的特点——与自然物象极少或完全没有相近之处。

小故事大概内容：画家办个展，画展中有抽象画、有具象画，画家观察观众的反应。</td>
<td>观察
思考</td>
<td>展示
启发提问</td>
<td>3分钟</td>
<td>本环节让学生用倒推法去感受抽象画家作品的"抽象"，初步认识抽象艺术。

小故事更好地阐释抽象画概念，加深印象，更易于理解。</td>
</tr>
</table>

（续表）

内容环节	学生活动	教师活动	学法	教法	预时	设计意图
图形识读 图形创意 理解实践	理解与实践抽象画形色的秩序美	**三、探究新知** 1. 探究抽象画强烈的构成形式。 （1）分析康定斯基的作品，得出抽象绘画的构成形式。 在这幅作品中打破常规欣赏方法，只告诉我"你看到了什么？"颜色或形状。 （2）作品由什么构成的？ 形：点线面 2. 探究抽象中运用形的秩序美。 作品中的点线面是画家乱画的吗？让我们再来仔细探究。 （1）听音乐感知点线面。音乐播放《命运》与《茉莉花》截取段。 教师引导：听音乐后用点去表现对不同乐曲的感觉。 学生表现：用线条去表现不同乐曲。 小结：听音乐会有画面的联想，那看画面也会产生韵律感。 （2）点线面感知韵律感，看图片哼乐曲。对比不同的线条组合会产生不一样的韵律感。 如：直线强硬、直接；曲线柔和、柔美。 小结：点线面通过形状、疏密、曲直等有规律的排列顺序产生不同艺术效果。 3. 探究抽象画中色所运用的秩序美。 （1）蒙德里安的《红黄蓝构成》欣赏，赏析色彩构成。 （2）欣赏抽象画在生活中的广泛应用，由此提升学生对抽象画的欣赏与理解。	思考 讨论 探究 倾听 观察 小结	欣赏 提问 讲解 演示	14分钟	要求学生不要从"像与不像"的角度去探究画面本身的构成。 分析作品中的图形构成，引导学生发现这些图形都是由各种点线面构成的，而得出画面的形。 用音乐感知出视觉画面，调动学生的空间想象力和感知力。 提高学生欣赏力和想象力。
延展识读 赏析抽象画的特点	读图理解抽象画的色彩特点	**四、方法应用** 赏析更多的抽象画作品： 运用所学的抽象画构成分析方法，赏析抽象画作品康定斯基的《小小的喜悦》和朱德群的《灿烂》。	欣赏 思考	讲解	3分钟	让学生应用所学知识赏析更多的抽象画作品，加深巩固并学会实际运用。

内容 环节	学生活动	教师活动	学法	教法	预时	设计意图
创造实践 体验实践 乐趣	图形设计 体验设计 乐趣	**五、实践活动** 1.教师示范：教师用湿画法完成一幅抽象画，讲解过程与方法。 以湿画法涂底色，用点、摆、刷、甩等绘画技法。 2.学生实践：用湿画法画一幅抽象画，配音乐，使学生在音乐中产生某种情绪，带着这种情绪表现出画。 学生制作，教师巡回辅导。	观察 实践	演示 启发 讲解 个别指导	15分钟	教师示范水彩中的湿画法，运用所学练习简单的抽象画，提高学生的绘画技能和审美能力。
展评交流 提升创造能力	交流学习成果 提升美术核心素养	**六、展评作品** 1.学生互评：谁的作品最吸引你，为什么？ 2.学生自评：你用了什么方法？你觉得还需要做什么改进？ 3.教师点评：点出有特点有创新的作品，指出需要改进的地方。 **七、课堂拓展** 欣赏赵无极、朱德群、康定斯基、蒙德里安的其他抽象画作品。	观察 思考 交流 倾听	提问 启发 总结 拓展	3分钟	拓展既是对本节课知识的延伸，也是对这类知识的引申，开阔学生视野。

板书设计

形色协奏曲

点：⋯⋯⋯⋯⋯⋯

线：～～～～ ————

面：■

学生作品展示

教学设计 33：

《遥远的地平线》教学设计

傅先春　重庆市綦江区书院街小学

课题	《遥远的地平线》	课业类别		造型·表现	课时	1
教材分析	本课是湖南美术出版社义务教育《美术》六年级上册第 3 课，属于美术四大学习领域中的"造型·表现"，与第 2 课《俯仰之间》有着知识上的连贯性，在解决了视角俯仰问题的基础上，本课加深了客观写实的观察方法以及理性处理画面空间的绘画方法。教材中多次出现名词解析，知识点较多。本课的学习难度大，在培养学生美感的同时，既要尊重学生的客观情感与绘画水平，又要运用简单的透视知识理性分析视觉现象，帮助学生能够真实地描绘出看到的景象。 　　本课设置了两个活动，介绍透视的知识点有交集，本次教学考虑实际情况，我选择"学习活动一"开展教学。"学习活动一"的内容是绘制室外风景草图，学科知识涉及地平线和消失点，主要描绘平视角度下的风景，所有的灭点在画面中最后都消失于地平线上，这就是平视角度，只有平视的视野中才会有明显的地平线。我们心理上空间意识的构成，是靠着感官经验的媒介产生。教材中通过摄影主图呈现的地平线是人们视觉现象最初的认识，由此引入地平线的概念。教材通过红色辅助线理性解析了《林荫道》这幅画的透视现象，但是霍贝玛并不是僵硬地运用透视规律，画家笔下的树木比较轻巧，轮廓线也更为自由，在空间中舒卷生长，那些灵动的线条、宽广的土地真实得令人陶醉。要求在解读作品时，既要介绍推理性的观察方法，又要让学生感知艺术的表现形式，依然保持生活的诗意和对自然风景无限的遐想。教材中另外四幅摄影图片用文字分别说明了近高远低、近粗远细、近疏远密的透视现象，但是每张图片并不是孤立地反映近大远小这一个现象，它同时也存在近长远短、近宽远窄等多个现象。学生在观察这些图片时可以学到很多表现画面空间纵深感的方法。学习为知识的延伸，让学生继续了解透视知识，探索表现空间的多种绘画方法。					
学生分析	六年级学生心理逐渐成熟，认识能力、审美品位、综合素养也在提升。这个阶段的学习方式既需要感性的体验与释放，又需要理性的分析与归纳。 　　透视是一个比较抽象的概念，由于小学生认知水平低，空间思维能力比较差，他们往往不能够理解"近大远小"的透视原理，更谈不上在绘画创作中运用"近大远小"的透视原理来表现丰富的前后空间关系的画面。但同时这个年龄段的学生喜欢自主探究，对与平板电脑结合的教学充满兴趣，喜欢时下的游戏，电子产品，能运用平板电脑进行拍照，进行基本的线条绘画。我根据教学目标以及本年龄段学生的实际情况，启发学生的兴趣点，让学生在课堂上充分进行自主合作探究学习。根据小学生的理解水平，主要通过线性透视，了解焦点透视知识，即物体所有透视线在画面上消失于一点。					
教学目标	1.掌握基本的透视规律和原理，在室外风景画中能用线条表现空间的纵深感。 　　2.使学生学会推理性的观察方法，能运用基本的一点透视规律，完成室外风景画绘画创作。 　　3.培养学生养成科学观察的良好习惯，感受透视效果给画面带来的美感，提高学生的审美能力。					

课题	《遥远的地平线》	课业类别		造型·表现	课时	1
教学重点	运用基本的透视规律，绘制风景草图，表现出消失点、视平线、消失线。		教学难点		能用透视规律表现空间的纵深感，创作出体现透视规律且有一定情境的画面。	
设计思路	为了更好地开展本课教学，我将抽象的一点透视知识和学生最感兴趣的游戏场景设计结合起来，抓住学生的兴趣点，将现代平板电脑教学技术手段用于本课具体教学，在美术课堂上给学生充分体验自主探究透视规律的过程，而去掉了教材中摄影图片为主的教学，以利于学以致用。学生对透视现象的直观感知依次从三个步骤入手，第一步是摄影图片，第二步是校园实景，第三步是画家作品，摄影图片的透视现象明确易辨，校园实景需要观者的取舍统整，画家作品需要观者结合自身知识形成感悟，由此线索逐步引导学生感受理解。为此我设计了如下教学环节：从飞车游戏场景的透视现象入手——引入透视知识——学生自主合作探索发现一点透视的原理规律——运用透视的基本规律理解飞车游戏场景中的透视——应用一点透视自主表现风景草图的绘制。					
教学准备	教师准备	多媒体课件、微课、导入视频、教材（每生一本）、有关透视内容的卡片、粉笔、大排笔、演示纸、板书字。				
	学生准备	铅笔、水彩笔、勾线笔、橡皮、绘画纸2张。				

教学流程

内容 环节	学生活动	教师活动	学法	教法	预时	设计意图
创设情境 激趣引入	观察感知 回答	**一、创设情境，激趣引入** 1. 发现透视现象 播放"QQ飞车"视频，引导学生观察。师：说一说这款游戏的场景给你什么感觉？ 生：在电脑面前玩飞车游戏时，总感觉飞车奔驰的马路没有尽头，感觉路有了深远的空间感。 2. 导入课题 师：游戏设计师将美术中的一点透视技法应用到了游戏设计中，让你感觉平面画面中产生了视觉上立体的路。今天我们一起来探究一点透视的相关知识与技能，学习《遥远的地平线》这一课。板书课题。	观察 感知	谈话 情境 教学 启发 提问	3分钟	情境导入时利用多媒体创设QQ游戏场景，让学生从感兴趣的游戏中引出透视话题，激发学生的学习兴趣和参与积极性，从而很快引出本课课题。

（续表）

内容\环节	学生活动	教师活动	学法	教法	预时	设计意图
自主探究 感受透视	拍照 感受透视 体验 自主合作 探究透视 规律 观察 回答问题	**二、自主探究，感受透视** 1. 自主合作探究透视规律。 　　出示游戏规则，小组合作。固定平板电脑拍下正方框上下移动的照片，并上传到多媒体屏。师用多媒体选项将学生选择的各个图片在大屏幕展示，请学生观察自己选择的正方框照片。 　　师：观察我们拍摄的正方框图片，你发现了什么不同？ 　　生：在拍摄中，我发现正方框在上下移动的过程中出现了大小的变化。 　　师：近大远小（板书）。 　　师：我们所拍的单个正方框，边是一样的，为什么拍出的图片看着不一样了（问问题时老师手势比较）？ 　　生：我发现我拍的正方框在离我们近的地方比较粗，远的地方比较细。 　　师：近粗远细（板书）。 　　师：再次观察我们所拍的正方框，你还发现了什么？ 　　生：离我近一点的稍微宽一点，离我们远一点的看起来稍微窄一些。 　　师：近宽远窄（板书）。 2. 发现校园中的透视（出示两幅校园照片）。 　　师：你发现了校园中的哪些透视规律？ 　　生1：我观察到我们学校的柱子近处看起来高一些，远处看起来矮一些。 　　生2：楼梯近处台阶看着清楚，远处的模糊。 　　生3：我观察到近处的柱子距离隔得开，后面的柱子距离越来越近。 　　师：近高远低，近实远虚，近疏远密。 3. 欣赏霍贝玛的《林荫小道》，引出消失点、地平线、水平线的知识。 　　师：这是荷兰画家霍贝玛的《林荫小道》描绘的乡间小路，请你说一说作品给你什么感受，为什么会有这样的感受？	观察 思考 归纳	展示 启发 提问 归纳	5分钟	透过游戏探究透视规律，让学生透过图片的观察一步步引出透视规律。教师总结出近大远小、近粗远细、近宽远窄的透视知识，结合校园图片进一步了解更多的透视，如近高远低，近实远虚，近疏远密等。

（续表）

环节 / 内容	学生活动	教师活动	学法	教法	预时	设计意图
自主探究 感受透视	欣赏 学习透视 练习	生：感觉好像真的可以走进这条小路，近处的树看起来高，隔得远，远处的树看起来比较矮，挨得比较近。 　师：之所以有这样的感觉是因为画家在绘画中运用了透视。画中的树、马路最后都消失到了一个点，这个点在透视中叫消失点（在一体机上画出消失点）。 　从消失点水平方向在一体机上画出一条直线，上面是天，下面是地，我们把天和地的分界线叫地平线或水平线。 　从消失点出发在一体机上沿着马路边缘、路边的树画出若干条斜线。这些斜线叫消失线。我们将一点透视中的消失线、地平线、消失点迁移到我们的飞车游戏场景中。 　出示开课的飞车截图，在飞车游戏截图上找透视。 　师：游戏设计师是如何运用透视规律来表现有空间感的场景，请你在图片中画出来。 　生1：上台在大屏幕上用线条画出消失点、水平线和消失线。 　生2：我觉得这些景物可以表现出立体的感觉。 　师：在大屏幕上画出截图中近处的树和远处的树。近处的高大，远处的矮小，近处隔得远，远处挨得近，设计师用透视中的近疏远密表现场景。 　生3：我觉得还用到了一点透视的近实远虚的方法来表现这些景物。 　师：同学们，游戏中的场景如此逼真，正是一点透视规律的运用，而游戏中的场景都来源于生活实际，如马路、铁路，桥路等等，出示三幅图片（铁路，林荫小道，公路）。 　4.一点透视小练习。 　师：给学生三幅图片（铁路，林荫小道，公路），请学生选择其中一幅，在图中画出消失点、水平线、消失线。学生上来自己讲解。 　接下来我们也像画家一样用透视规律来完成一幅风景写生草图吧。	总结训练	总结训练	10分钟	欣赏霍贝玛的《林荫小道》进一步引出消失点、地平线、水平线的知识。

（续表）

内容 环节	学生活动	教师活动	学法	教法	预时	设计意图
教学示范 解决问题	听课思考 学习	**三、教学示范** 1.播放录好的铁路风景草图示范微课3分钟，边放边讲解绘画步骤。 2.展示老师绘画的作品。 3.出示两幅学生作品（有问题的和没有问题的），改正学生作品中的错误。 4.强调一点透视的绘画技巧：横线画水平，竖线画垂直，斜线消失到消失点。	观察 学习	讲 授 示 范	7 分钟	教师用微课示范，演示透视绘画技巧，促进学生投入观察学习，发现绘画中容易出错的细节。
自主表现 实践操作	运用透视 规律 表现风景	**四、学生运用透视规律表现风景** 1.出示作业要求：选择自己最喜欢的场景照片，运用基本的透视规律，在透视纸上绘制室外风景草图，表现出消失点、视平线、消失线，要有近大远小的变化，注意遮挡关系，表现前后空间关系。作品上色要有对比，近处的鲜明，远处的灰暗。 2.展示屏展示作画的基本步骤。 （1）先观察图片，找出消失点、视平线、消失线。 （2）画出主要景物的外轮廓线（考虑安排主体物的合理位置）。 （3）用线描表现风景中的细节，注意近大远小、近粗远细、近高远低、近宽远窄、近疏远密、近实远虚的透视规律。 教师指导作画并用手机拍摄学生作品。	阅 读 思 考 回 答 倾 听	提 问 总 结 讲 解 演 示	10 分钟	学生自主运用透视规律表现风景，透过展示作品的基本步骤，进一步了解透视知识在画作当中的表现。直观的演示与同学们积极主动的参与解决了绘制透视的难题。

环节\内容	学生活动	教师活动	学法	教法	预时	设计意图
展评交流 总结下课	展示交流 学习成果	**五、展示，评价，交流** 1.学生上台粘贴自己的作品，请学生说一说自己喜欢哪一幅作品。 2.老师说一说自己喜欢的作品。 3.总结。 通过学生的作品，总结本课透视中的规律（近大远小、近实远虚、近粗远细、近疏远密、近宽远窄、近高远低）。 **六、课堂总结** 师：街景中路由于透视的变化，路的尽头消失在地平线的某一个点上，路也由宽变窄，路边的树、电线杆也由大变小、由高变矮、由粗变细。这是现实生活中的路，而人生的路，它需要我们从当下走向未来，从近处走向远方……这条路在我们脚下，靠我们自己去丈量与实现！	观察 思考 交流 倾听	提问 启发 谈话	5 分钟	通过自评、互评及学习总结，让学生在分享交流中取长补短，提升本节课的学习与实践效益，让学生进一步巩固透视知识，运用延伸语来回顾透视作用，与生活紧密结合，提高学生对美术创作欲望。

板书设计

遥远的地平线

学生作品展示

近大远小　近疏远密
近实远虚　近粗远细
近宽远窄　近高远低

教学设计 34：

《废物新用》教学设计

李友谊　重庆市綦江区康德城第一小学

课题	《废物新用》	课业类别	综合·探索	课时	1

教材分析	本课是湖南美术出版社义务教育《美术》六年级上册第12课，本节课属于"综合·探索"领域。"活动二"的教学内容是学生分组合作，探索利用废弃物并策划制作一件综合材料作品，用文字描述作品要表达的主题。本课的重点是运用已有的美术技能、学习方法、学习能力进行艺术创作，在变废为宝的过程中，实现综合能力的提升。难点是运用综合知识探究性地解决各种问题，发展团结协作与沟通、交往、创新、实践等能力。 　　教材编排了组图和范作，呈现了废弃物的选择与应用的两个思考与学习梯度，同时也为学生提供了自主学习的要点： 　　1. 核心知识：通过艺术手段、技术利用综合材料进行制作。 　　2. 统领性观点：对生活中废弃物的材质、形状、色彩重新审视，重视发掘其潜在艺术表现力，换一种观察角度和使用方法，将单件的废弃物变成艺术品的制作材料。 　　学生结合学校和社区活动，尝试综合多学科的知识、技能，进行策划、设计、制作与展示，从学生的视角和感受出发，创造简单有创意的作品，体会美术与人文环境、自然环境的关系。 　　教材呈现了以下内容：1.法国艺术家埃利亚斯在2010年创作的纸质材料《长颈鹿》；2. 四个不同角度呈现的另外一幅法国艺术家埃利亚斯的纸质材料作品；3. 两个学生在模仿埃利亚斯创作手工的图片；4.学生组合在一起的纸卷作品；5.小组合作制作的作品《倒着生长的树》；6.三种常见废旧材料：废旧铁丝、废旧报纸、彩色卡纸。通过学习活动，让学生获得知识、能力、情感的同步发展。
学生分析	本课的授课对象是小学六年级上学期的学生，在近六年的美术学习后，学生已经具备一定审美能力和想象创作能力，在手工制作上已经积累了大量制作经验。本课"活动二"的要求是设计并制作简单有创意的作品，这不仅是要求学生能够制作作品，还需小组合作进行设计创作。因此在教学引导上，用课外时间引导学生完成学习，教学中采用教师引导、学生演示，以任务式教学，有目标的策略提示学生运用所学所知的方法解决难点。该年龄段学生有着丰富的技法，对美和情感的表达有着自己独特见解，能够对美术作品观察、理解、思考、分析，在共同完成学习时，小组会一起讨论、操作、尝试、引发争议，寻求帮助，达成共识。

（续表）

课题	《废物新用》	课业类别	综合·探索	课时	1

| 教学目标 | 1. 了解废品艺术从构思到实践再到艺术品形成的一个过程。
2. 在小组合作学习中，教会学生用美术的方式、用跨学科的方式来锻炼合作解决问题的能力。
3. 通过有目标的美术实践活动增强学生保护环境的意识，养成良好的环境道德与对社会的责任感。 | | | | |

教学重点	运用已有的美术技能、学习方法、学习能力，进行艺术创作，在变废为宝的过程中，实现综合能力的提升。	教学难点	难点是运用综合知识探究解决各种问题，发展团结协作与沟通、交往、创新、实践等能力。

设计理念	本课教学中，力求体现美术核心素养的理念指导教学。 1. 着眼"人"的培养需求。 在本课教学中注重关于"学生"的情感、意志、认知、思考、能力、差异等问题。把学习内容带到课后学习单中，引导学生的思考，小组合作带动学生的参与感，在实际过程中解决问题。在学生制作学习单的过程中，关注学生的实际困难，及时引导学生；通过小组分享学习过程的时候，感受每个人的所思所想，借助解决问题的实践过程，逐步促进学生美术素养中美术表现、创意实践、文化理解等多个方面的能力提高。 2. 改变课堂结构模式。 采用课下自主学习、课上学生分享的课堂结构，教师引导，学生实践，通过多种方式寻求答案，使学生在实际操作中学以致用，在合作学习中学会分工、学会沟通，将知识与技能逐步内化为能力，在潜移默化中形成人的核心素养。 本课教学基本环节设计为：谈话导入——交流成果——激发创意——探究合作——欣赏学习、实践操作——作品展示、评价——情感触动、主题升华。

教学准备	教师准备	多媒体课件、导入视频、教材（每生一本）、黑板、磁铁。
	学生准备	各种废旧材料及相关制作工具（上色工具、剪刀、双面胶）。

教学流程						
内容 环节	学生活动	教师活动	学法	教法	预时	设计意图
谈话导入	回顾 预习	课前组织，检查学生学具准备情况，学生代表发放教材。 **一、谈话导入** 1. 回顾学习内容。 师：同学们还记得上节课我们学习的内容吗？ 2. 检查预习情况。 师：老师课后给大家布置的作业单，你们完成了吗？ 3. 导入课题，板书课题。	回忆 感知	谈话启发	2 分钟	回顾上节课学习内容，了解学习要求。
交流 反馈	欣赏 交流	**二、分组交流，反馈小组学习成果** 1. 提问：请组长上台，说本组构思。学生上台发言（PPT呈现：设计背景、设计主题）。 2. 发散思维：分小组讨论，学校及家中有哪些容易收集的废弃物（请用思维导图的形式呈现）。 3. 归纳总结：小组长从讨论列举的材料中，归纳出最容易获得的五种材料。 4. 头脑风暴：小组讨论，请在最容易获得的五种材料中，根据它们的形状、材质写出十个联想到的物品及三个与它相关的事件（请注明通过什么样的方式获取信息）。 5. 创作构思：现在集聚了同学们的智慧，接下来一起来讨论创作，完成废品艺术作品的设计。 《废物新用》学习单（范例，见下页）	倾听 观察 合作 展示 交流 讨论 探究	提问 启发 总结	5 分钟	学生分享学习单内容，了解小组自主学习的过程及收获。 主动寻求开发利用废弃物品的办法，运用丰富多样的素材、技术进行美术创作，表达对生活、社会的关注。

《废物新用》学习单范例

小组编号	× 组	小组成员	×××、×××、×××、×××、×××
设计背景			

小组编号	× 组	小组成员	×××、×××、×××、×××、×××
设计背景	塑料作为世界上最糟糕的发明，它和废弃物一样污染我们的大自然，它们如果和我们的城市卫士树结合在一起会出现什么现象？		
设计目的	呼吁大家少用塑料袋，减少白色污染，不要乱扔废弃物，保护我们的大自然。		
创作思路	用断掉的树枝作为主体，塑料经过加工可以变成一朵朵花，各种废弃物通过加工也可以变花朵，挂在枝头，就变成了一棵开花的树，既表达了要保护树木的寓意，又呼吁大家要少用塑料袋，保护环境。		
收集资料	互联网、书籍、权威专家。		
材料清单	树枝、塑料袋、各种废弃物。		
分工安排	×××同学（做花）；×××同学（安装花）；×××同学（调整、协调）；×××同学（装土）		
作品设计图	加工后的花朵挂在树枝上 思维导图 		
设计中出现的困难及改进方法	1. 树枝立不起来。 改进方法：用废旧的轮胎填入泥土，插入树枝。 2. 塑料袋无法在树枝上展现美丽的形状。 改进方法：将塑料袋打结加工成花朵形状，系在树枝上。 怎样让塑料袋颜色搭配好看？ 改进方法：用红黄蓝等冷暖色搭配出艳丽的颜色。		

（续表）

内容环节	学生活动	教师活动	学法	教法	预时	设计意图
激发创意 探究合作	材料展示 分析造型与色彩 学生构思练习 分组交流拿出制作方案 上台汇报	**三、激发创意、探究合作** 1. 材料展示。 在平日的生活中很多物品用旧之后都会被我们丢弃掉，你能举例来说一说吗？ 学生交流。 你今天都带来了哪些废旧物品？ 学生展示。 分析造型与色彩：我们来看一看这些废弃物都是什么形状？都有哪些颜色？ 学生交流 2. 构思练习。 讨论形象的组合与材料的选择：出示几样大小不同的废弃物，请学生进行联想并把自己的想法画一个简单的草图。交流构思情况，并提出自己的意见。 3. 鼓励学生大胆地说出自己的感想，出示形象。 谁来帮老师设计一下，这个形象我都该选择哪些材料最合适？ 学生交流并可以动手来试一试，鼓励学生大胆去研究、试验。 通过刚才的交流，你是否也能将自己手中的废弃物设计一下，使其变废为宝呢？ 学生交流探讨。 4. 制作步骤。 我们应该按照怎样的步骤去进行制作呢？ 选材：观察、体验生活中的各种废弃物，思考废弃物作为材料的新用途。 确定制作主题与内容。引导学生结合校园的环境以及他们对生活、社会的关注，选择某一特定的社会、资源、环境等问题来确定主题。 根据收集的废弃物等综合材料及制作的主题进行构思、设计草图，运用剪、挖、粘等方法对选择、收集的材料加工、处理，运用一定的构成方式将综合材料制作成立体造型作品。制作过程中可根据灵感随机调整作品的造型。 5. 请同学们分组交流，拿出制作方案来。请学生进行汇报小结。	思考 讨论 探究 倾听 观察 实践	讲解 组织 提问 演示 总结	15分钟	在小组合作学习中，教会学生用美术的方式、用跨学科的方式来解决问题，了解废品艺术从构思到实践再到艺术品形成的一个过程。

内容 环节	学生活动	教师活动	学法	教法	预时	设计意图
欣赏学习 实践操作	欣赏工艺品 分组进行制作作业	**四、欣赏学习，实践操作** 1.欣赏工艺品 课本中有许多运用废旧材料制作的工艺品，请大家来欣赏一下，看有什么地方值得我们学习。 小结：我认为在这些工艺品中一些小装饰运用得十分巧妙，起到了画龙点睛的作用。我们都可以运用什么材料来做小装饰呢？ 学生交流 2.播放学生在拿到学习单后，小组合作，思维碰撞，积极寻求方法的过程。 3.分小组合作，策划并制作一件综合材料作品，并用文字描述作品要表达的主题。分组进行制作作业。 师：让我们为这件艺术品取一个名字吧。	欣赏 探索	组织 讲解 个别指导 总结	8分钟	触发学生对整个学习过程产生情感共鸣。
展示评价	介绍自己的作品 评自己最喜欢的作品 老师评价	**五、作品展示评价** 1.作品的展示交流：作品完成后在教室或学校公共场所放置，师生集体交流、评价。 2.师生一起采用访问的形式采访各组，问他们创作的主题内容、构思及感受。 3.颁发最佳创意奖、最佳环保奖、最佳金品奖、最佳优秀奖。	欣赏 思考 展示 交流	启发 展评	7分钟	学生完成作品后，采用访问的形式，了解在整个学习，过程中的感悟。
情感触动 主题升华	观看环保宣传片	**六、情感触动、主题升华** 1.课堂总结。 2.观看环保宣传片，增强学生保护环境的责任感，养成良好的道德与品质，提高对社会的责任感。 3.下课。组织学生有序离开教室。	欣赏 倾听 思考	总结 拓展	3分钟	情感升华，通过美术实践活动增强学生环保的责任感，养成良好的道德与品质。

（续表）

板书设计

废物新用　　　　　作品展示

选材

构思　　示范区

制作

教学设计 35：

《唱大戏——川剧脸谱设计》教学设计

袁月阳　重庆市綦江区陵园小学

课题	《唱大戏——川剧脸谱设计》	课业类别	设计·应用	课时	1
教材分析	本课是以湖南美术出版社义务教育《美术》六年级下册第6课为参考，结合我国传统戏剧艺术设计的课，通过唱大戏画脸谱和画戏剧人物这两个教学活动，使学生认识、了解和掌握戏剧脸谱和戏剧人物的基本表现方法及步骤，画出自己了解、熟悉的戏剧脸谱和戏剧人物。戏曲艺术分为很多类别，以京剧为主，但是川剧是我们本地的特色，京剧的脸谱和川剧的脸谱都有其共同特点，作为教师的我们，应该让学生走近身边传统戏曲，了解川剧，认识川剧。指导思想主要是通过认识戏曲中象形脸表现等活动，引导学生画脸谱，使学生了解和掌握川剧绘制脸谱的基本方法与步骤，采用多种装饰手法表现脸谱艺术。本次执教的内容是第一个活动：画脸谱。教材呈现了线描、水墨和水粉三种方式表现脸谱，对中国戏剧和脸谱色彩的寓意做了简单介绍。本课着重讲解象形脸，让学生参考学习。				
学生分析	小学高年级学生感知力、理解力较强，"时空"观念也比较明确。心理发展呈现半幼稚、半成熟的过渡阶段特点，具有一定的模仿创造能力，绘画技能有很大提高，对新鲜事物感兴趣，对美术学习处于严重的分化阶段，观察能力、分析能力、创造意识、表现欲望明显增强。川剧脸谱对于他们，是一种新的艺术，学生有着浓厚的学习兴趣和强烈的表现欲望。				
教学目标	1. 初步了解中国戏剧脸谱的特点、样式及有关知识； 2. 学习绘制脸谱的基本方法和步骤，临摹或创意画出一种脸谱样式； 3. 提高对戏剧脸谱的欣赏能力和表现能力，培养学生热爱民族传统艺术的兴趣爱好。				
教学重点	戏剧脸谱的认识与绘制。	教学难点		脸谱纹样的设计和色彩的恰当运用。	
设计思路	注重设计活动的体验、贯穿想象力的培养，随着学段升高，提高动手能力、观察能力。本课要求学生，通过读图、辨识、联想、想象、创造等方法，进行设计并动手操作。根据情境教育、启发教育、主体教育的思想，本课的教学设计以理解、想象、动手为核心，帮助学习生提高读图、联想、创新能力。本课教学中，引导学生观察，情境模拟，小组讨论交流，在图像解读互动中，了解脸谱，让学生产生学习热情，培养学生对传统艺术的热爱。本课教学基本环节设计为：创设情境、情境模拟——作品欣赏、认识脸谱——小组交流、探索——实践操作、动手画脸谱——教师示范、教师展评。				
教学准备	教师准备		课件、导入视频、教材（每生一本）。		
	学生准备		面具、勾线笔、水粉颜料、水粉笔等。		

教学流程

内容 环节	学生活动	教师活动	学法	教法	预时	设计意图
创设情境 川剧变脸导入，揭示课题（引入）	课前组织教学	师：六（3）班的孩子们，上午好！哇！教室里来了这么多客人呀！孩子们听口令。全体起立，向右转，向我们尊敬的客人问好。 　　谢谢孩子们，向右转，请坐。 **一、导入** 　　1. 导语：老师听说六（3）班的同学很热爱戏曲艺术，今天老师邀请来一位神秘嘉宾，想见吗？只有掌声够响亮她才出来！ 　　2. 提问引导：表演精彩吗？这位小演员表演的是咱们本地的川剧变脸。她变得最多的是？ 　　3. 夸张的脸谱个性分明，精美的服饰工细绚丽；中国戏曲的无尽风姿使它成为世界文化遗产中的一颗璀璨明珠，这节课我们就一起去探索中国传统文化——唱大戏之脸谱。 　　揭示课题：唱大戏——川剧脸谱设计。	回忆 观察 感知	谈话 情境教学 启发 提问	2分钟	通过情境体验，让学生从川剧变脸的艺术活动中，激发学习兴趣，初步体验川剧变脸的文化价值。
探索脸谱	基本介绍	**二、新授——探索脸谱样式** 　　1. 请同学们打开美术书，看书第六课第 20 页，戏曲人物按照角色、性格的不同分为哪几个行当？ 　　生、旦、净、丑（板书） 　　师：生和旦分别是指男性角色和女性角色，净是指有鲜明个性的人物或者英雄人物，丑是指喜剧角色。 　　净角在戏曲中最有特色，请大家重点学。	阅读	介绍	2分钟	通过对几个行当的了解和欣赏，对脸谱做一个大概了解。因为时间关系，这节课重点学习"净"角的脸谱内涵、要素和特点。

（续表）

环节 \ 内容	学生活动	教师活动	学法	教法	预时	设计意图
探索脸谱了解特点	1. 三块瓦脸：颜色都是大块大块的眉眼的位置。 2. 碎花脸：色彩种类丰富，构图形式多样，线条复杂而细碎。 3. 十字门脸：特点在构图上形成一个"十"字形。	2. 告诉大家一个好消息，我们学校即将开展"戏曲进校园"的活动，而我们六年级参加的是"脸谱设计"比赛，你们准备好了吗？让我们先去了解脸谱的特点吧！ 　　3. 讨论：请同学们把书翻到第21页，观看书上几种不同的脸谱，以小组为单位讨论这几种脸谱的特点是什么，时间为1分钟。开始！ 　　4. 请同学们看大屏幕，选择其中一张脸谱，说出它的名称和特点是什么。请一个小组的代表来回答一下。 　　三块瓦脸，碎花脸，十字门脸，还有一种脸型叫作象形脸。这样的脸谱为什么叫象形脸呢？老师跟大家一起玩个游戏，相信你就明白了。 　　试一试：将名字与对应的脸谱用线连接起来，通过PPT展示脸谱。 　　师：请这位同学告诉大家，你为什么认为这是猪八戒？你抓住其中的造型特点。请你说一说你为什么觉得他是青龙后羿的造型，特点又是什么呢？看来大家已经掌握了造型特点。 　　师小结：非常好，每一个脸谱图案都有着象征意义，能够更好地解释角色的身份，像刚刚我们的同学一眼就看出来了，非常的形象，所以叫象形脸。 　　5. 同学们，你知道吗？刚刚我们认识的四种脸谱都有一个共同的特征：左右对称。 　　师：有同学疑问，说老师脸谱只能画对称吗？当然不是！还有一种脸谱叫作歪脸，请同学们观看大屏幕。	观察 思考 总结 提炼	展示 启发 提问 谈话	5分钟	加深学生对脸谱的认识，形成美术大概念——川剧脸谱，同时以连线游戏的方式，使"象形脸谱"作为课堂重点。

（续表）

内容 / 环节	学生活动	教师活动	学法	教法	预时	设计意图
延展识读 理解绘画 新技巧 掌握色彩 特点	学生观看绘画过程，注意绘画技巧。	**三、教师示范** 1. 师：老师也想来试一试身手了，看看老师怎么画，怎么加上自己的设计和想象。 师：眼睛是心灵的窗户，重点先装饰我们的眼睛，老师根据自己兴趣爱好的特点来进行装饰设计。老师有一个最大的心愿，像蝴蝶一样生活，像蚂蚁一样勤劳工作。所以袁老师在眼窝处勾画出类似蝴蝶翅膀的形状，线条肯定而流畅。 2. 微课展示小技巧 接下来还有几个小技巧，请同学们看大屏幕。 通过刚刚的示范，我们知道了绘画脸谱的第一步是：勾线。 **四、了解脸谱色彩** 是不是脸谱勾画就完了呢？还有什么呢？ 1. 不同的颜色代表不同的意义，让我们通过这段音乐来了解了解吧！请全班起立！（教师展示音乐视频，教师边唱边比画动作）。 窦尔敦：蓝色表现刚强、阴险、有心计。 关羽：红脸表示忠诚，有血性。 典韦：黄脸表示勇猛而暴躁。 曹操：白脸代表狡诈奸猾。 张飞：黑脸表示刚正不阿，富有正义感。 2. 教师小结：原来脸谱颜色有这么多学问呀！当当当！涂好颜色的脸谱是不是更美了呢？那么我们可以知道，绘制脸谱的另一个方法就是填色。 3. 同学们，"戏曲进校园"活动就要开始啦！本次活动设置了最佳创意奖、最佳色彩搭配奖以及最佳线条流畅奖。	阅读 思考 探究 倾听 观察 实践	组织 提问 总结 讲解 演示 指导 展评	5 分钟	教师引导学生按照自己的兴趣爱好来绘制自己喜爱的脸谱，启发学生由浅入深学习创作，并通过音乐了解脸谱颜色代表的性格特点及意义，通过理解，延展识读，充分理解川剧脸谱中颜色特点，形成对川剧脸谱的完整认识，全面认识脸谱颜色要素的特点，完成系统学习。

内容 / 环节	学生活动	教师活动	学法	教法	预时	设计意图
绘画设计 提升绘画能力	体验绘制乐趣 欣赏作品，激发兴趣。 学生自主创作	4.布置作业要求，开展脸谱设计比赛活动 师：想开始了吗？请听清楚咱们的作业要求：用鲜明的色彩、简洁的线条设计一款属于自己的脸谱吧！ 学生作画，教师巡视辅导。	阅读 思考 回答 倾听	提问 总结 讲解 演示	20分钟	由"戏曲进校园"的绘制活动引入创设实践活动，提出创作要求，给足学生创作时间，促进学生美术核心素养的形成。
展评交流 提升设计能力	学生带着面具和老师一起表演。	五、作业展评与总结 1.接下来到了我们的评奖环节，哪些脸谱会榜上有名呢？ 2.根据这些评价标准： 1-2小组各评一个最佳创意奖； 3-4小组各评一个最佳色彩搭配奖； 5-6小组各评一个最佳线条流畅奖。 讨论时间为1分钟，开始！ 3.请颁奖嘉宾把获奖的脸谱取下来展示。 4.有请获奖同学上台领奖，请为我们获奖的同学戴上奖牌吧！恭喜这些同学！ 5.教师总结，完成表演。 小结：没有获奖的同学也不要灰心，其实袁老师觉得每一个脸谱都各有特色，让我们带着自己亲手绘画的脸谱，和着音乐一起领略中国传统文化的魅力吧！	思考 实践	启发 讲解 谈话	6分钟	学生在分享交流中取长补短，提升本节课的学习与实践效益，让学生进一步巩固绘画脸谱的知识和重点，运用延伸语回顾川剧脸谱的特点与作用，与学生生活紧密结合，提高学生的社会责任感和美术创作欲望。

（续表）

板书设计

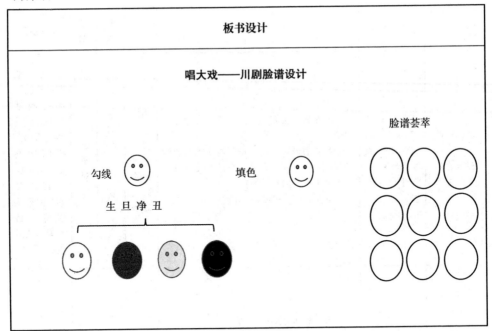

教学设计 36：

《卡通故事——画出抗"疫"英雄》教学设计

曾棣　重庆市綦江区永新中学

课题	《卡通故事——画出抗"疫"英雄》	课业类别	造型·表现	课时	1
教材分析	本课是湖南美术出版社义务教育《美术》七年级上册第2课，属于美术四大学习领域中的"造型·表现"。该课是学生学习人物绘画基础知识之后的进一步拓展学习，让同学们在学习人物肖像面部特征后采用漫画的形式，进行人物肖像夸张和变形的表现，培养学生对人物形象特征的创作能力。				
学生分析	本堂课的授课对象是七年级学生，他们在之前的学习过程中已积累过一定的绘画基础知识，该课主要是让同学们了解人物肖像的基本造型特征和主要表现技法，通过创作人物漫画画出心中的抗"疫"英雄，为武汉加油。				
教学目标	1. 学习人物肖像漫画夸张和变形的表现手法及创作步骤。 2. 培养学生对自己或他人形象特征的观察能力，并在此基础上进行漫画创作。 3. 通过漫画形式，抒发情感，画出心中的抗"疫"英雄，宣传抗"疫"知识，为"抗疫"加油。				
教学重点	分析人物形态特征，理解并初步掌握人物夸张变形的造型表现形式。	教学难点	学习肖像漫画夸张和变形的表现手法，要有创新意识，完成一幅抗"疫"英雄人物肖像漫画创作。		
设计思路	《义务教育美术课程标准》（2011年版）中提出，美术课程以社会主义核心价值体系为导向，弘扬优秀的中华文化，力求体现素质教育的要求，而在美术学习活动的综合性和探索性上，更加要注重美术课程与学生生活的紧密关联，使学生在积极的情感体验中发展观察力、想象能力和创造能力。本课要求学生，通过读图、辨识、归纳、联想、想象、创造等方法，进行卡通漫画人物的创造，创造出既具有漫画特征，又具有时代精神的抗"疫"英雄的形象。基于情境教育、启发教育、主体教育的思想，本课的教学设计以理解、想象、创新为核心，帮助学生提高观察、理解、创新能力。在漫画欣赏过程中认识漫画；在图像解读互动中了解漫画创作手法；在图形创意中，掌握变形、夸张手法，体验创作的快乐，增进想象力和创新意识，同时也能参与到本次的全民抗"疫"中来。本课教学基本环节设计为：创设情境、激发学习兴趣——作品欣赏、认识漫画——图形结合、掌握造型要点——绘画实践、体验创作漫画的乐趣——展评交流、提升品读能力。				
教学准备	教师准备	课件、教材、范图。			
	学生准备	A4纸、颜料、画笔、素材图片。			

教学流程

环节 内容	学生活动	教师活动	学法	教法	预时	设计意图
创设情境 激发兴趣	情境体验 听 看 想 感受	课前检查学生的学具准备情况，科代表发放教材。 导言：同学们，有一种绘画能给我们带来无尽的乐趣和无限的回味，它是什么绘画呢？播放名人肖像照片，并以游戏互动的方式提问："猜猜 ta 是谁"？ 同学们，你们喜欢漫画吗？你们觉得什么是人物肖像漫画？引出本课的学习内容。	回忆 观察 感知	谈话 情境教学 启发 提问	2分钟	让学生初步了解漫画具有幽默感，让学生观看熟悉的名人漫画作品来吸引学生的注意。调动学生的积极性，为下面的教学起到铺垫作用。
作品欣赏 认识卡通 漫画要素	卡通漫画 看 思 答 忆 提炼	现在，请同学们阅读美术书第8页，回答什么是"卡通及漫画"？然后，教师总结讲授知识点：卡通，指具有强烈的讽刺性或幽默感的插图、绘画。漫画，是卡通的一种，分为讽刺、歌颂、幽默、肖像。具有评议、传播、审美娱乐的功能。肖像漫画：是以夸张的手法描绘人物形象，使人物特征更概括、更突出、更具幽默感。 展示名人的肖像漫画。 概括出肖像漫画的特点： 高度概括、极度夸张、大幅度变形。 教师播放名人图片并提问："漫画突出了他们的哪些部位"？ 教师总结：主要通过对脸型、五官（鼻子、耳朵、眉毛、眼睛、嘴）、动作、发型、服饰、体型进行概括、夸张、变形，它们是肖像漫画的主要表现方式。	观察 思考 总结 提炼	展示 启发 提问 总结 建构	6分钟	该环节的设计直观形象地展示了本课的学习内容，通过回答问题，教师详细讲解，能加深学生对本知识点的理解。

（续表）

内容／环节	学生活动	教师活动	学法	教法	预时	设计意图
图形识读 图形创意 理解实践	图形创意 关键手法	展示图片，详细讲解头部构成（脸型：由、甲、国、申、田；发型：长、短、直、卷、辫；五官：眉、眼、鼻、嘴、耳）以及各种表情变化。 老师这里还收集了一些明星的漫画作品，请同学们欣赏，课件出示：明星漫画作品和真人照片进行对比，并提问：人物肖像漫画和照片的区别是什么？在欣赏的同时注意观察作者对他们的什么部位进行了艺术处理？ 教师总结肖像漫画对人物的五官、脸形、发型、表情的夸张，把小的画得更小，把大的画得更大。	阅读 思考 讨论 探究 观察 实践	提问 总结 讲解 演示	5分钟	通过形象的漫画作品演示，使学生更加直观形象地观察分析出漫画的特点，对学生后期的创作有帮助。通过图片展示，让学生清晰直观地了解肖像漫画的主要构成特征。
延展识读 漫画表现 方法及特点		表现技法主要为"夸张、变形、简化"等。出示各类绘画材料示范图片。 综合材料和技法，教师总结漫画的绘制方法：黑白绘画、水粉、电脑绘画、国画、线描、油画、彩铅、综合绘画等。出示真人图片和漫画，请同学们连一连、比一比，看谁速度快，最先找出照片匹配的肖像漫画。	阅读 思考 回答 倾听	提问 总结 讲解 演示	8分钟	通过幻灯片展示相机拍摄的照片和漫画作品，使学生更加直观形象地观察分析出漫画的表现技法，为学生的创作打下基础。

（续表）

内容 环节	学生活动	教师活动	学法	教法	预时	设计意图
创作实践 体验创作 乐趣	图形设计 体验创作 乐趣	教师结合范画演示，讲解人物肖像漫画的创作过程、步骤分解图。 创作步骤：（微课展示） 1. 概括外形（认真仔细地观察要表现的人物形象，概括出外形和五官的主要特征）。 2. 夸张变形（根据需要夸张其主要特征）。 3. 添加道具（根据人物的身份和性格适当添加道具）。 4. 整理完成（选择适宜的画法进行描绘表现）。 播放微课：人物肖像漫画示范。 请同学们创作一幅抗击疫情的英雄肖像漫画，向逆行者们致敬。 注意： 要有真情实感； 突出人物个性； 采用夸张、变形的方法； 绘画种类不限； 如带有一定的故事情节更好。	思考 实践	启发 讲解 个别指导	18分钟	通过照片展示肖像漫画不同的绘画材料与种类，让学生不受材料的限制，大胆创新。 通过视频讲解，以便于学生直观感受教学，让学生创作思路和步骤更加清晰明了。
展评交流 提升鉴赏 能力	交流学习成果 提升美术核心素养	学生展示自己的作品，大家共同欣赏，师生共同从以下几个方面进行评议： 创作的作品从构思和人物的特征表现上进行点评； 临摹的作品从是否神似上进行点评； 表扬有创意的学生，鼓励大胆创作的学生。 本课结语：此刻我们与身边的家人能安心在家，离不开英雄们的奉献。是他们，在战斗最紧急的时刻，逆行集结，冲上前线，勇敢向前。不知如何去夸赞和歌颂他们，唯有用笔画出英雄们的温暖。笔墨不能消灭病毒，但是可以鼓舞人心。我们用真挚的笔触创作出一幅幅抗"疫"英雄漫画，表达我们同舟共济抗击疫情的决心和信心。疫情面前，白衣天使和工作人员赶赴前线，争分夺秒地救治病人、运送物资。他们的安全是我们最大的牵挂，向奋战在抗疫一线的英雄们致敬！	观察 思考 交流 倾听	提问 启发 总结 拓展	6分钟	通过自评、互评及学习总结，让学生在分享交流中取长补短，提升本节课的学习与实践效益，通过此环节让学生体会到成功的喜悦，并提高学生的鉴赏水平和审美能力。

（续表）

板书设计
卡通故事 漫画人物： 表现技法：夸张、变形、简化、幽默 表现对象：抗"疫"英雄

教学设计 37：

《扮靓生活的花卉纹样》教学设计

周红利　重庆市綦江区隆盛中学

课题	《扮靓生活的花卉纹样》	课业类别	设计·应用	课时	1
教材分析	本课是湖南美术出版社义务教育《美术》七年级下册第4课，属于美术四大学习领域中的"设计·应用"。本课根据"设计·应用"学习领域的课程内容设计，考虑花卉纹样的文化内涵及与生活的广泛联系，选择花卉纹样设计运用作为教学内容。教材围绕花卉纹样在生活中的运用展开，让学生感悟传统纹样的魅力。在内容上，从花卉的观察写生到纹样的变形与装饰，循序渐进并强调学以致用的观念。在形式上，设置了两个活动，活动一是为某件生活用品设计一对称或者均衡的单独纹样。活动二是选择有代表性的花卉，为某件物品设计一个连续纹样。由表及里，由简到难，都注重了学习内容与生活经验的紧密联系.本节课我们主要针对活动一展开，让学生掌握图案设计的基本方法，让学生养成勤于观察、善于发现以及学以致用的设计思想。				
学生分析	本学段的学生活泼好动，参与性很强。有一定的观察、记忆、想象能力，而他们的好奇心、求知欲、表现欲也在加强，渴望成功和被肯定。另外，他们的思维发展开始从具象向抽象发展，通过观察和引导，能够对事物的规律和特点有一定的认识。并且，刚从小学进入初中的学生，我们也要注重评价方式，尊重学生的理解，鼓励大胆表述独立的见解。 　　在本学期的第2课学生学过《黑白世界》一课，学生能通过运用点、线、面的黑白灰变化制作出不同的层次，为本节课中点线面综合表现装饰手法的学习奠定了很好的基础，所以学生具备了一定的动手能力，加上抽象逻辑思维逐渐占主导地位，思维的独立性有了显著发展，也为本节课学习奠定了基础。				
教学目标	1. 了解借鉴中国传统花卉纹样的造型与装饰特点。 　　2. 了解花卉纹样从写生到变形的完整过程，学习设计与制作的基本方法，并运用一定的组织方法为生活用品进行装饰设计 　　3. 感悟民族传统纹样的魅力，增强以设计与工艺改善环境与生活的意识。				
教学重点	通过对传统纹样特征的认识和把握，理解花卉纹样变形与装饰的手法。		教学难点	如何设计花卉纹样。	
设计思路	首先以生活中的纹样图片和提问形式进行导入，其次通过教师引导和学生自主合作探究一起学习新课内容：花卉纹样是如何观察、写生、整理、设计、装饰的。然后教师示范引导，学生独立创作设计。最后通过作品评价、教师总结和情感引导结束本课内容。欣赏——表达——练习——创造。				
教学准备	教师准备	课件、花、教材（每生一本）。			
	学生准备	绘画工具、彩笔、卡纸、双面胶等。			

教学流程

环节＼内容	学生活动	教师活动	学法	教法	预时	设计意图
情境导入激发兴趣	观察，思考 回答	课前准备：（1）将准备好的百合花和小雏菊、油性笔、卡纸、双面胶、课本分别发到每组。（2）在黑板左侧边上将每组加分表格画好，并注明举手回答问题加一分。 　师：花是植物生命力最美丽的绽放，农耕的华夏民族特别热爱花，华夏的"华"就与"花"曾是同一个字，花装点了我们的生活，让我们的生活变得美丽甜美，为了留住这些美丽的花，聪明的人们将它们运用在日常用品中。 　1.请同学们观看屏幕中的花与我们生活中真实的花有什么相同和不同之处呢（出示课件，指名回答）？ 　2.教师总结引出课题。 　师：像这样装饰器物表面的花纹，我们叫它"纹样"，也叫模样，今天，就让我们一起来学习第4课《扮靓生活的花卉纹样》，同学们翻开书本第20页（板书：课题）。	观看思考回答	情境导入引导	2分钟	通过情境体验，让学生进入花卉纹样的学习中，激发学习兴趣。
直观感受观察练习	观察，讨论并总结 观察，思考，回答	1.了解敦煌藻井。 　师：花卉纹样不是今天才出现的，早在几千年前的敦煌莫高窟天花板上就有了，让我们一起去看看精美的敦煌藻井和宝相花。 　2.观察真实花卉，总结其特点。 　师：要设计出这些漂亮的纹样首先要观察自然中的花卉，观察它们的花瓣外形、数量及花朵的结构等。下边请组长领取花，并组织小组同学一起观察讨论这些鲜花有什么特点。 　师总结：同学们观察得很仔细，总结也很到位，设计花卉纹样的步骤分别是写生、整理、设计。 　3.对比写生和实物，总结写生花卉特点（展示PPT）。 　师：现在，我们来欣赏一些纹样设计，猜一猜设计的都是些什么花（出示PPT）。	观察思考回答	提问启发总结	5分钟	传统花卉纹样的赏析让学生在感受花卉纹样装饰美的同时也感受到传统文化的魅力。 　通过对真实花卉的直观感受，让学生认识把握真实的花卉特征，并了解设计花卉的创作过程，让学生认识到设计花卉纹样应把握花卉造型。

内容 环节	学生活动	教师活动	学法	教法	预时	设计意图
直观感受 观察练习	观看回答 看书思考 回答 展示并阐述，教师再适当引导总结	4. 根据学习观察，尝试设计。 师：通过我们刚刚的讲解、观察及思考，尝试以小组内的鲜花为准，设计花卉纹样，设计时一定要注意把握花瓣外形特点。 5. 花卉纹样的变形手法。 师：刚才老师观察了，同学们都设计得非常认真，也很有想法，其实我们在设计花卉纹样时是有方法的。同学们看书总结一下都有哪些设计手法呢？ 教师总结：简化、添加、夸张、几何化（在黑板上粘贴出设计的例图卡纸）。 （1）简化：结果单纯，线条简明，特征明显。 （2）夸张：根据自然花卉的特点，把特征显著的部分加以夸张，从而达到装饰的效果。 （3）添加：在简化或夸张的基础上添加其他的纹样。 （4）几何化：外形更简洁大方，特征更明显，用几何图形把特征表现出来。 6. 对比总结。 老师：通过我们刚刚的学习，同学们对如何设计纹样有了一个了解，那么，请同学们来说一说自己是如何设计的，与设计师的设计手法有什么不同和相同之处呢？ 老师：同学们设计得都非常不错，但有没有发现我们设计好的纹样略显单调呢？那我们可不可以在设计好的纹样外形里添加一些其他元素呢？都可以添加一些什么呢？ 教师抛出问题一步步引导学生思考，从而得到答案。 教师总结：不错，我们可以给设计好的纹样添加上点、线、面等装饰元素。 在黑板上粘贴出画有点、线、面和点线面综合的卡纸，让学生更直观地感受学习。	观察 思考 感受	总结 引导	15分钟	学生通过小练习对花卉纹样的变形手法先进行独立思考，后经过教师的总结和范例作品直观对比，更能掌握本课重点。 通过学习点线面装饰花卉纹样，让学生感受纹样美。

内容 环节	学生活动	教师活动	学法	教法	预时	设计意图
独立创作 再设计	观察尝试 设计花卉 纹样。	通过我们对刚刚变形手法和装饰元素的学习，相信同学们设计出来的花卉纹样会更美丽。下面，同学们就观察自己组内的百合花和小雏菊，提炼花卉的外形特征，设计花卉纹样。 　　要求：构图饱满、均衡，15分钟内完成并粘贴在卡纸上（出示PPT，播放音乐）。 　　教师巡回指导。	创作 表现	示范 指导	15分钟	了解学生本节课的掌握情况，让学生巩固本节课所学知识，突出本节课难点，让学生掌握如何将花卉纹样运用到生活中。
展示评价	展示 自评 师评 投票	每一小组的作品贴在卡纸上，然后依小组次序到讲台展示。 　　给每一小组的作品进行投票（当轮到本小组展示时，本小组的成员没有投票权），评出一等奖、二等奖、三等奖，并依次加分3分、2分、1分。 　　将回答问题得分和作品得分相加，得分最高的小组奖励每人一株百合花。	评价	激励 评价	7分钟	让学生学习他人的长处，了解自己优秀的地方以及不足之处，增强学生的自信心，引导他们对美术更感兴趣。
课堂总结	倾听思考	同学们，通过本节课的学习我们了解到了传统花卉纹样的美，也学习到了花卉纹样如何变形和装饰，花卉图案可以抒发我们的情感，丰富人们的生活，一件物品有了花卉纹样的装点，会变得更美丽，也会让我们觉得亲切可爱，生活中处处有纹样，处处有美，让我们用我们的双手来扮靓生活吧！	倾听 思考	总结 延伸	1分钟	情感引导，让学生发现生活的美，热爱生活。

板书设计

扮靓生活的花卉纹样

一、变形手法

简化、夸张、添加、几何化

二、装饰元素

三、点、线、面

教学设计 38：

《千姿百态的水》教学设计（第二课时）

欧跃　重庆市綦江区东溪中学

课题	《千姿百态的水》	课业类别	综合·探索	课时	1
教材分析	本课是湖南美术出版社义务教育《美术》七年级下册第5课，属于"综合·探索"学习领域。本课选择了与人类息息相关的水为主题内容展开教学。既是让学生细心观察大自然中水的不同状态，从而发现水的造型规律；也是让学生通过体验和创造活动，发现水在不同条件下的多种形态，从探究活动中获得视觉感受和审美体验，创造出生动的形象。让学生在设计不同形态的水，掌握基本制作方法的过程中，树立合理选择材料的意识，培养其设计能力。				
学生分析	七年级的学生已经具有较强的观察、归纳能力，生活体验能力大大增强，造型能力达到了一定的水平，但在立体形的表现方面还较为生疏，班级学生发展也参差不齐，观察、总结、归纳的思维训练还明显不足，动手实践的能力也很有限。本课以水的姿态再认识和立体表现为内容，能够让学生进一步认识和掌握纸材的立体造型技巧，从而提高学生的生活观察能力和立体表现能力。				
教学目标	1.感受水的动态美感，进一步认识自然界中水的各种形态。 2.学会用不同媒材立体表现技巧，能用合适的媒材立体表现水的形态。 3.体验立体表现水的审美感受，提高发现美、表现美、创造美的生活热情。				
教学重点	学会用不同媒材立体表现技巧，运用合适的媒材立体表现水的形态。		教学难点	运用合适的媒材立体表现水的形态。	
教学思路	激趣导入——了解表现水的元素——学习立体表现水的方法——表现立体的水——作品展评与学习拓展				
教学准备	教师准备	线材立体作品制作微课、课件、学生作品、教师示范作品。			
	学生准备	课前以"你能做出水吗"为题，发动学生别出心裁地寻找和准备教学中所需的用具（包括各种点、线、面材料），剪刀、小刀、各种粘贴工具。			

教学流程

内容环节	学生活动	教师活动	学法	教法	预时	设计意图
激趣导入	观看视频，了解水的艺术建筑带来的美感。回答问题。	请同学们来看一看这个建筑物，谁能告诉大家这个建筑物是什么（"水立方"）？让我们一起来了解一下它（播放"水立方"介绍）。由于"水立方"的造型构思于水，那么水的造型多吗，有多少种？对了，有很多很多，今天我们就一起来学习"千姿百态的水"（出示课题）。	观察法思考法	启发法提问法讲授法	3分钟	形象了解水的艺术价值，以及在生活中造型赋予的特色。
了解表现水的元素	1.认真聆听，感受水的特色，在作业纸上用笔触表现水。 2.欣赏成品的设计图片，联想与水造型的关联。 3.观察，思考，回答	1.播放三种关于水的声音，让学生听，然后请学生用最简单的线条或是笔触来画出你刚才"听"到的三种画面。 2.将制作的作品，按小组形式展现在黑板前的KT板上。师生小结，思考这三种声音可以用哪些形式来表现？ （1）树叶上凝聚的水珠与屋檐下雨水滴滴答答。 （2）瀑布、放学后的下大雨天与密集的雨线。 （3）海边卷起的浪花和浪滔滔的感受。 肯定学生聆听的联想，衔接到笔触与设计。 师生共同总结，水滴——点，大雨——线，海浪——面。 3.下面来考考大家的眼力，请同学们来看一看以下几张实物图片，看看它们属于刚才我们所联想到的哪一个画面。 （1）2010年上海世界博览会丹麦国际馆——卷起的浪花。 （2）滴水立体作品、滴水灯——屋檐下滴滴答答的水声。 （3）水晶吊灯——狂风暴雨。 这些鲜明的物体与建筑造型都来自千姿百态的水的变化。	观察法练习法讨论法	启发法讲授法评价法总结法	7分钟	学会表现手法，初步表现造型。 联系生活，评价表现效果。 在生活中和艺术中领略知识点。 增加学习的趣味性。

环节　内容	学生活动	教师活动	学法	教法	预时	设计意图
学习立体表现水的方法	1.动手排列，共同总结排列想法。 2.用简约的材料表现立体构成，学会基本方法。 3.学生认真观摩，了解立体制作方法对造水的帮助。 4.感受立体表现和绘画表现的区别、立体化的各种不同排列方式。 5.学生了解更多材质的表现方法。	1.如何利用好千姿百态的水的造型，设计创造出富有特色的水的变化。展示小板块（流水），动动脑，动动手，看看你能组合成哪几种排列方式。 请学生代表上黑板排列，师生共同点评排列想法，总结排序方式。（1）大小渐变；（2）上下移位；（3）旋转渐变；（4）等距离移位；（5）反向排列。 2.思考练习：怎样才能将一张纸立起来，尝试将一张纸简单处理成一个立体形：卷曲、支撑、侧力、悬吊、折叠。 3.在立体制作方法的基础上，示范点线面的快速易懂的制作方法。 4.展示生活中不同状态下水的图片，进一步了解水的造型，教师以黄河情为依托，推动学生热爱祖国的大好河山，艺术作品紧扣文化主题表现，展示用黄色调的纸制作黄河魅力作品的方法，引导学生进一步提高立体造型表现的欲望。 5.制作拓展。刚才大家用的是纸张，那如果换成了木棍、塑料管你觉得可以怎样立起来？欣赏线材等立体形作品。	观察法 思考法 练习法 实践法	提问法 启发法 示范法 总结法 讲授法	10分钟	引导学生得出相同元素不同排列方式。 从易到难，让学生初步了解。 以点带面，直观展示制作方法。 从绘画到立体制作，感受不同艺术魅力，进一步提高学生对立体造型的制作欲望。 丰富立体构成知识。
表现立体的水	尝试合作完成作品，制作表现水的立体作品。	组织学生以小组为单位，用合适的材料制作一个表现水的立体作品，看看哪一组选的材料最有创意，做得巧妙而又美观。	练习法 讨论法 实践法	指导法 讲授法	15分钟	实践中激发学生立体表现的欲望。

环节＼内容	学生活动	教师活动	学法	教法	预时	设计意图
	1. 小组代表展示小组作品，汇报主题，渲染自己小组作品的特色。 2. 欣赏生活实例图片。	1. 组织学生自评：学生代表上台展示作品并对自己小组的作品进行说明。 2. 教师评价：对学生作品中制作的细节部分提出建设性的修改意见。 3. 展示生活中水的立体造型的其他例子图片，延伸讲解。生活中的水千姿百态，人类的生活离不开水，希望同学们通过这节课的学习能够更加关爱生活中的水！	展示法 讲述法 观察法	启发法 总结法 评价法 讲授法	5分钟	采用生评、师评的方式，提高学生对立体造型作品的认识。 了解更多关于水的艺术作品，认识生活与艺术的关系，激发学生对生活的热爱之情。

板书设计

千姿百态的水

形态　质感

组合方式：移位　渐变　反向排列

方法：卷曲　悬吊　侧立　支撑

点材：

线材：

面材：

教学设计 39：

《寄情山水之独"树"一帜》教学设计

高玉海　重庆市綦江中学

课题	《寄情山水之独"树"一帜》	课业类别	造型·表现	课时	1
教材分析	本课是湖南美术出版社义务教育《美术》八年级上册第3课，属于四大学习领域中的"造型·表现"。该课是在八年级上册第1课《笔墨千秋》（了解中国画的笔墨特点和意境的表现方式）、第2课《梅竹言志》（欣赏以梅竹为题材的花鸟画作品）对中国画的学习实践基础上安排的又一堂中国山水画课，主要学习欣赏山水画，尝试山水画表现力。本课时意在引导学生在以前学习的基础上，进一步学习欣赏中国山水画《富春山居图》以及山水画中基本内容——树木和山石的笔墨表现，让学生在学中玩、玩中学，在提高创造表现力的同时感受成功与喜悦，为后面的山水画学习打下一定的基础。				
学生分析	本课面向的是八年级的学生，这个年龄段的学生已经具备初步的图像识读、美术表现和审美判断能力，能够简单使用国画工具、体验不同笔墨并进行尝试实践，但"爱玩"是他们的天性，教师用引导的方式启发，配上直观现代教学手段让学生自主体验、合作探究，并根据同学们不同的喜好，引导他们独立创作自己喜欢的作品，定会大大激发他们的学习热情。				
教学目标	1.感知中国山水画意境及其表现特点。 　　2.掌握笔墨技巧的使用方法，用笔墨尝试临摹学习树木的画法，创作作品。 　　3.增强美术学习的情境性，培养创新意识，感受成功与喜悦。				
教学重点	欣赏山水画作品，体会其意境及表现特点，能用笔墨技巧临摹树木作品。		教学难点	运用笔墨技巧画树。	
设计思路	"美术核心素养"着眼于"视觉形象"这一美术学科的"立科之本"，覆盖美术的基本活动方式：感知（观察、观赏）、理解（解读、阐释）、创造（表现）。本课要求学生通过体验（发现问题）、探究（掌握方法）、创造（美术表现）等方法进一步增强美术学习的情境性，体验笔墨的情趣。基于实践教育，主体教育的思想，本课的教学设计以欣赏、感受、探究表现为核心，帮助学生学会欣赏、能谈感受、学会探究表现。本课让学生在快乐学习的过程中，建立国画表现意识、加强审美意识，通过自主体验，引导学生发现问题，凸显美术学科的实践性；在交流互动中，梳理树木的笔墨技法表现要点；创设情境，激发学生的创作热情；在开放的学习环境中，让孩子们收获成功与快乐。为此，本课教学基本环节设计为：情境创设、激趣导入——欣赏、体验、感受——尝试体验——分享评价、审美升华。				
教学准备	教师准备	教材、笔墨纸砚42套、课件、范品若干、水杯42个、废旧报纸。			
	学生准备	毛笔、资料搜集。			

教学流程

环节 / 内容	方向	学生活动	教师活动	学法	教法	预时	设计意图
导入环节	情境创设 激趣导入	观看《时事新闻》并记录重要信息。	**一、课前组织教学** 课前强调：勿将墨汁打翻，回答问题时轻起并手扶凳子，以免发出声音。 上课！同学们好（敬礼）！请坐（手势）！ **二、导入** 在中国画艺术历史的长河中，曾发生过这样一件大事，请看屏幕并记录重要信息： 新闻中播放了什么事件？从表现的内容和题材上分，此画属于哪类？ 1. 导入课题：（板书：寄情山水之独"树"一帜） 2. 展示学习目标。	感知导入 思考 回答	情境教学 提问 启发	2分钟	通过情境创设，集中学生注意力，让学生知道本课要做什么，激发学生学习兴趣。
欣赏环节	体验材料 巩固旧知	观看并记录谈感受	**三、整体感知** 1. 纵观全篇，视角是静止的还是游动的？ 2. 你能通过线条想象画家作画时的情绪吗？能通过水墨想象色彩吗？ 3. 国画求细节，更讲意境，针对画面整体或局部，谈谈你感受到的意境。画家体验并用"三远"法主观表现出山水的意境感受。（板书：意境表现：三远。） 4. 根据中国传统山水画的观赏原则，选择《富春山居图》整体或局部谈谈你的感受。 （板书：观赏原则：可行、可望、可游、可居。）	回顾体验思考回答	引导启发提问组织总结	8分钟	让学生自主体验，感受中国传统山水画的笔墨表现特点和传情达意方式，了解意境表现的方法并描述自己的真切感受。

内容 环节	方向	学生活动	教师活动	学法	教法	预时	设计意图
交流环节	尝试体验	小组讨论	**四、小组讨论，解决重点** 1. 山水画的基本内容 　画家以笔情墨趣描绘心中的中国传统山水，传情达意。那么画家是通过哪些基本内容来表现的呢? 　（板书：树木、山石） 2. 分小组讨论 展示问题及要求： 　（1）树木的结构组成及其特点（1、2小组）。 　（2）树木的精神品格（3、4小组）。 　（3）画树的用笔方法（5、6小组）。 　（4）画树时的用墨方法（7、8小组）。 　（5）画树的笔墨技巧表现（9、10小组）。	观察　总结　自主体验　讨论	引导　观察　总结	8分钟	用小组合作讨论的方法，更好更快地解决本课重点，突破难点。
实践环节	自主合作 实践探索	学习笔墨使用方法 学习画树方法	**五、示范解决，突破难点** 1. 毛笔运笔及国画用墨的方法。 　（1）毛笔运笔的方法：中锋、侧锋、逆锋、顺锋。表现树木多用逆锋，画出的线条苍劲、雄健。 　（2）国画用墨的方法：焦、浓、重、淡、清。让学生先体验破墨法，即浓破淡、淡破浓、水破墨、墨破水、色破墨、墨破色的效果，然后用泼墨法来体现水和墨浓淡相宜的层次。 2. 示范画树的传统技法。 　先观察树的结构特征：上细下粗、干生枝、枝生梢、梢长叶。学生观察，教师总结。 　画树干：中锋用笔画树干，注意确定树的姿态，侧锋用笔皴擦树干注意水分的多少，表现明暗关系。 　画树枝：树分四枝，注意树的前后左右出枝。 　画树叶： 　点叶法：用粗线、细线和干湿浓淡的笔点画成。 　夹叶：用勾勒线法表现树叶。中锋用笔勾不同叶形，注意聚散疏密关系和远近关系。 3. 尝试表现，体验探索。 　好了，孩子们，继续! 　巡回指导，强调注意事项。	发现　思考　交流　实践　展示　分享　表现	示范　启发　巡回指导　个别辅导　讲解	14分钟	充分利用学生的兴趣自主实践，体验笔情墨趣，学习传统山水画中画树的方法。 在实践中发现问题，并通过教师示范来解决问题，从而突破本课难点。 通过自主体验、探索，发挥个人创造性思维，以期达到作品的与众不同。

（续表）

内容 环节	方向	学生活动	教师活动	学法	教法	预时	设计意图
结束环节	分享评价 审美升华	自评 互评 师评总结	**六、展示评价与延伸** 1. 自评：请你来介绍你自己的作品？有什么收获或不足？ 2. 互评：你最喜欢哪件作品？为什么？ 3. 师评：选择具有代表性的作品进行点评。 4. 谈谈你对中国山水画或《富春山居图》的认识？你在画树时遇到了什么困难？你画的树有什么样的品格或意境？ 5. 学生总结： 中国传统山水画强调面对大自然的想象活动，追求诗的意境，创造情境交融的艺术界。历代画家以笔情墨趣营造可游、可居的图画，追寻与自然融为一体的生活理想。他们寄情于山林云水之间，抒发对生活的真切感悟。 教师总结： 中国山水，亦山亦水，非山非水，亦有亦无，非有非无。	观察 思考 总结 展示 交流 提炼 升华	引导 总结 启发 延伸 总结 升华	8分钟	通过自评、互评，让孩子们思考并回答他们是怎么发现美、感受美和创造美的，从而拓宽思维和笔墨表现技巧。通过师评总结，再次巩固本课目标，并让美术融入生活情境，同时分享成功的喜悦。通过欣赏大师作品，让学生产生再创作的欲望。

板书设计

寄情山水之独"树"一帜

意境表现：三远（高远、深远、平远）
观赏原则：可行、可望、可游、可居
基本内容：树木、山石
树的结构：树干、树枝、树叶（PPT展示具体要点）

教学设计 40：

《文明之光·装饰纹样设计》教学设计

宋永萍　重庆市綦江中学

课题	《文明之光·装饰纹样设计》	课业类别	设计·应用	课时	1
教材分析	本课是湖南美术出版社义务教育《美术》八年级下册第1课，属于美术四大学习领域中的"欣赏·评述"领域。该课通过对彩陶、青铜器、瓷器的欣赏，引导学生初步了解中国工艺美术发展不同时期的现象、历史源流以及审美特点，获得初步审美经验和鉴赏能力，培养学生学习祖国传统文化艺术的兴趣，增强弘扬民族文化的意识。 　　教材分为彩陶、青铜器、瓷器三个部分，以器物介绍为主，彩陶部分介绍了不同时期彩陶纹样的演变，由具象纹样发展到抽象纹样，由表现自然现象、动植物到几何符号的图案变化。青铜器在生活和祭祀中的广泛运用，铸造技术的成熟发展，让青铜器的造型和装饰纹样形成了威严而又神秘的独特风格。瓷器发展更是种类繁多，跨越年代长。 　　由于教材的内容多，跨度大，一味照本宣科必然拖沓。所以，对材料进行选择处理是十分必要的。在新课改理念的指导下，根据教材的编排意图，联系中学生实际情况以及美术学习方式，决定在本课中增加"设计·应用"环节，以便中学生更好地感受中国传统文化的艺术魅力。在设计上重点选择彩陶纹与青铜器的装饰纹饰，学生在对彩陶、青铜器的欣赏过程中，通过对彩陶和青铜器装饰纹样的分析，回顾七年级下册《扮靓生活的花卉纹样》的内容，加深学生对"二方连续纹样"认识，让学生了解中国传统工艺美术的发展历程。通过本课的学习，不仅能让学生了解到二方连续纹样的由来，而且能使学生把课本知识与生活实际相联系，学习"美源于生活，又用于生活"。 　　教材提供的资料是广泛的，多样性的，教师对教材的选择和处理也应该是多样和灵活的。在有限的课时中，选择重点材料进行教学，才能充分发挥学生学习的主动性。
学生分析	八年级的学生已具备一定的阅读能力、观察能力、分析能力、认识能力、思维能力、审美能力，但表达美的能力还不够，动手设计能力也不足。这阶段的学生好奇心强，对未知的事物喜欢研究探讨，但因为年龄还偏小，合作探究能力和分析综合能力还是比较薄弱。 　　学生对传统彩陶、青铜器、瓷器等方面的知识知之甚少，在认知上存在一定的偏差，本节课的学习将加深他们对外部世界的了解与认知，开阔眼界，促进发展。因此，本课在欣赏古代彩陶、青铜器的过程中，学习传统的装饰纹样，培养学生的设计意识和创新能力，同时也增强了学生爱国热情。
教学目标	1. 认识原始彩陶和青铜器的装饰纹样，学会设计一个具有民族特色的装饰纹样。 2. 以小组合作形式创作装饰纹样，培养合作探究能力和创造力。 3. 培养学生对祖国传统文化艺术的兴趣，增强弘扬民族文化的意识和社会责任感。

（续表）

课题	《文明之光·装饰纹样设计》	课业类别	设计·应用	课时	1
教学重点	通过对彩陶、青铜器装饰纹样的欣赏，探讨原始彩陶和青铜器的装饰纹样，学会设计具有传统民族特色的装饰纹样。	教学难点		学习设计具有传统民族特色的装饰纹样。	

设计思路	本课教学设计对教材的运用进行了灵活处理，选取了教材资料中彩陶和青铜器丰富的装饰纹样，让学生体会到古代工艺美术的精湛，拓宽学生思维，使教学得到有序延伸。本课的教学设计思路如下： 1. 猜一猜：观察分析"尖底瓶"的器形，联系原始人生活，说其用途及各部位的设计意图，如小口、双耳、尖底的作用，引出本课课题。 2. 说一说：请学生根据课外查找的关于彩陶和青铜器的资料，结合八年级上册《远古的呼唤》一课，进行作品分析：《舞蹈纹盆》彩陶罐的装饰纹饰会让你联想到什么？感受原始生活情境。 3. 观察课本第3页的原始彩陶鱼图案的变化，从具象纹样到抽象纹样都有哪些改变？鱼纹、鸟纹的变化都有哪些共同规律？ 在青铜器上，二方连续装饰纹样更加丰富，更加厚重、古朴、典雅、富丽、富于变化，为下面的重点教学进行铺垫。 4. 探究青铜器的种类、器形特点、装饰纹样，然后通过多媒体和课本展示大量的作品，学生进行欣赏思考，分组探讨和总结青铜器的装饰纹样特点。 5. 观察课本第4页的青铜器：后母戊鼎、利簋，分析商代、西周、春秋和东汉时期的青铜器的装饰纹饰有什么不同。重点分析动物纹样和几何纹样（饕餮纹、云雷纹、夔纹、虎纹、象纹、蛇纹、凤纹），并找出规律。 6. 通过比较分析青铜器的装饰纹样，思考讨论：怎样进行装饰纹样设计。 7. 学生运用对比与和谐、对参与均衡、节奏与韵律、多样与统一等形式进行装饰纹样创作。

教学准备	教师准备	课件、导入视频、教材（每生一本）。
	学生准备	黑色记号笔、素描纸、水彩笔等。

<table>
<tr><td colspan="7" align="center">教学流程</td></tr>
<tr>
<td>内容
环节</td>
<td>学生活动</td>
<td>教师活动</td>
<td>学法</td>
<td>教法</td>
<td>预时</td>
<td>设计意图</td>
</tr>
<tr>
<td>激发兴趣</td>
<td>观察"尖底瓶"的器形特点，联系原始人的生活，说其用途及各部位的设计意图。</td>
<td>课前检查学生的学具准备情况，科代表发放教材。
（1）多媒体展示，猜一猜：你们知道这是做什么的工具吗？这个罐子是什么材质的？为什么它上面有装饰纹样，而下面没有？
（2）师讲述：彩陶的发明就像一把火，点亮了人类的文明之光，让我们得以了解远古时期的人类是怎样一步步走到了今天。
（3）出示课题——《文明之光·装饰纹饰设计》（板书）</td>
<td>探究学习</td>
<td>多媒体情境教学

启发提问</td>
<td>2分钟</td>
<td>针对学生特点，采用情境导入法，增强感官冲击力，吸引学生不知不觉进入本课学习。</td>
</tr>
<tr>
<td>多媒体教学展示</td>
<td>讨论
感受
体验</td>
<td>说一说：
请学生根据课外查找的关于彩陶和青铜器的资料，结合上学期《远古的呼唤》一课，针对作品分析。
1.《人面鱼纹彩陶盆》是由哪几种图形构成，用意是什么？
2.《舞蹈纹盆》彩陶罐的装饰纹样会让你联想到什么？纹样各有什么风格？根据彩陶器物的造型和纹样装饰推断其用途，并由此想象原始人类的生活情境。
3. 观察课本第3页的原始彩陶鱼图案的变化，从具象纹样到抽象纹样都有哪些改变？鱼纹、鸟纹的变化都有哪些共同规律？
说说你从这些作品中发现了什么？有哪些共同的特点？（许多装饰纹样会设计成二方连续，也有单独纹样，这些纹样也在不断简化、几何化发展。）
4. 在青铜器上，二方连续装饰纹样表现得更加丰富，更加厚重、古朴典雅、富丽、富于变化。让我们走进青铜器时代，去感受古朴的传统装饰设计文化。</td>
<td>观察
思考

总结
提炼

探究学习</td>
<td>展示

启发

提问</td>
<td>5分钟</td>
<td>尊重学生的兴趣、爱好和需要，根据学生现有的知识储备，发挥其特长。引领学生观察、欣赏、分析，让学生初步了解作品特点、风格；同时让学生在感知作品的过程中产生对中国传统文化的热爱，及对先民的崇敬。</td>
</tr>
</table>

（续表）

内容 环节	学生活动	教师活动	学法	教法	预时	设计意图
多媒体教学展示 观察 分析 理解 图形 创意 理解 实践	加深对青铜器的装饰纹样的理解及变化。欣赏并分析青铜器丰富巧妙的装饰纹样和精湛工艺。讨论装饰手法。	1. 青铜器的种类：依其用途大体可以分为炊煮器、盛食器、酒器、水器、乐器、兵器等。 2. 探究青铜器的器形特点： 仔细观察课本上第4页的青铜器：后母戊鼎、利簋，分析商代、西周、春秋和东汉时期青铜器的装饰纹饰有什么不同。 （1）（板书：动物纹样） 饕餮纹：多位于器腹的突出部位。纹样以鼻为中心左右对称，有双耳、双眼、双角。器头又常由两个侧面的龙形纹样构成，结构颇为巧妙。这种纹饰主要流行于商代和西周早期。 夔纹：是一种想象中的近似龙的动物，多作侧面。 龙纹：其纹样有的表现几条龙盘绕，也有的作一头二身的巧妙结构。 鸟纹：以图案构成的长尾鸟形。鸟头上带花冠的则为凤纹，多流行于西周时期。 象纹：以图案纹样表现大象，着重刻画其形体粗壮、长鼻下垂的特征。 蛇纹：多表现蛇的形态。 小结：商代是奴隶社会的重要发展阶段，也是青铜艺术由成熟到鼎盛的时期，工艺精湛，器形丰富。流行饕餮纹、云雷纹、夔纹、虎纹、象纹、鹿纹、凤纹等。并根据不同的装饰面施以不同装饰母题和不同组织形式的纹饰，纹饰与器物密切结合，形成统一完整的艺术整体。 （2）（板书：几何纹样） 云雷纹：青铜器上常见的纹饰，以连续的回旋形线条构成。作圆形的回旋纹样，单称为云纹；作方形回旋形纹样，单称为雷纹。 环带纹：由起伏曲折的波浪纹组成，盛行于西周中后期。 绳纹：由弯曲的波浪状线结成绳索状的花纹，盛行于西周后期。 3. 通过比较分析青铜器的装饰纹样 讨论：怎样进行装饰设计。 小结：可以用对称、重复、夸张、变形等手法进行创作。	自主学习 合作学习 小组讨论 倾听观察	读书指导 谈话 提问 讲解 总结	13分钟	引导学生了解中国工艺美术发展不同时期的现象、历史源流以及审美特点，在学习活动中获得初步的审美体验和鉴赏能力。指导学生学会合作、学会分工、学会交流、学会分享。启发学生思考，让学生展开想象与讨论，选择合适的表现方法，创作出新颖的作品。

环节　内容	学生活动	教师活动	学法	教法	预时	设计意图
设计实践 体验设计乐趣	进行实际操作，学生投入装饰纹样创作设计，体验设计乐趣，感受中国传统文化的魅力。	1. 欣赏各种青铜器上面的装饰纹样，这些古朴的纹饰就是青铜器的纹饰特点。 2. 设计一张带有传统文化古朴元素的装饰设计。 出示作业要求： 1. 图形有创意，视觉效果较好； 2. 要体现出中国传统文化元素。 播放歌曲《青花瓷》，学生设计，教师巡视指导。	思考　实践	演示　启发　个别指导	17分钟	拓展视野，让学生有足够时间进行创作，促进学生美术核心素养的形成。
评价拓展 审美升华	展示作业 学生互评 老师评价 总结	作业展评与总结： 1. 组织学生展示作业。将作品贴在自己准备好的物品上。 2. 学生互评：构思是否合理，创意是否巧妙，是否易于识别并使人产生深刻印象。 3. 师评及拓展：展示最近出土的三星堆文物，更进一步感受传统文化带来的震撼。 4. 总结：同学们，设计并不神秘，今天我们就体验了一次当设计师的快乐，用我们的智慧为我们喜欢的器物进行了装饰纹样设计。希望同学们在今后的生活中，插上想象的翅膀，在设计的天空中自由翱翔！ 下课。 组织学生有序离开教室。	观察　思考　交流　倾听　感受	展评　启发　总结　拓展	2分钟	通过学生自评、互评，提高学生评价能力和审美能力。

板书设计

文明之光·装饰纹样设计

构成要素：

1. 动物纹样；
2. 几何纹样；
3. 比较两大类纹样各有什么特点。

教学设计 41:

《画故事》教学设计

黄妍　重庆市綦江实验中学

课题	《画故事》	课业类别	造型·表现	课时	1
教材 分析	本课是湖南美术出版社义务教育《美术》八年级下册第3课，内容是绘制有故事情节、有趣味的画面，提炼故事的高潮或矛盾焦点等关键要素诉诸画面，使人通过画面直观感受到故事的精髓所在。本课通过两个学习活动体现，对应从单幅画走向多幅画的递进学习过程，体现出学习难度的明显差异与层次。第一课时中，首先结合新冠疫情的故事画作为教学引入部分，通过身边的重大事件启发学生的关注与共情，然后结合学生自己身边发生的故事作为手绘表现素材，激发学生的学习兴趣。教材有关于单幅画如何进行故事表现的文字，介绍单幅画创作的取材渠道、加工过程等，教师可以结合学生的文学基础，进行实例分析，从人物神态到形象组织，再结合书上的内容分析，从而深入理解在画面上如何具体提炼故事高潮或者矛盾焦点等知识内容。				
学生 分析	八年级学生大部分已经形成比较良好的学习习惯，普遍提高了对美的感受能力，形成了健康的审美情趣，大部分学生对美术学习有着浓厚的兴趣，但是对于美术知识的掌握、理解差距较大，部分学生想象力差，缺乏表现力，有眼高手低的情况。				
教学 目标	1. 了解用不同绘画形式进行故事情境描绘的基本步骤与多种方法。 2. 学习运用绘画表现故事的一般方法，尝试用单幅画面的绘画形式表现故事情节及故事中的人物形象。 3. 通过本课的学习，培养学生热爱祖国的艺术情感表达。				
教学重难 点	1.了解画故事情节的基本步骤和方法。 2.角色造型、场景设计、构思构图的表现方法。				
设计 思路	《义务教育美术课程标准》（2011年版）中"造型·表现"是美术学习的基础，其活动方式更强调自由表现，大胆创造，外化自己的情感和认知。本课紧跟义务教育课程标准，贴近学生心理，侧重于造型表现，注重在娱乐中让学生体验学习的乐趣并掌握基本的美术知识。主要对学生普及美育，培养学生的审美能力，了解美术语言的表达方式和方法，灵活掌握对造型、色彩的运用，激发学生的创造精神，发展美术实践能力，渗透人文精神。本课要求学生通过课前导学案的预习，初步了解画故事的内容，再通过课堂的学习，实例赏析，讨论赏析，进行情境教育，启发教育，以分析——理解——创造为核心，帮助学生提高审美能力与创造能力，并且在欣赏作品中感受伟大的奉献精神，渗透德育。教学环节设计：欣赏美（作品欣赏，引发共情）——认识美（实例解析故事画的构成要素）——创造美（试画小稿，画出身边感人故事）——评价美（总结、自评、互评），以此发展学生的艺术感知能力和造型表现能力，培养审美情操，渗透德育。				
教学 准备	教师准备	课件、视频、相关摄影照片、教材、导学案。			
	学生准备	绘画纸、铅笔、橡皮。			

教学流程

环节 \ 内容	学生活动	教师活动	学法	教法	预时	设计意图
课前准备	倾听老师点评	课前检查学生预习作业完成情况，简要点评，发放教材。	分析 实践 练习	提问	1分钟	通过预习作业提前预习本课将要学习的内容，了解故事的基本构成元素。
导入新课 欣赏美	观察 欣赏 讨论 研究	欣赏视频《中国抗疫图鉴》长卷作品，学生分小组观察欣赏作品，并讨论、研究以下的问题： 1. 视频中表达了什么内容？ 2. 用什么艺术形式表达的？ 3. 为什么用这样的艺术形式来表达？ 4. 表达作者怎样的情感？ 根据学生回答小结：目前新冠肺炎病毒肆虐全球，我们在这场灾难中深深体会到国家的强大和中华儿女的团结，以及不怕牺牲的伟大精神，这一声声一幕幕，都是我们共同经历和正在经历的故事，用这样的表达形式，感恩伟大的祖国，感谢所有的逆行者，致敬每一个战疫英雄！ 今天，我们学习用画面来表达故事和情感，第一课时"用单幅画表现故事"。	观察 欣赏 讨论 研究	展示 启发 提问 总结	5分钟	通过表现真实历史事件的绘画作品《中国抗疫图鉴》，进一步了解画故事的主要构成要素、表现方法与构图法则等，并在欣赏过程中引发共鸣，激发学习兴趣。

环节＼内容	学生活动	教师活动	学法	教法	预时	设计意图
认识美 实例解析 故事画的构成要素	观察 欣赏 讨论 记录	1.要画出一个故事，首先了解故事的构成要素：环境、事件、地点、时间、主角。 学生根据江西省国画院人物画研究所副所长桑建国的作品《送别》讨论回答问题。 2.怎样"画"故事？时间怎样表现？地点如何暗示？主角如何定位？怎样突出主题？摆放位置？如何表达情感？ 根据学生回答并总结： 时间是在新冠肺炎疫情开始后不久，在送别的车站，在画面中间两个拥抱着依依不舍却又不得不分离的人。在抗击疫情战役中无数医务人员、干部群众、工程建设人员、解放军指战员都投身到这场没有硝烟的殊死战斗中，特别是战斗在一线的白衣战士。他们大多是平凡人，他们有着平凡的生活，但是在大难面前，他们将一切置之度外，同时间赛跑，团结一心，与病毒斗争，遏制病毒，守护着我们，他们忙碌而勇敢的身影是那么的温暖和感人，他们是最可爱的人！	观察 欣赏 讨论 探究 总结 倾听	组织 提问 总结 讲解 个别指导	10分钟	讨论分析作品《送别》，引出故事构成要素，引发怎样用绘画语言表现这些要素的思考，学生通过自主讨论学习，与教师示例解析，深入了解故事的构成要素与表现方法，并学会运用在下一个环节的实践中。
分小组讨论 赏析作品	观察 欣赏 讨论 实践 总结	小组研究讨论： 中国国家画院专职画家、研究员卢志强作品《勇敢的身影》，丰子恺《孔乙己》，达·芬奇《最后的晚餐》，徐惠泉《抗疫日记》系列。 问题： 怎样选择主角？怎样突出故事典型特征（高潮）？怎样表达情感？ 总结，用单幅画表现故事的方法与步骤： 1.分析故事的情节、人物形象、时间、地点、场景。 2.提炼故事高潮或典型瞬间，安排画面。	观察 欣赏 讨论 探究 总结 倾听	组织 提问 总结 讲解 个别指导	5分钟	通过分组讨论名家作品，进一步深入分析画面中的构图组织与形象表现，研究画面氛围与情感意味的艺术处理方式，学生通过学习将会更易于获得认知升华，同时，也更易于把这种认识转化成为动手创作、绘制画面的实际能力。

（续表）

环节\内容	学生活动	教师活动	学法	教法	预时	设计意图
画出身边感人故事 创造美	绘制 交流 讨论 用绘画表达情感。	以手中的摄影图片资料或自己身边所发生的感人抗疫故事为原型，创作一幅抗疫故事画。 强化两点： 如何选择典型的感人抗疫故事？如何安排画面，突出主题？ 要求：提炼故事的高潮、瞬间；卡通或漫画形式；铅笔起稿，注意构图。	实践 绘制 草图	启发 个别指导	15分钟	学生可以先画出几幅草图，再选择其中一幅在下节课进行细化加工。这是一个"预创作"的过程，只需要大致描绘出主体形象的基本位置、形态、组合关系，学生可以不必拘泥于细节，大胆表现。
展评、总结和归纳	交流绘画作品小稿，提升核心素养。	学生将完成的小稿贴到黑板上，开展自评、互评、学生总结。 自评：请你说一说你画面中表现的是什么？表达了怎样的情感？ 互评：你最喜欢哪一幅作品？哪里打动了你？ 学生总结：这节课学到了什么？最大的收获是什么？ 教师总结： 这节课，同学们画出了精彩纷呈的抗疫故事，虽然只是一幅幅草图，但是呈现出来的画面效果与浓烈的情感都是非常打动人心的。 人类的历史是灾难与发展共存的历史。在漫漫历史长河中，有一些令人恐惧、令人刻骨铭心、令人终生不能忘怀的灾难，始终沉淀在人类的记忆中，一代代流传。人类经过这些灾难的洗礼，无比坚强，无比决绝。人们从灾难中奋起，与灾难抗争，任何苦难都不曾令人类屈服，我们在一场场的灾难中不断学习，不断反省，不断进步，我们用画笔记录下来，是为了铭记，铭记在灾难中作出伟大贡献的每一个人！	观察 思考 交流 倾听	提问 启发 展评	5分钟	通过自评、互评、学习总结，让学生在分享交流中取长补短，提升本节课的学习与实践效率，让学生进一步了解画故事的步骤与方法，通过绘画表达自己的情感，提高学生的社会责任感和奉献精神，提高对绘画创作的欲望。

（续表）

环节＼内容	学生活动	教师活动	学法	教法	预时	设计意图
课后延展	课后上网学习	从世界名画中看史上最严重的八大瘟疫。	学习思考交流	拓展		通过欣赏观摩画家的作品，启发灵感，升华本课。

板书设计

画故事

故事构成要素　　"画"故事
主角　——　摆放位置
时间　——　如何表现
地点　——　背景
事件　——　典型
环境　——　情感渲染

教学设计 42：

《设计美丽服装》教学设计

向望　重庆市綦江区镇紫学校

课题	《设计美丽服装》	课业类别	设计·应用	课时	1
教材分析	本课是选自湖南美术出版社义务教育《美术》九年级上册第4课，属于美术四大学习领域中的"设计·应用"。本课是在《义务教育美术课程标准》（2011年版）"设计·应用"序列中，本课在五年级下册第6课《彩云衣》活动二"设计绘制或剪贴服装效果图"基础上，以民族服饰文化为载体所开展的设计与生活、设计与社会层面的一堂创意设计课。主要目的是为了形成学生设计意识和提高动手能力，侧重对服装设计、制作基本方法的传授，启发学生把民族服装特点转化成设计元素，提高学生图像识读能力、美术表现能力、创意实践能力、鉴赏能力，以此进一步培养学生对祖国传统文化的热爱，对少数民族文化的尊重。				
学生分析	本校的学生地处乡镇，同时受到本年龄段特征、城乡差距和现代化信息技术的影响，所以他们一方面有着九年级学生特有的渐趋强烈的个性意识、独立意识、成人意识，不满足于简单的说教和现成的结论。生动直观的形象在这一时期非常重要，学生需要发挥美术欣赏的造型表现中的视觉感受特性，适当运用抽象逻辑思维方法。另一方面他们自身美术素养较差，处于写实萌芽期，很多学生不敢画、不会画。对于美术的学习兴趣、积极性较差，认为美术是副科，可有可无，不愿意进行相应的美术活动。针对这一情况，提升他们对美术的兴趣，是完成本课的前提条件。在本课中把民族服装的元素巧妙地融入现代服装的设计中，开发学生的思维，做出好的创意，培养对祖国传统文化的热爱。启发学生的想象力和创造力，加强师生的交流、合作，共同获得美的感受和成功的喜悦，是这课的主线，这样才能让学生更加乐于学习。				
教学目标	1.了解民族服饰绮丽浓郁的风情和服装设计的基本知识。 2.设计一款现代服装，激发学生的创新意识，提高审美情趣。 3.认同我们的民族服饰，热爱祖国传统服饰艺术。				
教学重点	通过欣赏学习民族服装的特点，借鉴民族服装元素设计一款现代服装设计图。	教学难点		如何体现服饰色彩搭配与款式设计，体现实用与美观的有机结合。	

（续表）

课题	《设计美丽服装》	课业类别	设计·应用	课时	1
设计思路	本课密切联系学生的学习生活，以美丽服装为题，通过读图、辨识、归纳、联想、想象、创造等方法，结合学生已有的生活经历和体验创设教学情境，设计符合学生实际的课堂活动，如：民族服饰、图案、明星T台秀等活动形式，激发学生兴趣，调动学生学习积极性；设计科学合理、有思维价值的问题，让学生在感悟、讨论、交流、辩论中加深对民族服饰的思想认识，同时培养学生自主合作、分析探究问题的能力。本课教学基本环节设计为：创设情境、激发对民族服饰兴趣——图片欣赏、了解民族服饰的特点和寓意——图形识读、理解实践图形创意——设计实践、体验设计乐趣——展评交流、提升设计能力。				
教学准备	教师准备	课件、导入视频、教材（每生一本）、范作、展示台。			
	学生准备	绘画纸2张、铅笔、水彩笔、勾线笔。			

教学流程						
内容 环节	学生活动	教师活动	学法	教法	预时	设计意图
创设情境 激发对民族服饰兴趣	观看视频说感受。 进入课题。	课前检查学生的学具准备情况，学生代表发放教材。 **一、创设情境** 1.师：同学们，今天正式上课之前，请大家来看一段录像，说一说自己有什么感受？ 播放民族舞《大地春晖》，学生边看边找各个民族，感受我们国家民族众多、服饰多样、漂亮等特点。 2.师：同学们说得很好，在中国的历史发展进程中，各民族创造出了绚丽多彩的服饰，服饰的变化体现了文化的进步和交融，这节课就让我们一同走近美丽多样的服饰，请大家打开书第20页，我们一同来学习《设计美丽服装》。 （板书课题：设计美丽服装。）	回忆 观察 感知	谈话 情境教学 启发 提问	3分钟	通过情境体验，让学生从民族舞进入民族服饰的学习，重点是激发学生的学习兴趣，营造良好的学习氛围。

（续表）

内容 环节	学生活动	教师活动	学法	教法	预时	设计意图
图片欣赏 了解民族服饰的特点和寓意	汉服款式比较宽大，色彩以红、黑、黄为主，装饰多为一些曲线，选料有丝绸、麻等。	**二、赏析美丽浓郁的风情** 　　我国有 56 个民族，每个民族都有不同的风俗和生活习惯，有着不一样的民族服饰，这些民族服饰是祖国大地上盛开的花朵和宝贵的文化遗产（板书：赏析篇）。 　　1. 我们知道当人一来到世上，他首先离不开的就是"衣食住行"，说到"衣"，服装在人类社会发展的早期就已经出现。下面，让我们一同看一看我国早期服装发展的历史，并从款式、色彩、装饰、选料简要归纳汉民族服装特点（课件出示我国服装发展的历史图片）。 　　2. 汉服特点分析。 　　交领右衽：汉服最典型特点。 　　宽衣广袖：汉服衣衫阔大，衣带轻薄，舒适随意。 　　汉服包括衣裳、发式、面饰、鞋履、配饰等共同组成的整体衣冠体系。 　　3. 我们看了汉族的衣服，那么我们来看一下其他的民族服饰。依次展示苗族的百鸟衣、满族的旗袍等。 　　4. 思考练习：观察少数民族服饰，并与汉族服饰进行比较，它们之间有何相似之处，谈谈你的体会。 　　小结：民族服饰多注重袍、裙、饰带的制作。不同民族服饰与该地区的生活习惯、地理环境、传统文化等因素息息相关。	观察 思考 总结 提炼	展示 启发 提问 总结 建构	5分钟	通过图片对比，了解汉族服饰的发展演变并总结特点，进而了解一些典型的民族服饰，扩展学生的思路。

内容　　环节	学生活动	教师活动	学法	教法	预时	设计意图
图形识读	理解民族服饰的美好寓意。	**三、寓意篇——美好幸福的祈愿** 　　民族服饰不仅仅是穿着好看，更重要的是每一种服饰都有其美好的寓意(板书：寓意篇)。 　　1.我们先来看一下侗族儿童围兜(课件展示图片)，我们来找一下有些什么纹样？ 　　师：蝠与"福"谐音，如意结合祥云、灵芝等造型元素，象征称心如意、好事连连。 　　2.我们再来看下凤穿牡丹衣袖局部(课件展示图片)，我们来找一下有些什么纹样？ 　　师：牡丹雍容大度，花开富贵，是吉祥富贵的象征。凤凰则象征高贵、华丽、祥瑞、喜庆。 　　再次欣赏其他纹样。 　　3.除了纹样，我们还可以通过饰物来表现民族特色，饰物一般多为质地优良的金、银、玉、石等，与服装搭配相映生辉(图片展示相应内容)。	阅读 思考 讨论	组织 提问 总结	3分钟	通过大量图片细节展示，引导学生解释寓意，了解到每个民族的服饰不仅仅是为了美观，也是带有各自美好的寓意，为后面的实践提供较好的知识铺垫。
图形创意理解实践	图形设计，体验设计乐趣。	**四、设计篇** 　　**(一)图形设计手法的学习** 　　师：同学们到了这个时候恐怕已经跃跃欲试，想要大展身手了。大家先别急，我们先来看看要怎么设计一件服装。 　　请同学们阅读课本第23页，思考问题：服装有哪些基本形？ 　　根据学生回答，结合课本小结：上衣基本形可分为A形、H形、X形、T形等，在基本形上再分割出不同样式。 　　板书： 　　1.上衣基本形：A形、H形、X形、T形。 　　2.民族服饰元素：款式与花纹。 　　图片分别展示并讲解，引导学生尝试跟着老师的讲解，试画服装基本形，为后面添加民族元素细节做准备。	探究 倾听 观察 实践	讲解 演示	5分钟	

内容 环节	学生活动	教师活动	学法	教法	预时	设计意图
设计实践 体验设计 乐趣	试画简易的 服装基本形。	**（二）民族服饰元素的借鉴** 1. 再次思考问题。 民族服饰元素一般会出现在哪儿？ 师总结：我们可以采用民族服装的款式，也可以局部采用民族服饰的花纹（示例图片）。 2. 教师示范，在之前的服装款式上添加民族元素。 3. 由谈话进入图形设计实践。同学们，看到这儿，大家已经跃跃欲试了吧！现在大家可拿出手上的画笔，在刚刚的服装基本形上添加民族服饰元素吧！ 出示作业实践要求： 收集、借鉴民族服饰资料，用绘画或者其他方法，设计一款服装，并撰写设计说明（设计意图、装饰手法和创作反思）。 学生进行创作，老师巡回指导。 要求： （1）图形有创意，视觉效果好； （2）要呈现民族元素； （3）可以涂上鲜明和谐的色彩。	阅读 思考 回答 倾听	提问 总结 讲解 演示	20分钟	由本节课的素材"民族服饰元素"引入热爱祖国、维护民族大团结，创设实践活动的情境，然后提出三个层级的创作要求，给足学生创作的时间，促进学生美术核心素养的形成。
展评 总结归纳	自评 互评 总结	**五、展示篇——作业展评与总结** 学生将基本完成的作品初稿张贴到黑板上，教师通过PPT分步展示问题，开展自评、互评、学生总结。 评价要点： （1）能够说出设计意图、装饰手法和创作反思。 （2）根据服装设计图中的民族样式和民族元素，选出最喜欢的一张设计图。 自评：请你给大家说一说自己的设计意图、装饰手法和创作反思。（1—2名学生） 互评：你最喜欢哪一幅初稿，用本节课学习的知识，说说你的理由。（1—2名学生） 学生总结：这节课你都学了什么，最大的收获是什么？	交流 倾听	提问 启发	5分钟	通过自评、互评、学习总结，让学生在分享交流中取长补短，提升本节课的学习与实践效率。

内容 环节	学生活动	教师活动	学法	教法	预时	设计意图
提升设计能力	交流学习成果，提升美术核心素养。	**六、教师总结与延伸** 总结语：这节课，大家学习得很认真，而且还设计了很多有民族元素的服饰，值得表扬。服装文化既是一种物质文化，又是一种精神文化，它是一个民族文化的象征，也是人民思想意识和精神风貌的体现，它的发展演变与各个时代的历史、政治、经济、环境、气候等息息相关，密不可分。当今社会，已经有越来越多的名人对外展示我们的民族服饰，如杨丽萍等等。我们的民族是伟大的，我们的服装也是多彩的，老师希望你们是它的享受者和创造者，将它带给更多的人。大家下课以后，可以根据设计图，准备一些简易材料，为下节课的服饰设计制作做准备。 下课。 组织学生有序离开教室。	倾听	拓展	4分钟	运用延伸语来回顾民族服饰的特点与作用，与学生生活紧密结合，提高学生的社会责任感和美术创作欲望。

板书设计

设计美丽服装

赏析篇　　寓意篇
设计篇　　展示篇
1. 上衣基本形：A 形、H 形、X 形、T 形
2. 民族服饰元素：款式与花纹

教学设计 43：

《门》教学设计

苏沈兰　重庆市綦江中学

课题	《门》	课业类别	综合·探索	课时	1

教材分析	本课选自湖南美术出版社义务教育《美术》九年级上册第 5 课。门，是建筑物的脸面，又是独立的建筑，是内外空间分隔的标志，是迈入室内的第一关，是技术性与艺术性的统一。在历史发展中，门的样式逐渐丰富，人们十分重视门的建造，中国的建筑文化因"门"而愈发独特。教材开始展示了"门"的古汉字，形象地展示了门的含义，直观地解释了古代的"门"与"户"的不同，再通过北京四合院的院门让学生认识门的组成部分。以问题切入，在人们的生活中，"门"有什么功能？引发学生思考，接着展示出不同功能的门的风格特点并进行赏析和比较，让学生明白由于建筑的功能、文化取向、阶层的差别，这些建筑的门在形制、材料、功能和装饰方面也有很大的不同，以此来激发学生学习的兴趣，加深对建筑所蕴含的历史、文化内涵的欣赏和理解，并尝试说出传统建筑的门与现代门的区别。学习活动一展示出西北窑洞的门、福建土楼的门、大理白族的门头、新疆民居的门、山西王家大院的门、西藏拉萨民居的门，通过对比不同地域传统居民的门，尝试从地理、经济、历史、习俗等多个方面分析门形制和风格形成的原因。教材后面展示了传统建筑的门和皇宫大门的门钉、门环、门楣、门柱、门头等，这些建筑部件的设计都因功能、习俗、文化取向、等级等因素而不同。门是房屋建筑的一个重要组成部分，在历史的发展中又衍生出丰富的文化内涵，作为特殊文化符号的门，反映了特定社会的文化传统，反映各地区、各民族的特征及人们的种种精神追求，从门文化的丰富性可以进一步体味世界各地的文化。最后引导学生设计一个有传统装饰元素的门，培养学生自主探索创新的能力，抒发自己内心强烈的审美感受。
学生分析	初三学生的自我约束和自控能力都比较好了，对于美术基础知识和技巧都有了一定的掌握，对于同学们来说，用绘画的形式表现出一个形象已经不再困难。门是我们熟悉的，但对传统门的结构、历史、文化内涵方面同学们又是陌生的，同学们在生活、旅游、电视剧里边对传统建筑有一定的印象和认识。虽然同学们是毕业年级，但绝大部分学生是喜欢学习美术的，他们能以积极的学习态度、饱满的情绪投入到学习中来，而且他们在以前已经储备了基本的美术知识，有对传统建筑的基本分析能力，教师只要在课堂上激发学生的学习兴趣，改善自己的教学方法，用有效的教学手段来引导学生学习，应该会取得良好的教学效果。
教学目标	1. 通过对不同时代、不同地区门的风格特点的赏析和比较，加深对建筑所蕴含的历史、文化内涵的欣赏和理解。 　　2. 设计一个有传统装饰元素和文化意蕴的门，并对门的造型设计意图和文化意义阐述自己的见解。 　　3. 探索门所蕴含的深刻人文思想。

（续表）

课题	《门》	课业类别	综合·探索	课时	1
教学重点	理解门是技术性与艺术性的统一，以及门所蕴含的人文思想。		教学难点	设计一个有传统文化意蕴的门。	
设计思路	主要是想让学生通过对不同时代、不同地区的门风格特点的赏析和比较，加深对建筑所蕴含的历史、文化内涵的欣赏和理解，再引导学生设计一个有传统装饰元素的门。本课主要通过看图猜成语的游戏导入来激发学生的兴趣，再通过认识门、理解门、设计门这三个环节来完成本课。其中，认识门这个环节让学生对比现代门与传统门的区别。理解门这个环节设计了两个部分，第一部分主要让学生通过门钉来认识中国封建社会的门体现的是森严的等级制度。介绍这个部分时加入了一些民俗文化，让学生体味门所蕴含的人文思想。第二部分，主要通过小组讨论的形式归纳不同地域的门的形制功能与当地民俗、地理、文化之间的关系。最后让学生来设计门。课后的延伸还是围绕中国传统的门，不仅仅是门，还可以派生出很多故事、传说等，这就是中国的门文化。				
教学准备	教师准备	PPT课件、教科书、A4纸。			
	学生准备	教科书、画纸、铅笔、记号笔。			

教学流程						
内容 环节	学生活动	教师活动	学法	教法	预时	设计意图
启动环节	学生根据图片猜出和门字有关的成语。 开门见山 门当户对 程门立雪 芝麻开门 班门 朱门 窍门 热门 ……	请同学们看图猜成语。 　这些都是和"门"字有关的成语，师简要解释成语"程门立雪"——虚心好学、持之以恒的精神。 　同学们还能说出和"门"字有关的词语、成语、俗语和故事吗？ 　和门字有关的成语、俗语很多，古往今来，门始终与人相伴随。今天我们就走进建筑之门。课题展示。	观察 体验 思考	情境导入	3分钟	通过情境导入，自然而然地进入本课内容。

（续表）

内容＼环节	学生活动	教师活动	学法	教法	预时	设计意图
建构环节 认识门	结合自己收集的资料谈谈自己对传统门和现代门的看法。 学生听音乐欣赏各式各样的门，并思考门的构成部分。	1.幻灯片展示传统的门与学校教室的门，进行对比。 问：你认识这扇门吗？现代教室的门与传统的门给你直观感受上的区别是什么？结合你收集的资料来谈。 小结：现代教室的门体现了现代人的审美观念，简洁、便利、实用性强。在古代，门是一个家族地位的象征，是等级的象征，所以古人竭尽所能来装饰自家的大门，制作工艺复杂，威严华贵。 2.配乐（蔡国庆《北京的门》）欣赏传统民居的门（通过幻灯片播放一系列院门，如山西王家大院、乔家大院、北京四合院门、各种传统家门等）。 思考：门的基本构成有哪些？ 小结：虽然门的样式不同，但他们的基本构成是相同的，门头、门楣、门扇、门框、门槛等。	观察 思考 回答 比较 欣赏	提问 引导 小结 欣赏	5分钟	学生们对门有了初步的接触和感受，为接下来的学习打下基础。 众多的图片丰富了同学们对门的认识。
建构环节	通过门钉来认识中国封建社会的门体现的思想。 学生在老师的引导下理解门钉的排列数量与等级地位的关系。	3.通过幻灯片展示皇家的门、王爷府的门、乔家大院的门、普通老百姓家的门，对比欣赏。 问：参观过故宫、王府等老建筑的同学，有没有发现一个神奇的地方，门扇上面整齐地排列着什么？仔细数一数，有什么讲究吗？它的作用是什么？ 小结：门钉的作用是固定门板，装饰门扇。硕大的门钉使得大门显得坚固、威武，呈现出辉煌壮丽之美。古人把"一三五七九"这样的奇数看成是天数，"九"又是天数之极，皇帝又把自己喻为天子。"九"象征帝王至高的地位。雍正时期有着严格的规定，门钉数弄错了会犯下严重的罪。	欣赏 回答 观察 比较	引导 提问 小结	5分钟	用皇宫的大门和王府的门做对比，学生可以看出门钉的不同。

（续表）

环节 内容	学生活动	教师活动	学法	教法	预时	设计意图
建构环节	学生对比分析，回答大门的形制、色彩。 以小组为单位归纳不同地域的门的形制、功能与当地民俗、地理、文化之间的关系。	门钉又和民俗传说有关。摸一摸，可祛除百病，媳妇摸一摸，就会生儿子。古人特别希望自家的孩子能够多起来，更要男孩多。有一个成语就叫"人丁兴旺"。 问："同样是身份地位十分显赫的人家，乔家大院的门为什么没有门钉？大门是什么颜色？" 小结：在古代的等级制度下，百姓和贵族是有明显区别的，大门就是最明显的区别，民居是不能有门钉的。 问：普通老百姓怎样装饰自家大门？他们这样装饰的作用是什么？ 小结：挂灯笼，贴对联。表达了普通人家对美好生活的向往。除此之外，还能让主人和客人看到后有喜庆祥和氛围。在古代老百姓生活艰辛的日子里，这些东西无形中促进了老百姓的心理健康。 总结：中国古代的门是等级地位的象征，反映了封建社会森严的等级制度。	欣赏思考	讲述故事教学	4分钟	小故事和民俗传说增加本课的趣味性，也让同学们了解了"人丁兴旺"的含义。 用民居乔家大院的门和皇家大门对比，让同学们认识封建社会森严的等级秩序。 回到普通人家的大门装饰。让学生理解这些装饰除了人们对生活的美好祝愿外还和人们的心理健康有关。

（续表）

环节 内容	学生活动	教师活动	学法	教法	预时	设计意图
建构环节	以小组为单位归纳不同地域门的形制功能与当地民俗、地理、文化之间的关系。	4.结合教材对比欣赏我国不同地域、不同民族民居的门。通过幻灯片展示新疆民居、西藏民居、云南白族、福建土楼、江南民居、西北窑洞的门。 　　教师引导：门的结构与一般住宅的区别；门的形状与地理环境的关系；门扇开启的方式让人联想到什么。 　　师：由于地理气候、经济状况、历史原因，不同民族、不同习俗，门的形制和风格也有很大差异。 　　分小组谈论：以西藏和江南民居的门为例，讨论不同地域的门的形制、功能特点与当地的民俗、地理、文化之间的联系。 　　师引导总结：西藏的地理环境和江南作比较，江南民居的门素雅，与自然和谐，崇尚朴素之美。	讨论 分析 对比	讨论 启发	4分钟	不同地域、不同民族的民居，门的形制和风格也有很大的差异，让学生感受门呈现出的多样的审美特点。
巩固环节 设计门	绘画设计一个带有传统装饰纹样和文化蕴意的门。	学生创作时教师提示设计门可用到的一些传统门的元素。展示评价作品。	创作 表现 评价	指导 示范	19分钟	通过绘画的形式，让学生从不同角度表现感受中国传统门文化。
拓展延伸 总结	学生倾听、感受。	门反映了我国博大精深的传统文化，除了门，我国各民族还有许多不同的建筑构建值得我们去思考、探究，如窗、廊、屋顶、飞檐等。只有敏锐地观察生活，关注传统文化，才能更好地继承和发扬传统文化精髓，更好地与世界文化融合交流。	倾听 思考	总结 延伸	1分钟	让同学们关注更多和中国传统建筑有关的文化。

（续表）

板书设计

门

现代的门　　　传统的门　　　　　　　　学生作品展示
简洁实用　　　等级地位
受地理、历史、民俗影响

教学设计 44：

《美丽家园》教学设计

周琴　重庆市綦江区扶欢中学

课题	《美丽家园》	课业类别	欣赏·评述	课时	1
教材分析	\multicolumn{5}{	l	}{　　本课选自湖南美术出版社义务教育《美术》九年级上册第 7 课，本课以居住空间规划为主题，依据"欣赏·评述"学习领域要求，从中国传统私家园林的造园方式和现代小区的规划设计两方面组织材料，力求让学生从传统园林中感悟"人与自然和谐相处"的造园境界，开启对现代居所的思考。围绕"宜居、绿色、环保"的理念加强对人类生存空间的反思、改进和创造，将想象与创意付诸表现，使综合设计、制作能力得到锻炼，并帮助学生认识美术与生活的密切关系，在探索实践中加深对美术的认识，发展综合解决问题的能力，从而创造美好生活。
学生分析	\multicolumn{5}{	l	}{　　九年级的学生形成渐趋强烈的个性意识、独立意识、成人意识，参加社会活动的需要逐步增加。他们思维的独立性和批判性逐渐显著，不满足于简单的说教和现成的结论。知识面和社会接触面的扩大使他们的好奇心、求知欲、表现欲加强，对探求事物的认识倾向表现出极大的兴趣。生动直观的形象在这一时期仍旧非常重要。在知识学习方面应注意选择适合学生的传达方式，深入浅出，适当运用一般抽象逻辑思维方法理解知识术语，以适合这一学段学生思维发展的特点。基于这些特点，在活动方式与教学组织方面，应注重互动交流，分析探究，提高运用知识的能力，以及情感表达能力，尊重学生的理解方式，鼓励大胆表述独立的见解。
教学目标	\multicolumn{5}{	l	}{　　1. 了解具有代表性的造园方式，感受传统文化的魅力。 　　2. 领会中国园林的艺术精髓，理解园林是作为载体承载着中国传统文化的一门综合艺术。 　　3. 关注身边居住环境，从宜居、绿色、环保的角度对居住区的建筑、景观、道路、生态环境等作整体规划。
教学重点	\multicolumn{2}{|l|}{　　了解园林艺术的思想内涵及实质，初步掌握欣赏园林的方法。}	教学难点	\multicolumn{2}{|l|}{　　赏析中国苏州园林（从自然美、空间美、人文美三条线路层层深入进行赏析）。}

（续表）

课题	《美丽家园》	课业类别	欣赏·评述	课时	1
设计思路	该课属于"欣赏·评述"这一学习领域。本节课选择了苏州府宅园林的照片，引领学生进入教学情境。引导学生了解园林的整体布局，感受古典园林中建筑与山水的和谐共生、意蕴绵长。教材选择典型图文介绍园林窗、廊、径、桥等在空间划分与变化中的作用，并通过对园林中掘地为池、叠石为山等特点的介绍，试图让学生了解一定的造园手法，感悟山水、草木，以及亭台楼阁的巧妙安排，品味造园家创造优美自然山水意境的独特匠心。力求让学生从传统园林中感悟"人与自然和谐相处"的造园境界，开启对现代居所的思考。围绕"宜居、绿色、环保"的理念加强对人类生存空间的反思，帮助学生认识美术与生活的密切关系，在探索实践中加深对美术的认识，发展综合解决问题的能力，从而创造美好生活。本课教学基本环节设计为：播放私家园林视频导入，欣赏比较中外园林——人工美、自然美；深入赏析苏州园林——空间美、人文美；对比探讨——你心目中的家园什么样；拓展延伸——关注自己的生活环境存在的问题，解决问题。				
教学准备	教师准备	课件、导入视频、教材（每生一本）、导学案。			
	学生准备	纸、笔。			

教学流程						
环节 内容	学生活动	教师活动	学法	教法	预时	设计意图
创设情境 体会古典私家园林之美	观看视频，体会园林艺术的美感，注意园林里有哪些景致。说一说所见园林中有些什么。当你置身于其中，有什么样的感觉。	课前检查学生的学具准备情况，学生代表发放教材。 **一、创设情境** 1. 播放视频感受古典私家园林之美。 刚才的视频中我们看到园林中有些什么东西？给你什么样的视觉感受？ 总结山是园林的骨架，水是园林的灵魂，植物是园林的生命。园林中的山水、花草树木虽是人工的，却是妙造自然的。这是受到民族传统文化的影响——中国传统文化中的"天人合一、道法自然""智者乐水、仁者乐山"。 2. 如果你生活在这样的环境中，有什么情感体验？ 3. 引出课题。这是古人的家，幽婉清雅，所谓"不到园林怎知春色如许"。下面，我们一起走进这样古色古香的家中，感受下古人的"美丽家园"。	观察 感知	谈话 情境教学 启发 提问	4分钟	感受古典私家园林的美，起到学习知识初步建构的作用。

环节　内容	学生活动	教师活动	学法	教法	预时	设计意图
园林欣赏	观看图片思考并回答问题，通过欣赏图片，初步了解园林艺术的自然美与人文美。	**二、欣赏比较中外园林** 下面，就让我们来看几张中外不同的园林图片。 1.通过PPT展示不同国家的园林艺术，同时出示三个问题： （1）看了这么多不同园林的艺术形式，你们能不能告诉我，园林中建筑的整体色调怎样？这些园林建筑有什么特点？ （2）你认为建造园林的目的是什么？ （3）为什么会呈现不同的园林艺术呢？和各个国家地区文化有什么关系？ 根据学生回答小结，要点： 园林就是将大自然的一部分景放到自己的一个私人花园里，然后在尘世中享受大自然的乐趣。园林中可以观赏，可以居住。因为每个国家的文化不同，所以呈现出不同的园林艺术。	观察 思考 总结 建构	展示 启发 提问 总结	5分钟	通过对比欣赏中外园林，加深学生对中国园林的认识，形成大美术概念——自然之美。
认识古典私家园林的自然美	对比中外园林艺术，深入感受不同的人文美，以及人文美与自然美如何结合的，体会天人合一之美。	2.对比中外园林，它们有什么不同？（两种不同的园林艺术图片） 左边是欧洲园林，给我们什么样的视觉感受？是自然形成的吗？ 右边是中国古典园林，它像真实自然当中的山水一样。这和我国的文化有关，你们知道哪些与自然相关的传统文化思想？这体现了人与自然怎样的相处模式？ 学生自主学习回答。 小结：①西式的几何形，是规则的、对称的、人工修剪完成的，体现了人对自然的改造和驯服，代表园林为凡尔赛宫园林。②中国园林体现了道家的"道法自然、天人合一"和孔子的"智者乐水，仁者乐山"，都表达了人和自然要和谐相处，代表园林为苏州园林。下面我们来欣赏苏州园林。 根据学生回答，小结并板书：（西方园林：人工之美。中国国林：自然之美。）				

（续表）

内容 环节	学生活动	教师活动	学法	教法	预时	设计意图
深入赏析 了解古典私家园林艺术自然美、空间美、人文美	欣赏苏州园林，小中见大，感受园林中的自然之美源于自然，高于自然。	**三、深入赏析苏州园林** 　　早在元朝，意大利人马可波罗来到中国，他说苏州是世界最美的地方，他向世界推了苏州园林。今天，我们一起漫步苏州园林，我们有三条线索，由浅入深层层欣赏。首先我们来感受下"虽由人造，宛自天开"的自然美；接着探究下"可行可望，可游可居"的空间美；最后我们来领悟"寄情山水，诗情画意"的人文美。 　　1."虽由人造，宛自天开"的自然美。 　　通过 PPT 播放图片音频。 　　水流、蝉鸣。苏州园林，是一道借自然而设的风景，它们借助水的流动、木的繁盛、草的丛集，簇集而发，妙趣横生，自然天成，那么，今天先让我们进入这"蝉噪林愈静，鸟鸣山更幽"的尘世山林当中。水是园林当中的命脉，它营造了园内的空间和景深。水旁的这道倒影使建筑和花木显得更加妩媚。在水边我们可以看见鱼戏莲叶的悠闲，还可以看见"小荷才露尖尖角，早有蜻蜓立上头"的雅趣。山是园林的主体，山水相依，报以香茗。花木是园林的风采，因为它们，我们才有了视觉上的花遮柳护，听觉上的雨落境界，嗅觉上的暗香浮动，感觉上的心旷神怡。建筑是园林的骨骼，本来粉墙黛瓦栗柱灰砖的园林建筑就像这靓丽清新的水墨画。可是因为四季的点染，它又产生了春柳轻、夏荷艳、秋水明、冬山静的四时之美了。好，刚才我们是"爽借清风明借月，动观流水静观山"。我们发现，造园者把园林当中的花、木、建筑和自然当中的日、月、光影，动物和人的自然和谐之情表现得淋漓尽致，让我们不出城郭而获山林之愉。这是园林当中的山，它的面积很小，但是因为叠石大师运用抽象的手法，概括了自然山脉的本质特征，将其运用其中，使这个假山，以小见大，咫尺之间显现千岩万壑的气势。园林当中的山是这样，水和植物也是这样。所以我们说，中国园林的自然美是不是仅仅模仿自然？ 　　小结：源于自然，高于自然。			7分钟	

（续表）

环节＼内容	学生活动	教师活动	学法	教法	预时	设计意图
深入赏析 了解古典私家园林艺术自然美、空间美、人文美	由园林中的景联想到诗的意境。	2."可行可望，可游可居"的空间美。 　　园林艺术和绘画有很深的渊源，因为在最初的时候，我们的造园者就直接以山水画为蓝本创建了园林很多的场景。所以我们的山水画家在画面当中所追求的可行、可望、可游、可居的空间美正是我们造园者所追求的。 　　那下面问一个问题：行、望、游、居四组词当中你们认为望是什么。那么我们在房间里通过什么向外欣赏？窗户，我们下面进入窗的欣赏当中，"在西方窗户有两个作用，第一是光线，第二是空气"，但在中国还有个作用，大家看这个场景，它像什么？画框，向外看风景时好像赏一幅画，站在窗前不同位置会看到不同的画面，"步移景异之美"形成隔而未隔的空间之美。杜甫有首诗这样写的"窗含西岭千秋雪，门泊东吴万里船"诗人就是通过一门一窗去体会时间与空间的交流与穿梭的。我们说窗是画框，那门呢？它就是扩大的画框，通过这个画框向外望去形成了一幅风景画，这种手法叫做框景。 　　PPT播放 　　我们都知道苏州网师园非常小，但是我们游览其中的时候有什么感觉？怎么造成的？造园者运用了园门、假山、植物、桥廊、小径的分割使它产生了曲折变化，层层深入的感觉，这就是划分景区。 　　PPT播放 　　这是拙政园，你可以看到北寺塔，其实北寺塔是不属于这个园内的，但被我们造园者巧妙地借入院内，形成了非常好看的景观，这是什么方法？借景。而且是远借。除此之外还有一种造景方法有"山重水复疑无路，柳暗花明又一村"的感觉，这种是什么造景手法？障景，或隔景。	思考　讨论　探究　倾听　观察	组织　提问　总结　讲解	7分钟	通过对苏州园林的欣赏，进一步了解古典私家园林艺术的自然美、空间美、人文美，加深学生对园林艺术的认识，形成人与自然的和谐相处。

（续表）

内容 环节	学生活动	教师活动	学法	教法	预时	设计意图
深入赏析	园林中植物的象征意义：梅、兰、竹、菊、荷等。	刚才我们介绍了借景、障景、分景和框景。无论哪一种都能组织、布置、扩大空间，这样的目的是什么呢？丰富我们哪方面的感受？ 　　我们领略了宛自天开的自然美，感受了人在画中游的空间美，应该说苏州园林的美景已经真实地呈现在我们的面前。但造园者的目的感受到没有呢？所以接下来我们来领会下它的寄情山水、诗情画意之美。 　　3.“寄情山水，诗情画意”的人文美。 　　PPT播放。 　　拙政园水很多，池塘很多，那里有一种文人很喜欢的植物是什么？（荷——出淤泥而不染，濯清涟而不妖）文人以此自喻自己不与世俗同流合污的高尚品格。除了莲、荷还有什么样的植物有这样的寓意？（梅、兰、竹、菊）对，苏州园林一草一木都寓意着主人的情思理想。下面，我们就来赏读一下它的景点。（留听阁和荷有什么关系，有一句诗叫“留得残荷听雨声”。通过文字就可以赏风姿、闻花香、听天籁，即使没有风雨，同样因为这些文字的点染感受到意境之美，所以文学的修养和我们美术鉴赏是密切相关的。） 　　我们如何理解苏州园林的人文美呢？它就蕴含在寄情于景、情境交融中，也体现在寓意于物，以物比德。其实苏州园林的自然美、空间美、人文美早已融入苏州园林的一草一木中了。它蕴含着园主的情思、理想、追求，也体现了中国传统文化的精华。归纳：“诗情画意”——中国园林的精髓。它体现在“托物言志、借景抒情、以物比德”中。 　　今天我们游赏的苏州园林，感受到了人与自然的和谐统一的美景，只有人与自然和谐相处，我们才能世世代代拥有这春色几许的美景。	思考 讨论 探究 倾听 观察	组织 提问 总结 讲解	7分钟	通过对苏州园林的欣赏，进一步了解古典私家园林艺术的自然美、空间美、人文美，加深学生对园林艺术的认识，形成人与自然的和谐相处。

（续表）

环节内容	学生活动	教师活动	学法	教法	预时	设计意图
延展 你心目中的家园	你心目中的家是什么样子？ 探讨对你现在居住的地方哪里不满意。	**四、对比探讨——你心目中的家园什么样** 1. 展示私家园林图片。 有些私家园林也有住宅，你觉得住在这里怎样？ 2. 学生分组讨论。 你愿意住在哪里？为什么？你心目中的家园是什么样子？我们的家园应该是宜居、绿色、环保的。 **五、拓展延伸——关注自己的生活环境存在的问题，解决问题** 谈谈你熟悉的住宅，从宜居、绿色、环保角度谈谈自己的感受，整理成自己的文字（200字左右）。	思考 讨论 回答 倾听	提问 总结	10分钟	通过前面对苏州园林的游赏，形成对宜居、绿色、环保的生活环境的认识，理解自然美、空间美、人文美三大要素，完成知识的系统学习。
展评交流 提升审美能力	分享自己的想法或疑问，同学之间提出自己的意见与建议，协调家园建设的自然美、人文美、空间美，提升生活美的体验。	**六、作业展评与总结** 学生读短文，大家交流。 1. 自评：请你给大家说一说自己的理由和改进方法（1~2名学生）。 2. 互评：你觉得他的想法实际吗？改进后是否实现了自然美、人文美、空间美。用本节课学习的知识，说说你的想法（1~2名学生）。 **七、教师总结与延伸** 总结语：这节课，大家学习得很认真，而且都有自己的见解和想法。希望大家用美术的方法为我们的美好生活贡献自己的力量。 下课。 组织学生有序离开教室。	观察 思考 交流 倾听	提问 启发 总结 拓展	5分钟	通过自评、互评及学习总结，让学生在分享交流中取长补短，提升本节课的学习与实践效益，运用延伸语来回顾园林建筑的特点与作用，提高学生的社会责任感和建设美丽家园的愿望。

（续表）

板书设计
美丽家园 西方园林：人工之美 中国园林：自然之美 　　　　　空间之美（框景、分景、借景、障景） 　　　　　人文之美（以物喻人）

教学设计 45：

《象外之境——中国传统山水画》教学设计

赵江桥　重庆市綦江中学

课题	《象外之境——中国传统山水画》	课业类别	鉴赏	课时	1
教材分析	《象外之境——中国传统山水画》选自人教 2019 版美术必修《美术鉴赏》第三课。中国传统山水画在中国古代传统绘画中占有非常重要的地位。本课的"基本问题"提示学生关注山水画背后的精神内涵，"情境导入"通过《富春山居图》合璧展出这一重大文化事件，引出本课的主要案例，这样切入，可以增加学生对山水画鉴赏的兴趣。本课分为三部分，第一部分"山水情怀"，重点说明了山水画创作对象"山水"的文化内涵；第二部分"妙夺造化"讲解山水画的创作观，揭示了山水画与真实山水有很大差异；第三部分"因心造境"点出了意境的概念，意境是山水画创作的灵魂。最后小结部分总结了传统山水画的特质。书中的"探究与发现""相关链接""拓展学习"对学生进一步理解传统山水画有很大帮助。				
学生分析	高中学生很大部分知道中国传统山水画这一概念，但对山水画的认识和理解很不到位，教师在课前设计好预习作业单，学生通过预习作业单和课本以及相关教学活动，应该能较好地理解传统山水画。				
教学目标	1. 理解中国传统文人浓郁的山水情怀，理解"妙夺造化""外师造化，中得心源"的创作原则，理解传统山水画情景交融、主客一体的意境表达，提升学生对传统山水画的鉴赏能力，培养图像识读、审美判断和文化理解的美术素养。 2. 在教学过程中，教师应围绕学生的学展开教学，通过预习作业单、PPT 直观教学和学生独立思考以及小组讨论等方式让学生理解传统山水画背后的中国传统文化以及理论支撑，学会鉴赏传统山水画。训练学生独立思考和合作讨论探究的学习方法。 3. 帮助学生正确认识理解中国传统山水画，逐步树立对中国传统美术文化的认同，逐步培养学生的民族自尊心和自信心。				
教学重点	1. 认识和理解中国传统文人的山水情怀。理解"妙夺造化"、"外师造化 中得心源"的创作原则。理解意境是山水画的灵魂。 2. 在具体的山水画作品中体会山水情怀，运用山水画的创作原则和山水画的意境美鉴赏传统山水画代表作。	教学难点	理解中国传统文人的山水情怀，在具体的山水画作品中是如何体现的。		
设计思路	先以《富春山居图》的合璧展出导入本课，引起学生的兴趣。再根据预习作业单设计的问题，引导学生通过自主学习和思考、小组讨论的形式认识和理解古代传统文人的山水情怀，理解山水情怀在山水画作品中是如何体现的。理解中国古代最重要的山水画理论"妙夺造化""外师造化，中得心源"，通过作品深入理解这一山水画创作原则，并在经典作品中理解山水画的意境美。层层递进，循序渐进，让学生对中国传统山水画有比较深入的认识和理解。				
教学准备	教师准备	课件、视频资料、预习作业单、新版人教版《美术鉴赏》课本。			
	学生准备	新版人教版《美术鉴赏》课本。			

	教学流程					
内容/环节	学生活动	教师活动	学法	教法	预时	设计意图
一、学习引入	学生观看视频。根据视频和预习作业单中的文字资料回答。	课前组织学生准备上课。创设情境。播放《富春山居图》合璧展出视频。问：通过视频，大家了解到一些什么信息？引导学生回答问题。板书课题：象外之境——中国传统山水画	观察感知	情境导入 启发提问	3分钟	通过《富春山居图》合璧展出视频，吸引学生注意，引出本节课主题。
二、建构巩固运用 1.理解山水情怀	学生阅读，独立思考并回答。学生分组讨论。小组代表回答问题。学生聆听、看图、理解。学生思考回答。	引导学生根据预习作业单中有关黄公望生平和艺术成就介绍，以及PPT中的图片文字思考：为何课本中说他是借山水创作以抒发内心的情怀？他的内心有着怎样的情怀，才能画出这一旷世杰作？教师根据学生回答作相应补充。引导学生根据预习作业单和课本内容，理解古代文人画家的"山水情怀"。分小组讨论，解释以下语句：智者乐水，仁者乐山？望秋云，神飞扬。临春风，思浩荡？山水是中国传统文人的精神家园？何为畅神？山水以形媚道？引导学生回答并作补充。问：中国山水画为什么不称作风景画？教师引导学生回答。	阅读 思考 总结	启发 提问 总结	10分钟	承上启下，还以黄公望《富春山居图》帮助学生认识和理解中国古代文人的"山水情怀"对山水画形成和发展的重要影响。通过课本中的一些重要语句以及预习作业单进一步建构学生对"山水情怀"的理解，理解"山水情怀"对山水画形成发展的重要影响。层层递进、循序渐进，理解山水情怀，最后自然转入对山水画名称由来的理解。

（续表）

内容 环节	学生活动	教师活动	学法	教法	预时	设计意图
2.理解妙夺造化	学生阅读，独立思考回答。 学生阅读、聆听、看图、思考、理解、回答。 学生以该画的题目思考回答。 学生思考、理解、解释"象外之境"。	教师引导学生阅读预习作业单中关于"外师造化，中得心源""妙夺造化"的相关文字。 引导学生根据自己的理解解释"外师造化，中得心源""妙夺造化"。 引导：杜甫的"造化钟神秀"中的"造化"是何意？ 教师以黄公望创作《富春山居图》的过程以及和真实的富春山景色的区别为例，引导学生深入理解山水画的"妙夺造化"。 教师再以石涛的《搜尽奇峰打草稿图》进一步让学生理解"妙夺造化"的意义。 引导学生理解本课标题中的"象外之境"四字。引导学生解释"象"和"境"，进而理解"象外之境"。 引导学生理解方士庶关于实境和虚境的文字。 教师引导学生由上面的"妙夺造化"来理解实境和虚境。	阅读 聆听 思考 讨论 回答	提问 启发 讲解 小结	10分钟	利用好预习作业单以及教师的引导让学生理解"外师造化，中得心源"和"妙夺造化"。 进一步建构和巩固学生对"外师造化，中得心源"以及"妙夺造化"的理解。 教师先以课题中的"象外之境"四字引到本节教学，再以方士庶的语句与上面"妙夺造化"的关系自然转到对"因心造境"的理解。
3.理解因心造境	学生在老师的引导下，仔细观察体会，回答两件作品在意境方面的不同。 学生根据整体图和局部图分析理解。 学生聆听、理解、思考、适时回答	教师以范宽的《溪山行旅图》和倪瓒的《六君子图》对比赏析，让学生明白不同时代不同的艺术家在作品的意境追求上存在很大不同。 教师引导学生分析这样截然不同的意境与画面的用笔用墨和构图的关系。 教师再以元代王蒙的《青卞隐居图》的意境营造引导学生鉴赏。 教师引导学生把《青卞隐居图》与《溪山行旅图》和《六君子图》对比，主要引导学生对比分析构图、用笔用墨和留白的方式。	观察 思考 聆听 回答	提问 讲解 启发 小结	10分钟	通过不同时代和相同时代不同画家的不同意境营造引导学生进一步理解"因心造境"。

（续表）

内容 环节	学生活动	教师活动	学法	教法	预时	设计意图
4.进一步深入理解	学生在老师的引导下，深入思考。	教师带领学生深入理解《富春山居图》的意境美：由于作者的人生经历，晚年寄情山水，在画面中已表现出受老庄和佛教、道教的影响，有淡泊平和、超然于物外的意境美。 　　与《六君子图》相比，虽后者也有淡泊之感，但画面意境表达上前者心境平和，后者更加荒凉消极。 　　教师再以南宋马远、夏圭以及其他画家代表作引导学生进一步理解"妙夺造化"和"因心造境"。 　　着重引导学生理解南宋"半壁江山"对山水画创作的影响。 　　同时引导学生理解古代文人对国家民族命运的关切。	观察 思考 聆听 回答	提问 讲解 启发 小结	10分钟	再回到《富春山居图》，进一步理解其意境美。 　　朝代更迭，国家民族的兴衰荣辱对山水画家创作的重要影响。 　　适时对学生进行德育教育。
三、总结延伸	学生总结本节课收获、感悟。	教师引导学生总结。 　　教师根据学生回答再总结。 　　延伸话题： 　　1. 书中 27 页展示了我国古代另一件旷世杰作《千里江山图》。同学们可以在课后把它与《富春山居图》进行对比，区别它们在描绘对象、表现技法、创作背景方面的异同。 　　2. 如要更加深入地了解中国传统山水画，应该多到博物馆和美术馆参观，直接面对原作欣赏、比较、分析，相信同学们通过这样的直接体验，会更加热爱祖国优秀的传统山水画作品，进而热爱祖国优秀的传统文化。	思考 回答 聆听	引导 启发 总结	7分钟	学生的总结对回顾本节课内容有重要意义。 　　教师延伸话题对学生起到积极引导作用。

（续表）

板书设计
象外之境——中国传统山水画 1. 山水情怀：智者乐水，仁者乐山 2. 妙夺造化：外师造化，中得心源　搜尽奇峰打草稿 3. 因心造境：意境是山水画的灵魂　时代不同，画家不同，意境也不同

参考文献

[1] 欧阳艳.当教育指向核心素养，教师如何改变？[J].班级经纬，2017，（5）.

[2] 杨春茂.提升教师素质的又一重大举措——解读教育部中小学幼儿园教师专业标准[J].人民教育，2013（2）：21-23.

[3] 欧阳毅红.理念引领同伴互助促成长——以新教师美术教研活动的组织为例[J].课程教育研究，2017（33）：250.

[4] 徐敏.上海市美术教师教学基本情况调查与分析[J].教育参考，2017(1)：14-21+70.

[5] 陈桃.我国中小学教师在职研训中存在的问题与对策[J].教育与管理，2014.

[6] 徐莉亚.提高教师研训实效性的思考[J].师资研训研究，2005，（4）.

[7] 尹少淳.文化·核心素养·美术教育——围绕核心素养的思考[J].教育导刊，2015.

[8] 钱初熹.大数据时代的创意美术教育[J].美育杂志，2015.

[9] 徐雄伟.国际比较视野中的在职教师研训模式探索[J].外国中小学教育.

[10] 眭云刚，高鹏.义务教育阶段艺术课教师专业发展研训的几个问题[J].教师研训.

[11] 杨德银，吴雨明.营造"研训超市"，搭建教师专业发展的平台[J].中小学教师研训，2006，（10）.

[12] 李元昌.主题教研促进教师发展的事件探索[J].中小学教师研训，2009.

[13] 易红郡.英国教师职前培养、入职研训和在职进修的一体化及其特征[J].

高等师范教育研究，2003，（7）.

[14] 孙延华.美术学科教师培训模式初探 [J].青海教育，2007（07）:64.

[15] 教育部关于印发《幼儿园教师专业标准（试行）》《小学教师专业标准（试行）》和《中学教师专业标准（试行）》的通知 [EB/OL], http://old.moe.gov.cn/publicfiles/business/htmlfiles/moe/s7232/201212/xxgk_145603.html，2012-9-13/2020-4-10.

[16] 郝亚迪.活动课程：从外在模仿走向内涵发展——基于杜威活动课程观的回顾与思考 [J].现代基础教育研究，2016，22（02）：113-118.

[17] 兰飞飞.中小学美术教师专业发展研训现状调查及对策研究——基于教师反馈的视角 [D].山东师范大学，2016.

[18] 陈路.新课程背景下上海市美术教研活动的研究 [D].华东师范大学，2005.

[19] 刘建新.马克思现代性批判视阈中的人的全面发展 [M].北京：人民出版社，2009.

[20] 车文博.人本主义心理学 [M].杭州：浙江教育出版社，2004.

[21] 钟启泉.现代课程论（新版）[M].上海：上海教育出版社，2003.

[22] 孙乃树.新编美术教学论 [M].上海：华东师范大学出版社，2006.

[23] 吴卫东.教师专业发展与研训 [M].杭州：浙江大学出版社，2005.10.

[24] 尹少淳.美术教育：理想与现实中的徜徉[M].北京：北京高等教育出版社，2005.

[25] 梁忠义，罗正华.教师教育 [M].长春：吉林教育出版社，1998.

[26] 钱初熹.美术教育理论与方法 [M].北京：人民美术出版社，2008.

[27] 钟启泉.多维视角下的教育理论与思潮 [M].北京：教育科学出版社，2004.

[28][美] 约翰奈·斯比特、帕特夏利·阿伯丁（著）、杨晓红（译）.2000 年大趋势 [M].北京：中国人民大学出版社，1991.

[29] 陶旭泉.美术教师研训理论与实践 [M].成都：四川大学出版社，2012.

[30] 龙宝新.当代国际教师教育研究 [M].北京：科学出版社，2016.

[31] 贾淑云.教师研训的反思与展望研究 [M].北京：光明日报出版社，2017.

[32] 武丽志.教师远程研训研究 [M].北京：清华大学出版社，2015.

[33] 李进.《教师教育概论》[M].北京大学出版社，2009.

[34] 贾淑云.教师研训的反思与展望研究 [M].北京：光明日报出版社，2017.

[35] 联合国科教文组织.《学会生存——教育世界的今天和明天》[M].上海译文出版社，1979.

[36] 吴卫东.教师专业发展与研训 [M].浙江大学出版社，2005.

[37] 尹少淳.尹少淳谈美术教育 [M].北京：人民美术出版社，2016.

[38] 王大根.中小学美术教学论 [M].南京：南京师范大学出版社，2013.

后 记

经过三年多的努力，最后以《中小学美术课堂的教与思》为名，将重庆市教育科学"十三五"重点有经费规划课题《美术教师专业发展的区域化策略研究》的主要研究成果及近几年来区域美术骨干教师的部分成果呈现给大家。

本书在写作中，尽量避开理论化的行文风格，将可读性、可操作性放在第一位，主要目的是为了尽可能地给一线美术教师以参考或启发，从而为推进中小学美术教学发展作出一点贡献。

能有机会以书籍的形式来对中小学美术课堂和美术教师专业成长开展探索实践，首先应感谢綦江区教委和广大中小学校的领导，有他们对面向全体、全面发展的教育理想追求，有他们对美术教学硬件、人才等方面的关心支持，才有了美术课堂研究的良好阵地；其次应感谢战斗在中小学校的一线美术教师，有他们对教育的执着情怀、对教学改革的大胆尝试、对学生未来的高度负责，才催生了一篇篇饱含教育智慧的教学设计、论文、故事。本书在撰写与组稿过程中，还参考了许多专家学者和教育同行的相关实践研究成果，在此一并致谢！

由于编写人员的能力有限，本书还存在诸多不足，希望广大读者批评指正。

本书编委会

2021 年 5 月 25 日